顾志能教育随笔

爱上数学教学

顾志能◎著

长江出版传媒 长江文艺出版社

图书在版编目（CIP）数据

爱上数学教学 / 顾志能著. -- 武汉 ：长江文艺出
版社， 2023.10(2024.5 重印)
　　（大教育书系）
　　ISBN 978-7-5702-3309-0

　　Ⅰ. ①爱… Ⅱ. ①顾… Ⅲ. ①小学数学课－教学研究
Ⅳ. ①G623.502

中国国家版本馆 CIP 数据核字(2023)第 159215 号

爱上数学教学
AI SHANG SHUXUE JIAOXUE

| 责任编辑：陈欣然 | 责任校对：毛季慧 |
| 封面设计：颜森设计 | 责任印制：邱　莉　王光兴 |

出版： 长江出版传媒　 长江文艺出版社
地址： 武汉市雄楚大街 268 号　　　 邮编：430070
发行： 长江文艺出版社
http://www.cjlap.com
印刷： 武汉市首壹印务有限公司

开本：720 毫米×970 毫米　　 1/16　　 印张：22
版次：2023 年 10 月第 1 版　　　 2024 年 5 月第 3 次印刷
字数：299 千字

定价：52.00 元

自　序

　　本书取名为"爱上数学教学"，原因是书中所有内容，都是我所热爱和研究的小学数学教学的话题，我也期盼教师们阅读此书后，会对小学数学教学产生更大的情感。

　　以教学随笔集的方式来呈现我对小学数学教学的实践与思考，还有一个很重要的目的——希望能让教师们体会到这样的随笔写作，是研究小学数学教学的有效形式，是促进自身专业发展的可行途径，从而能够"爱上教学写作"。之所以这么讲，是因为我在专业上能够成长，能够有今天的成绩，追根溯源，与我的教学写作紧密相关。

　　我是1992年工作的，直到2003年，我都在乡镇小学甚至农村小学工作，工作比较努力，教学质量也不错，但最多就只能算是一名青年骨干教师，在县内略知名。2003年暑假，我调至县城实验小学工作，县城的学校对教师教科研的要求比较高，鼓励并督促青年教师写文章、做课题。在这样的氛围中，我开始关注和思考教学中的点点滴滴，并且以文字的方式进行记录和反思，自己的专业发展由此迎来了机会。

　　2003年至2004年，一年间，我写了三四篇教学反思类的文章，还大胆地去投了稿，想不到，这些文章居然都被录用了。当时的喜悦心情，时隔二十年，我都还记得，尤其是被同事们所夸奖后的成就感，至今印象深刻。

　　"命运"的改变，就来自其中的一篇文章，那是 2004 年 8 月，我发表在浙江的《教学月刊》杂志上的文章，题目叫《走出"发展题"的误区》。文章对当时考试中比较流行的"发展题"进行了分析，指出了命题时存在的一些不足，提出了改进的建议。原本就是一次普通的发表，但好事随之而来——浙江省小学数学教研员斯苗儿老师当时正在编撰一本书，目的是对新课程改革以后的小学数学教学的各个方面提供建议。斯老师在浏览杂志的时候，看到了我写的这篇文章，觉得还不错。于是，她联系到我，多次电话指导我进行修改，最终这篇文章被收录进书中。

　　"顾志能会写文章，还得到了省教研员的亲自指导……"这样的信息，引起了我们县教研员的重视，对我的培养，由此正式开始。翌年 4 月，经推荐，我在嘉兴大市级的课堂教学展示活动"南湖之春"上亮相，结果备受好评。5 月，我代表县里参加嘉兴市的优质课比赛，课堂演绎得到了评委们的一致肯定，被评为第一名，获得了代表嘉兴市参加省赛课的机会。12 月，在浙江宁波，省优质课比赛，面对一节传统老课，我以创新的设计和大胆的演绎，赢得了评委们和听课教师们的好评，获得了浙江省的一等奖！

　　仅仅两三年的时间，我从一个乡镇骨干教师，成长为浙江省课堂评比一等奖的教师，最大的因素，当然是教研员、学校领导、同事的关心和帮助，但若再作个更深的归因，那不就是因为自己的写作，因为一篇文章的发表，得到了各级教研员的关注，为自己争取到了教学生涯中最重要的机会吗？

　　写作能带来专业发展的机会，我从此以后真情地爱上了它。因为写作，我不断总结自己的教学经验，上课水平持续提升；因为写作，我用心阅读教育教学的书籍，理论素养逐渐丰厚；因为写作，我得到了很多专家与教师的认可，学术交流的圈子日渐扩大；因为写作，我积淀了很多的教研成果，在几次重要的评比中，得到了上级的肯定。在写作的推动下，我积极实践、广泛学习、深入思考，经过多年的努力，我"走"出了县城，"走"向了全国……

所以，我经常这样鼓励追求进步的青年教师们："反思及写作，是每一位教师自己可以把握的成长之路。"参加各种教学比赛的机会难得一遇，但反思和写作的机会却掌握在自己的手里——有兴趣，有意志，时时可思考，天天可写作；写成的文字，可通过网络、杂志等途径呈现出来，展现自己的才华，引发他人的关注，推动教研的深入。如此的形式，自己不就是在得到成长吗？不也能够取得成功吗？

我二十年的写作之路，有三点特别深的体会，希望和教师们分享。

一是勤奋地写，努力地写。无论自己在哪个工作岗位上，无论自己的工作有多忙，只要开展教学实践后有点收获，或参与活动后有所感悟，我一定会把想法变成文章。晚上，坐在电脑前，先做学校的事，再备课，再写文章，直至半夜，是我很多年的工作常态。难忘冬天的雪夜，窗外的雪沙沙地飘落，键盘上的敲击声清脆入耳，一段段文字浮现在屏幕上；难忘每年的春节，走上两三天亲戚后，我便赶紧回归书桌开始写作，满桌的书籍替代了新年的菜肴……二十年的坚持，换回了数百篇文章，让写作成为自己的一张标签。

二是写自己的事，说真心的话。我的写作素材都来源于自己的真实经历，上的课，听的课，看的书，参与的研讨，等等；我努力说出自己真实的认识与观点，不人云亦云或盲目跟风，有时尽管显得浅陋或不恭，也总是希望能以自己的见解，给读者以启发，让读者有收获。

三是坚持朴素地讲述，清晰地表达。我自知自己是一位数学教师，文字表达能力有限，没有华丽的辞藻、优美的文笔，但我想，数学知识有简洁、清晰、严谨等特点，作为一位数学教师，在写作时也应该展现这样的思维方式和写作特点。所以，多年来，我一直坚持这样的写作风格——把语句写通顺，把事情讲明白，把观点说清楚，让人一读就能理解。"简单、通顺、清浅、明白的文字，透明度高，可阅性强，乃我所欲也。"作家亦舒的这段话，我深为赞同，是我追求的文字表达方式。

也许，您在阅读这本随笔集时，能对上述三点，有更深切、更直观的感受。书中的作品，精选自我二十年间撰写出的各类教学随笔，或叙事或说理，或讲学生或论课堂，主题不一，风格各异，但都呈现着我对小学数学的教与学所作的学习、探索和思考。

要特别说明的是，因为书中所选的文章时间跨度大，这二十年中，小学数学课程经历了多次改革，课程标准也已修订了两次，教学理念在不断更新，课程内容在不断调整，教学方法在不断改进。因此，若以现在的眼光审视某篇文章，可能会觉得时代气息不浓，理念观点不新。但笔者觉得这也许更是一件有意义的事——教师们可以通过阅读、比较与思考，感受到课程改革进程中教学理念的与时俱进，促使自己更好地学习、理解和运用新课程的理念，激励自己更主动地投入小学数学教学，爱上小学数学教学。

2023 年 7 月 杭州

目　录

第一辑　教学哲思

第二辑　师生故事

第三辑　生问课堂

第四辑　观课品课

第五辑　专业探究

第六辑　观点争鸣

第一辑

教学哲思

　　小学数学的知识比较简单，小学数学的教学却不容易。教师该怎样看待小学数学教学，该追求怎样的课堂面貌？日常教学中，该如何把握教材，如何分析学情，如何设计过程，如何指导学法，才能让学生既扎实掌握知识与技能，又切实提升素养和情感？

让教学似盐般淳朴

我的老家是一座滨海小城，叫"海盐"。前几年，打出一个嵌字口号——"大气如海，淳朴似盐"。起初，我也不太在意这类文字游戏式的东西，但一次，一位到我老家讲学的专家看到口号后，问我："我们的教学，能否也像盐一样淳朴呢？"我蓦地一惊！

是的，当前的数学教学，的确还存在一些形式化的做法——

课必情境。因为要激发学生的学习兴趣，所以创设一个生动有趣、富有内涵的情境，就成了数学教学的重要工作。找不到一个合适的情境，教学似乎就无法展开。

教必课件。上课前找好课件，上课了投影一开，课堂就在课件的引领下展开了。若是公开课，课件的精美程度，更是成为课堂获胜的关键因素。

学必探究。呈现情境—学生探究—反馈交流—得出结论，已成为经典的教学流程，风头也早已盖过凯洛夫的"五步教学法"。

……

这些，不禁让人思考：课堂，一定要这样的形式或过程吗？数学教学，我们更应该关注的是什么？于是，当"教学，能否也像盐一样淳朴"一问抛给我时，我幡然醒悟——多好的一个比喻呀！多好的一个方向呀！

盐是淳朴的，它相貌平淡，外表无奇，但是，它外表再朴素，却丝毫不影响它的功效——让食物变得可口。我们的课堂呢？课堂最重要的是效率和效果，教学该采用怎样的形式，该设计怎样的过程，关键就是要看它是否为提升效率、增强效果服务。形式即使很简单，过程即使很朴实，但只要效率高、效果好，那就值得提倡，值得采用。

不用情境，直接提出数学问题，引发学生思考讨论，既节省时间，又聚焦问题，何乐而不为？不用课件，抄上几块小黑板，正面、反面挂一挂，看似普通，但可擦、可改、可调换，岂不简便？不事事探究，教师当讲授则讲授，该示范就示范，学生理解透彻，掌握熟练，有何不好？

盐是淳朴的，它效用明显，用途广泛，但是，它再多的功效，都无法改变它的本质——给人以必需的养分。我们的数学教学呢？是否也存在本质的、核心的，不会因时代的变迁、名称的更迭而发生变化的追求？有！掌握基础知识、基本技能，发展思维能力，提升应用意识和创新意识，就是数学教学最本质的追求，就是学生学习数学最应当获得的养分，就是我们在谈"三维目标""数学四基"时最不可遗忘的元素。

一次，我的徒弟兴奋地告诉我一件事：我们历经数月磨的一节获全国一等奖的课，最后定稿形成的设计，居然与二十世纪八十年代教材上的编排一样。我看了教材的影印件，的确，朴素的材料，简洁的过程，数学内涵的清晰指向，数学双基的明确要求，我们的设计真的与之如出一辙。激动之余，亦在感怀——数学教学，当复归于朴呀！

盐，是淳朴的，它的淳朴可归于一个"实"字——外表平实，功能实在。我们的教学也应当似盐一般淳朴，朝着一个"实"字前进，那就是：求实。

教学如此，做事做人又何尝不是如此呢？

（本文原刊于《小学数学教师》2014 年第 12 期）

上课如登山

教了二十多年的小学数学，越来越觉得，上课这事，真的很像登山。

上课如登山，都需要充分的准备。

我们要去登山，必定会先了解一下这座山的情况，如大致的地形、路径、耗时等；往往也会做一些相应的准备，如买些用具、换身衣装等。总之，就是想做好充分的准备，以确保登山的顺利。

登山如此，上课何尝不是如此呢？上课之前，我们需要研读教材，理解教材的编排与要求；我们需要分析学情，把握学生的起点与心理；我们需要设计教案，制定教学的目标与过程……有了这些准备工作，上好一节课才有基础，轻负担高质量才有可能。"充分准备进教室，一身轻松出课堂"，这是我对教学的最大心得，我也由此二十多年如一日，扎扎实实手写备好每一节课，做好每一个课件；我也一直坚持以此理念管理学校的教学工作，指导教师的课堂教学。

上课如登山，都具有曲折的过程。

登山之时，我们一定是走在蜿蜒崎岖的道路上。前进之路艰难坎坷，我们的身体会感到疲惫，意志会受到挑战。然而，我们会克服一个又一个的困难，凭借自己的力量，一步一个脚印地登临山顶。

上好一节课，也应具有这样的过程！好的课堂教学，就是要有意给学生制造一些障碍，营造一些冲突，让学生的学习之路变得曲折坎坷。学生只有面临阻拦和挑战，才会主动调用已有经验，充分激发自我潜能，经历深入的思考与探究，最终跨越障碍，解决问题。

这就是我常跟老师们强调的观点（尤其是上课喜欢"铺垫"追求"顺畅"的年轻老师们）：好的教学，应减少教师的"搭石铺路"，淡化过程的"平稳流畅"；要善于抓住学生认知的困惑点、疑难处，敢于放大，有意曲折——促使学生深刻经历学习的过程，真正获得知识，切实提升能力。

上课如登山，都会产生美好的心情。

当我们登临山顶，回望来路、极目远眺之时，我们就会忘记身体的疲惫，真情地感慨来路的艰辛不易，尽情地享受眼中的秀丽风景。这种登顶后的美好心情，也许就是登山活动带给人们的最大魅力。

这样的心情，在我们上好一节课，尤其是上出一节好课之后，也会产生。上完一节课，教师引领学生经历了思考、探索、交流等学习的过程，感受到了学生在学习过程中绽放出来的钻研精神、个性思维、创造能力等，看到学生深度建构了知识，有效发展了能力……学生有如此表现，教师难道不会产生为人师者最该有的美好心情吗？

此时的教师，还常会有另一份收获——对教学研究的热爱之情！因为课堂的成功，必定是缘于课前的深入钻研，设计的反复咀嚼（也许还有多次的实践），同事的倾力相助，课堂的用心把握。正是这种经历，让教师感受到了教学工作的无穷魅力，迸发出了开展教学研究的更大热情。此种收获，岂不更让人心情愉悦，乐在其中？

〔本文原刊于《小学教学设计（数学）》2019 年第 5 期〕

数学教学　美在其中

　　一次去听课，老师教"分数除法"，这内容原本就难，老师教得又枯燥，课堂效果不佳。交流时，我对执教老师说："老师，何不想办法激发学生的兴趣？除以一个数，变成了乘这个数的倒数。符号换了，除数变成了倒数，结果却不变。学生若能对这种奇异的美产生兴趣，学习的主动性不就有了吗？"这位老师有些不屑："这算什么美？学生会感兴趣吗？"我不禁愕然。

　　数学是美的，我们怎能不知？

　　数学之美，美在简洁。0~9简简单单的几个数字，任你再大再小的数，它都能表示；配上＋、－、×、÷等简洁的符号，就可将这个世界上亿万的数量说得清清楚楚。数学之美，美在和谐。加与减，乘与除，奇与偶，曲与直，平行与相交，有限与无限……其间的正反、互补与辩证，让事物间的关系显得如此稳定而协调。数学之美，美在奇异。亲和数、完全数、数字黑洞等，数之间，自有玄妙；黄金分割、勾股定理、圆周率等，形之中，魅力无穷。数学之美，不可胜数。有人说"数学如同西子"，西子之美，岂是言语所能述尽？

　　数学是美的，我们的教学就是要将美带给学生。

　　数学如此之美，我们的教学，就应当将数学知识中美的元素揭示出来，传递给学生。学认数，可让学生体验简洁之美；学计算，可让学生体验规则之美；学定律，可让学生体验抽象之美；学图形，可让学生体验联系之美……这不就是在落实"情感、态度、价值观"的目标吗？

数学是美的，我们的课堂就是要用美来吸引学生。

我们的课堂，应当以数学的美来引发学生的学习，启迪学生的思维。创设的情境，是否蕴含数学的因子？设计的问题，是否指向数学的思考？进行的探究，是否展现数学的内涵？得出的结论，是否凸显数学的本质？教学的各个环节，我们是否都以数学的元素点燃了学生火热的思考？高质量的课，都应是充盈着数学美感的课。

我们的课堂，还应当以教师的美来激发学生参与的热情，提升他们学习的情感。教师的语言，能否准确严密、逻辑清晰，展现出数学的精炼之美？教师的板书，能否错落有致、结构科学，展现出数学的形式之美？教学的行为，能否精讲巧练、轻负担高质量，展现出数学的理性之美？有品位的课，都应是洋溢着教师魅力的课。

教学是美的，我们更应该在教学中快乐工作。

日复一日的教学是枯燥的，年复一年的工作是艰辛的。看不到学科中的美，就不能体验教学的美，教师就会变成一个工匠，做着机械地制造"零件"的工作；反过来，如果能看到学科中的美，我们就能从教学中获得一种优美而崇高的体验，我们就会在实践中不断地超越自己，在研究中不断地提升自己，教学，也会因此变得美妙无比！

〔本文原刊于《小学教学（数学版）》2012 年第 3 期〕

突出重点，突破难点——教学朴素而高远的追求

突出重点，突破难点，是两句老话，常被老师们挂在嘴边。尤其是在对一节课进行深度分析时，教学重点突出的程度，教学难点突破的效果，更往往被视作判定教学是否扎实有效的关键性依据。

为什么可以这样来看课评课呢？

首先，突出重点，突破难点，这是对教学工作的基本理解。我们知道，一堂数学课，一般都有多个教学目标，而这些目标的重要性是不一样的。为了让学生更好地理解和掌握对后续学习影响重大的知识技能或思想方法（事实上这就是重点的教学目标所承载的功能），教师就应该避免在各个教学目标上不分轻重地平均用力，而应该突出重要的目标，以更多的教学时间和更好的教学策略，来确保目标的达成。这就叫主次有别，做任何事都如此，教学工作更需如此。同样，在数学学习中，不同的知识、技能和思想方法，学生要理解或掌握，难度必定也是不一样的。如果是较难实现的目标，那就需要教师在教学中牢牢地扣住它，付出更多的精力，想出更好的主意，帮助学生来突破它。这样的要求，体现着教学的原旨——从某种意义上讲，教学就是为了"解疑释惑"而存在的。因此，无论是突出重点，还是突破难点，都是教学本真意义的体现，教师能做到这些，显现出的是对教学工作的基本理解。

其次，突出重点，突破难点，需要教师读懂教材，读懂学生。因为教学的

重点，是教材根据课标的要求，根据学生的能力，有意识地、科学地设置在教材中的，它跟整个教材体系和数学知识内在的逻辑结构紧密相关。可见，教师要在教学中找得到重点，并能将之凸显出来，那必定需要对教材进行深入解读，全面了解教材的前后联系，把握知识的发展脉络。或者，对于某一课而言，也必定需要教师详细分析各个不同的教学目标，在反复比较衡量的基础上再确定重点目标。不管如何，能突出重点都说明了教师对教材的到位解读。与重点不同，难点是对于学生而言的，它的形成跟学生的认知方式有关——当一个新知，学生需要调整乃至改造原有的认知结构去学习时，它往往就是难点。因此，在确认教学难点时，教师需要深入分析学生原有的认知结构，找到学生原有的经验；还要站在学生的角度思考学生面临这个新知时可能产生的理解、感受乃至情感；更重要的，教师还需要基于上述分析设计出相应的策略使得学生的认知能顺利进行。很明显，所有这些工作，都离不开对学生的到位分析。读懂了教材，读懂了学生，教学就已在扎实的基石上蓄势而发了。

再者，突出重点，突破难点，激励着教师潜心研究，追求创新。确立教学的重点和难点，也许并不难，之后对"如何突出，如何突破"的思考和实践，才是对教师教学智慧与能力的真正挑战。在教学的重点上，教师可能要思考，如何更合理地分配教学时间，如何更清楚地讲解关键问题，如何更科学地组织讨论探究，如何更充分地安排练习巩固，等等。在教学的难点上，教师可能要思考，以怎样的情境激活学生的认知结构，以怎样的问题激发学生的探究欲望，以怎样的形式促使学生深入探究，等等。对以上教学要素作深入思考及精心设计，在课堂上将这些思考全力地呈现出来，在教学实践之后反思改进或改变的策略，这样一个完整的过程中，教师的教学经验逐步积累，教学能力不断提升。日复一日这样的思考与实践，不知不觉间，有内涵的课堂形成了，有创造力的教师造就了。

从上可见，教学中，突出重点，突破难点，考量着教师的教学理念，引领着教师的工作方法，促进着教师的专业成长。因此，于教学而言，它虽是一个非常朴素的要求，但更是一个极为高远的追求。

（本文原刊于《小学数学教育》2017年第5期，题目为《教学朴素而高远的追求》）

学情——最不可忽略的教学视点

奥苏伯尔说："如果我不得不将所有的教育心理学原理归结为一句话的话，我将会说，影响学习的最重要因素是学生已经知道了什么，我们应当根据学生的已有知识状况进行教学。"

这的确是一句至理名言！

我们知道，教育心理学有很多的理论，如认知发展理论、行为主义学习理论、建构主义学习理论等。各种理论中更是提出了"同化、顺应""最近发展区""迁移""再创造"等与学习有关的具体名词，每个名词往往都代表了学习的一种模式，让人眼花缭乱。但是，若细细一想，不管哪种模式，对一个事情的研究却是一致的，且是必需的——学生原有的认知状况，即学情。

学生已知的是什么，未知的是什么？已知的，已到达怎样的程度；未知的，离学生的已知有多远？哪些已知的能作为新知学习的基础，哪些未知的能由学生探究或创造出来？……如果不重视这些事情，对这些情况不能摸清楚，怎么去谈同化与顺应，又如何说迁移与创造呢？

我曾二十多年如一日地每天手写独立备好每一节课，每次备课时，我总是先想这些事情：这个内容，学生凭之前的基础，能自己尝试着解决吗？这个内容，学生没一点基础，我该如何切入呢？这个问题问下去，会有多少学生有反应呢？他们会反应出些什么来呢？……

自己曾经上过一些成功的公开课，细细分析，发现成功的原因都是教学设计与学生知识基础和认知方式的较好对接；而每每遇到磨课困扰其中不得出，之后回想，发现原来都是忽视了学情乃至脱离了学情所致。

因此，在我的教学视线里，对学情的把握与利用，是我们能否备出一节好课，能否实现有效教学的重要前提！这与在一个军人视线里"知己知彼，方能百战不殆"的意义是一样的！

若要我对"学情"的事作个提炼，我想是否可用以下三句话概括：高度重视学情，深入分析学情，合理应对学情。

高度重视学情，这是意识。其意义上文都已说过，大家想必不会反对。时刻提醒自己，把它落实到平时的教学实践中去，那便是真正做到了"高度重视"。

深入分析学情，要有方法。我们可以分析学生之前的作业，或回顾自己之前的教学，也可以仔细阅读教学参考中的提示，或向身边经验丰富的老教师请教，然后对学情作出较为准确的判断。更为科学的方法，则是通过访谈、调查等前测手段，进行深入了解。这种方法，不仅能够让教师对学情有定性甚至定量的分析，还能够让教师捕捉到一些个性的、有价值的、能够为教学设计带来灵感的学情。

合理应对学情，最为关键。学情大致有三种：学生对新知一无所知，对新知一知半解，对新知了解较多。若发现学生对新知一无所知，教师可以按常规创设问题情境，循序渐进推进教学过程，引导学生从无至有逐步建构知识。若发现学生对新知一知半解，教学设计则可以相应调整，常用的方法是将学生的已知和未知充分暴露，或制造较强烈的认知冲突，让学生思维发生碰撞，在碰撞中逐步形成正确认知。倘若遇到学生对新知已有较多了解，教师要考虑的则是如何将教学起点定在学生的前面，如何以更好的情境吸引学生学习，如何激发学生学习的主动性和积极性……

　　吃准学情，顺学而导，教学才能像呼吸一样自然。因此，学情，是我们最不可忽略的教学视点。

　　〔本文原刊于《小学教学设计（数学）》2016 年第 11 期，题目为《学情——最不可忽略的教学视线》〕

过程——数学教学最亮丽的风景

很多人都非常欣赏这句广告语：人生就像一场旅行，不必在乎目的地，在乎的是沿途的风景，以及看风景的心情。

是的，无论是旅行还是人生，过程丰满了，收获就有了，意义就在了。旅行如此，人生如此，数学教学，又何尝不是如此呢？

于学生而言，经历生动活泼、充满乐趣、富有挑战的学习过程，他们就能在数学学习的旅程中，体验到与数学有关的各种"风景"——丰富而有趣的数学知识，深邃而精妙的数学思想，等等。他们更是由于在过程中不断地开展着观察、比较、推理、操作等丰富的数学学习活动，迸发出学习数学的美好"心情"——数学是好玩的、有趣的，数学是严谨的、抽象的，数学是充满魅力的、引人思考的，等等。看着这样的"风景"，怀着这样的"心情"，学生的学习是何其之美呀！

于教师而言，给学生充足的时间和空间，让学生充分经历思考、探索、交流等学习过程，教师就会看到与学生有关的各种"风景"——学生的个性化思考，学生的创造性能力，学生的思维碰撞，学生的自主建构，等等。由此，教师也一定会产生为人师者最喜悦的"心情"——学生在教师的引领下，知识掌握了，思维发展了，生命成长了。看到这样的"风景"，产生这样的"心情"，教师的教学是何等幸福呀！

因此，数学教学要关注过程，凸显过程，要把过程作为数学教学的重要目标去追求。我们需要思考的是，凸显过程，我们究竟应该怎么做？

首先，应深入挖掘教材的内涵。一个教学内容，除了知识和技能，往往还有它们所承载的思维方式，有隐藏在其中的思想方法，有在知识技能学习中可开展的数学活动，有与之相关的数学文化，有可提升学生学习情感的各种元素，等等。即使是数学知识，也常会有表面看不到的学习背景、数学本质等丰富资源。凸显过程，就需要对教材进行深入解读，挖掘出上述内涵，并通过合适的形式展现于课堂中。

其次，需尽量清晰教学的目标。教学的三维目标，尤其是过程性目标，一旦方向明确且策略清晰，教学才可有的放矢，展现过程。如一位教师教学"平行与垂直"，制定了这样的过程性目标：让学生通过操作、观察、想象等学习活动，深刻经历两条直线动态变化的过程，感受平行和垂直的各自特征和内在联系，发展空间观念。这样的目标，明确地揭示了教学的核心追求，清晰地呈现了学生在课堂上需要开展的探究活动与学习路径，课虽还未上，但其厚实的过程却已依稀可见。

再者，可大胆曲折教学的过程。"文似看山不喜平"，教学也是如此。数学教学中，有意识地制造一些障碍，使学生的前进之路变得曲折坎坷，学习的本真价值才会展现——学生面临阻拦和挑战，只能主动调用已有的经验，充分激发自我的潜能，经历深入的思考与探究，艰难坎坷地去跨越障碍。但很明显，跨越的过程，就是学生获得知识、发展能力、积淀情感的过程。

最后，要努力丰富学习的形式。学生要获得探究数学的真切体验和解决问题的真正能力，获得数学的思维方式和学习的情感态度，就必须通过丰富的学习形式，如观察、描述、画图、操作、猜想、实验、推理、交流等，亲身去"做数学"，去"再创造"数学。"生动活泼的、主动的和富有个性的过程"，让学生得到多元的发展，让课堂绽放精彩的魅力。

学习的过程本身就是数学课程的目标！让我们在数学教学的旅行中，看到风景，收获心情，实现目标。

〔本文原刊于《小学教学设计（数学）》2017 年第 9 期〕

思考——数学教学的本真追求

数学的产生，源于人类的思考；数学的发展，是人类思考催动的结果。因此，思考是数学最原始的基因，也是数学最本质的特征。

任何一个普普通通的数学学习内容中，都蕴含着这样的特征。如"10的组成"，蕴含着"有序思考"；"20以内的加减法"，蕴含着"多样化和优化"；"四边形的认识"，蕴含着"分类、抽象"；"三角形的面积"，蕴含着"转化、推理"……每个数学知识都是人类思考的结果，都承载着有助于人们提升认识事物能力的思维方式和思想方法。

所以，我们可以大胆地说，数学的知识，本质上只是一个承载了思考的载体；教数学，根本的目标就是要借助这个载体，让学生感悟或掌握其中的思考元素，从而获得更为有意义的思维的发展。承载着新时期教育使命的《义务教育数学课程标准（2011年版）》，也明确地提出了"数学思考"的教学目标，并强调要让学生"学会独立思考，体会数学的基本思想和思维方式"。

那么，在数学教学中，我们如何才能实现这样的追求呢？

其一，教学价值的取向要更明确——凸显数学思考。在备一节课时，我们要充分认识到数学思考的重要性，要善于挖掘每个教学内容中所蕴含的思维元素，将其明确地呈现于教学目标之中，并设想好落实这个目标的教学过程与手段方法。在课堂上，我们要借助知识与技能的教学，时刻不忘且全力追求数学思考目标的实现。这样的课堂，就会展现出数学教学最本真的价值。

其二，问题情境的设计应更开放——引发数学思考。开放的问题情境，才会激起学生主动探究、深入思考的愿望，才会让学生有展现个性思维、发挥创造能力的机会。教师给学生多大的空间，学生就会展现多少的精彩！因此，我们在备课时，问题情境的设计应更开放一些，要想办法让学生面临一个情境，主动调用已有经验，自觉展现丰富想法。方法多样、结果多元的学习任务，会有效点燃学生思维的火花，营造出数学课堂的最美氛围。

其三，教学过程的推进可更曲折——激活数学思考。曲折坎坷的学习过程，会让学生面临更多的挑战。想要前行，学生就需要开展更多更深的思考，就需要理解、碰撞别人的思维……思维被全面激活，那是数学课堂最高的境界。所以，在教学推进之时，教师应少为学生"铺路搭桥"，应淡化过程的"平稳流畅"。重要的，是要抓住学生认知的困惑点、疑难处，敢于放大，有意曲折，促使学生通过深刻的思考，实现对知识和技能的真正理解，实现对方法和思维的突破与悟得。

其四，教学方法的运用当更有效——加深数学思考。教与学的方法是多样的，并无定法，更无优劣高低之分。我们不能说"启发式""探究法"就是好方法，不能说"讲授法""听讲法"已经落伍过时。要说某种教学方法是否有效，最重要的就是要看这种方法在设计与运用时，是否指向于促进学生思考的目的，是否能实现加深学生思考的功能。如中国教师最常运用的"变式"手段，虽然非常传统，却能切实提升学生思维的灵活性和深刻性，这不就是好方法吗？

数学的教学，除了上述四个方面，一定还有很多的元素需要关注，需要研究。但是，无论哪个元素，只要能时刻指向于"思考"，处处体现出"思考"，那就一定是在追求并实现着一个正确的教学方向——本真的数学教学。

（本文原刊于《小学数学教育》2017 年第 7 期）

为思维的发展而教

有专家曾经在上海面向家长做过一个问卷调查：小学毕业以后到现在，你是否用到过三角形面积的计算公式？调查结果让人意想不到，两百位接受问卷调查的家长中，居然只有一位家长用到过这个公式。

这个故事应引发我们思考这样一个问题：三角形面积，小学数学教材中如此重要的内容，学生学了，长大以后却几乎用不到，那我们为什么还要教数学？对此，每一位数学教师都要有一个准确而清晰的认识，我这几年的教学探索，也在努力地诠释着这个问题的答案。

一、将发展思维作为数学教学的本真追求

回看数学的产生和发展，我们就会发现，伴随数学一路走来的，正是人类认识事物的各种各样的思维活动。如各种原始的计数法，内涵就是"直观""一一对应"等思维方式；几何的产生，"形象思维"功不可没，几何的发展，"推理思想"贯穿始终；各种算法，往往就是"优化"的结果，就是一种"数学模型"……每个数学知识都是人类"思考"的结果，都承载着人们认识事物、改造世界的思维方式和思想方法。

所以，我一直认为，数学知识本质上就是一个思维的载体，教数学，最重

要的就是要借助这个载体，让学生在获得知识与技能的同时，还获得更有意义的思维的发展。

来说说我怎么教"三角形面积"吧。这节课我自己教过多次，也指导老师展示过，课的设计牢牢扣住"发展思维"。

在这节课之前，学生刚学过"平行四边形的面积"，他们学会了沿着平行四边形的高剪下一个三角形，拼接在另一边，就变成了一个已学过的长方形。这种割补的方法，蕴含了一种重要的思维方式，那就是"转化"。

要教"三角形面积"了，课始我请学生说说生活中三角形状的物体，然后先挑了学生最熟悉的红领巾，让他们计算面积。学生很顺利地用割补的方法，将三角形转化成了平行四边形或长方形，求出面积。在学生都觉得很容易之时，我再让学生尝试另一个普通的三角形（不是等腰三角形），结果学生反复实验，发现无论沿着哪条高剪（或中线），就是无法拼成一个学过的图形。这时，我引导学生观察、思考，对比前后两次的研究，分析原因。学生发现，原来红领巾是割补成了两个一样的三角形，所以才能转化成功，而现在的普通三角形，不管怎么剪，都不能分成两个一样的三角形。割补的思路看似不通了，那怎么办？学生主动思考，深入探究，最后发现不用"割补"而用"拼组"也可以实现转化（拿两个一样的普通三角形拼成一个平行四边形）……

课的过程曲曲折折，也许会让人觉得"啰唆繁琐"。然而，这样的过程，究竟给了学生什么呢？深刻理解三角形的面积公式自不必说，学生在探究的过程中，经历了对"转化"思想更深入的认识，思维的灵活性、深刻性得到发展；学生通过观察、操作、想象，"空间观念"这种重要的思维能力得以提升……获得的思维的发展，不就是这个内容带给学生的最宝贵的财富吗？至于长大后会不会用到这个公式，那还重要吗？

一个人从出生时的懵懂无知，之所以能成长，之所以会越来越聪明，之所以能适应生活，能开拓创新，最重要的因素，就是通过受教育，不断地积累着知识，不断地发展着思维。作为富含理性思维的数学学科，自然也担负着这个重要的使命，"数学是思维的体操"早已为我们点明发展思维是数学教学的本真追求。

二、挖掘每个教学内容中蕴含的思维元素

数学思维究竟是什么含义？有人说是指抽象、分类、类比、归纳、证明、化归等数学的思想；有人说是指数感、符号意识、空间观念、几何直观、数据分析观念、运算能力、推理能力等数学的能力；也有人说是指数学内容中蕴含的深刻性、创造性、灵活性、严密性、清晰性等思维的品质。

我以为，以上这些名词，均区别于数学的知识与技能，均体现出用脑"思考"的明显特征，因此将这些名词称为数学思维，都没问题。

作为一位数学教师，需要理解这些名词的丰富内涵以及重要意义，更需要有一双"慧眼"，能够看到并挖掘出每一个普普通通的教学内容中蕴含的思维元素，并且想办法把这个内涵在课堂上切实彰显出来，让学生深刻体验，真切感悟。

我有一节课叫"比万大的计数单位"，这个课受到老师们的好评，大家最深的听课感受就是一个简单的教学内容，却被我挖掘出了丰富的思维元素，并且为学生自己所发现，所理解。

这节课的教学要说容易，两分钟就可教完，因为内容就是四句话：10个一万是十万，10个十万是一百万，10个一百万是一千万，10个一千万

是一亿。然而，我为这四句话教了四十分钟。因为在备课时，我意识到计数单位名词的规定，蕴含着值得学生深入思考的元素。比如说，"10个百"要变成"千"，"10个千"要变成"万"（每次要换一个字作单位），但到了"10个万"，怎么就不变成一个字（如"亿"），却叫作"十万"了呢？而到了"10个一千万"时，怎么又不叫"十千万"，而突然要换成一个字的"亿"了？

任何一个数学知识，其规定的背后都是有道理的。如果"10个一万叫亿，10个一亿叫兆"，这当然可以（这也曾经是中国古代的一种计数体系）。但是，"个、十、百、千、万、亿、兆、京、垓……"，每次都要换一个名词，相比现在通用的计数体系，"一十百千，一万十万百万千万，一亿十亿百亿千亿……"，显然，后者有规律，更好记——"一、十、百、千"四个字在重复使用。可见，现行的计数单位是前人深入探索、理性思辨之后的成果，它展现着数学的简洁之美与结构之美。

这样的思维元素如果放大做强，孩子们能得到什么？知识的产生与发展，数学的思想与方法，数学活动的经验……这些，不都能彰显出数学学习最宝贵的价值吗？于是，我制定了教学目标："让学生经历对计数单位猜想、排序、比较等探究的过程，发展迁移能力、推理能力。"在课堂上，借助学生暴露出来的丰富资源，全力引导学生展开思辨与探究。学生由此亲历了猜想、辨析、说理等思考的过程，主动地运用了观察、比较、迁移、推理等思考的方法，最后既深刻地理解了知识，又有效地发展了思维。

我一直认为，一位优秀的数学教师，能把握住每一个教学内容中蕴含的思维元素，能将其明确地呈现于教学目标之中，能在课堂上全力去追求这个目标的实现。引发学生思考，激活学生思维，那才是高质量的、有内涵的数学教学。

三、引导学生深刻经历思维提升的过程

有了明确的目标追求，还需要一个与之匹配的教学过程。这个教学过程中，无论是学习情境、学习材料、教学环节还是教学形式等，都应当紧紧贴着"发展思维"的目标，并为这个目标的实现而各尽其能。

在学习情境方面，我常常选用或创设蕴含较强思考成分的情境，以激发学生的挑战愿望，促使学生深入探索。在教学环节方面，我常有意制造一些"障碍"，让学生的学习之路变得曲折坎坷，从而思考不止。在学习形式方面，我努力引导学生开展观察、比较、分析、猜测、推理等数学活动，亲身去"做数学，悟数学"。

小学数学中有一节典型课"用数对确定位置"，老师们大多是借助教室座位图这个情境，来描述某个学生的位置，然后利用课件将座位图抽象成点子图，再抽象成格子图，最后引导学生用列和行两个信息来表示，得出"数对"。这样的教学过程很顺畅，但我觉得，这里存在着很大的缺陷——学生没有深刻经历思维提升的过程。如座位图为何要变成点子图，又为何要变成格子图，为何要用到列和行两个信息来表示等，这些都不是学生思考的结果；而学习的过程中，学生更多的就是听讲，就是接纳，他们也缺少操作、思考、交流等有效的学习活动。显然，如此的课堂，在促进学生思维发展方面，不够理想。

如何改进？我依据笛卡尔看见蜘蛛而发明直角坐标系的传说，以一张白纸当作一面墙壁，以"描述墙壁上一只蜘蛛的位置"为情境，设计了挑战性的任务，逐层推进：蜘蛛先在底边上爬，学生发现只要给底边标上刻度，用一个数就可以讲清它的位置；蜘蛛爬到了底边上面一些的位置，学

生发现用一个数无法刻画了，怎么办？蜘蛛继续爬，爬到任意的位置，白纸上可做些什么准备工作，让人一看就能说清蜘蛛的位置？……

整节课，因为教师的巧妙引导，学生在真实有趣的情境中，主动地采用着丰富而个性的学习形式，展现出深入而美妙的思考方式，逐步地"再创造"出了坐标系、数对等知识。学生的思维，真正经历了从"一维"到"二维"的发展过程，他们对"数形结合"的感知，他们的观察能力、想象能力，他们的求异思维、创新思维，都在不知不觉间获得了提升。

除了依托情境、过程、形式等发展学生的思维，我还一直强调，我们任何一个教学的元素，哪怕是课件、教具、学具、媒体、板书等，也都应努力体现"助推学生思维深入"的功效。

这几年，我努力探索着如何通过教学的创新来追求理想的课堂，而我提出的教学创新的首要策略，那就是"数学思考切实彰显"；我也不懈地追寻着、践行着"本真的数学教学"，而我最深刻的认识就是："数学教学，当处处体现出引人思考，时刻指向于发展思维。"

是的，数学教学，就是在为学生思维的发展而教！

（本文原刊于《中国教育报》2018 年 9 月 26 日第 10 版，题目为《带学生一起做思维体操》）

数学课，要多一些思考味

一

数学课堂，如果缺少了或者失去了"思考味"，就会变得没有意思。

下面的例子，我在与老师们交流时，经常会拿出来说明上述观点，听者往往颇有感触。

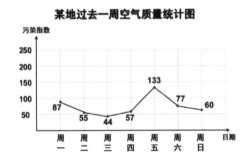

折线统计图练习，教师呈现上图，然后依次提出以下问题：

1. 这七天里污染指数最高是哪一天，是多少？

2. 最低是哪一天，是多少？

3. 最高和最低相差多少？

学生眼睛一瞥，三个答案张口就来……

以上三个问题，被戏称为统计教学中的"经典三问"——最大？最小？相差（或倍数）？统计表教学时是这么问的，条形统计图教学时也是这么问的，到了高年级教学扇形统计图时还是这么问的，师生们都觉得味同嚼蜡，索然无趣。

这样的教学并没有错，但大家之所以觉得没意思，是因为这样的问题学生无需动脑就能回答。的确，当一个数学知识的学习，不需要动脑的时候，它就失去了最为本真的教育意义——数学是思考的产物，学数学最重要的目标就是要学习思考。

上面的例子还有"升级版"——

一次考试，试卷上也出如此的题目，但是在"经典三问"之后还跟了第四个问题：根据这幅图，你能自己提出一个有价值的数学问题吗？

有学生提出了这样的问题：为什么周五这一天的空气质量这么差呢？

据说任教的数学老师讲评试卷时很是不悦地说："以后不要提这样的问题，这样的问题不好回答，容易扣分！问题要提得简单一点，比如问'周六和周日相差多少'，那不就行了吗？……"

这是数学教学最悲哀的事——学生展现出了思考，教师却不喜欢学生思考。

二

上学期，某学术机构在上海举行教研活动，邀我上一节课，指定的是统计领域的教学内容。

我脑海中首先想到的就是"折线统计图练习"。一个原因是我一直在以上述例子向老师们传递"教数学就是要教思考"的教学理念；二是曾经指导徒弟研磨过这节课，有一定的基础。

原来的课有四道习题，由浅入深地对折线统计图相关的知识点进行练习，包括折线统计图的画法、优点、解读等（详见拙著《创新照亮课堂》）。现在再改此课，我最大的想法就是要把"思考味"更好地凸显出来。

经过反复思量，结合着课堂实践，我将四道习题精简成了两道，把多个知识点的练习聚焦至多维度的数据分析，让课堂每一步的思考韵味更为彰显。现以第一环节为例作简要介绍。

【第一步】

课始谈话，谈及上海近期空气质量，学生有的说"估计一般"，有的说"应该不太好"……意见不一。一位学生提出应该"用数据说话"。教师课件呈现前一天手机截屏（右图，上课时间为 11 月 15 日），学生们看到"上海 14 日空气质量指数 61，良"。

有学生提出，凭一天的数据，不能说明"近期空气质量"，要有更多的数据才有说服力。顺应学生要求，教师依次呈现最近几周的数据，每幅图均让学生作总体评判。

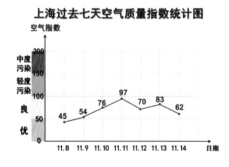

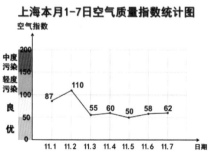

生：这样看来，上海最近的空气质量总体比较好，可以称得上"优良"。

师：是的，有更多的数据，从整体上看，才能对一个事物作出客观的评价。（板书：数据分析——看整体）

【第二步】

引导学生聚焦"上海今年国庆期间空气质量指数统计图"，做基本读图练习，如最高多少，最低多少。

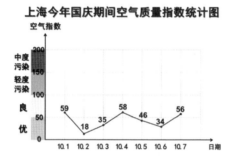

师：看了这条曲线，你能提出什么有价值的问题吗?（给学生思考时间）

生1：为什么10月1日到2日，空气质量突然变好了呢?

生2：10月2日的空气质量为什么特别好?

生3：10月6日为什么也比较好?

……

师：真好! 同学们在看一幅统计图的时候，不仅关注了数据的大小，更能够去发现一些特殊的数据。看到了特殊的数据，说明你即将进入分析状态了。（板书：想特殊）

师：猜一猜,10月2日空气质量特别好，你觉得有可能是什么原因呢?

学生猜测纷纷，有的说是国庆放假，市民都出上海旅游了（有学生马上反对：那也有很多人来上海旅游）；有的说是工厂国庆期间停工（有学生反对：只停那一天吗）；有的说是那天可能下雨刮风，净化了空气……

师：人为的因素，天气的因素，你们更支持哪个？（学生一致认可后者）

【第三步】

顺接学生意愿，呈现上海国庆期间天气情况，组织学生观察、思考、讨论，课堂气氛热烈。

生1：我觉得跟天气没关系，2日是阴天，风也不是最大。

上海国庆天气			
10.1		暴雨	6-7级风
10.2		阴	3-4级风
10.3		多云	1-2级风
10.4		多云	3-4级风
10.5		小雨	1-2级风
10.6		多云	1-2级风
10.7		阴	1-2级风

生2：我觉得有关系。1日是暴雨，而且是大风，那肯定净化空气了，所以2日特别好。

生3：对的，下雨就会净化空气，你看5日下雨，所以6日的空气质量也变好了。

……

师：同学们可真厉害，你们不仅能从表面上看数据，而且能关注数据之间的内在联系，并以此进行分析。恭喜大家，你们的分析是完全正确的，刮风下雨是影响空气质量的重要因素！（板书：找联系）

【第四步】

师：同学们可否推测一下，10月8日上海的空气质量好不好，大约会是多少？

学生兴致盎然，依据6日、7日的天气情况，猜测8日空气质量指数会上升，可能在六七十左右。教师课件呈现那天的真实数据72，学生很激动。

师：根据数据间的联系，作出一定的推测，这就是统计的价值。尽管这不一定准确，但它却吸引了人们对未知的思考和探索。（板书：作推测）

如此的折线统计图练习，相比前面所举的"经典三问"例子，学生之所获差异明显。原因也很明显，那就是我的课堂中对"数据分析观念"的充分追求以及相应教学行为的有效落实，而这不就是数学教学所渴求的"思考味"的体现吗？

三

上学期指导一位青年教师参加了一次课堂教学评比，上课内容是四年级"积的变化规律"。

听第一次试教，没有一点亮眼的感觉——如同教材图示，先提供一组乘法式题，学生口算答案，引导找寻算式间的"奥秘"，得出"一个因数不变，另一个因数乘几，积也乘几"；再换一组乘法式题，依样画葫芦，得出另一结论；最后是运用规律做练习。

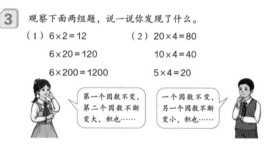

讨论时，我提出意见：课最大的不足就是没有真正引发学生的思考，没有让学生切实获得知识之外的东西；要改这节课，就要从"数学思考"入手。

再次的试教，再次的研讨，再次的聚焦思考；一次，两次……思考味越来越浓郁，课堂内涵越来越凸显，一节好课产生了。

【口算引入】

1. 课件逐题呈现 25×4、25×8，口算答案。

2. 呈现 25×16。有学生说答案是 300（因为之前是 100、200），有的发现算式间的联系，说"因数 8 到 16 是乘 2，所以积 200 乘 2 是 400"。教师质疑"到底有没有这种联系，答案对不对"，请学生用计算器验证，确认是 400。

3. 呈现 25×48。重复上述步骤，增强感知。

4. 让学生说说有什么发现，学生提出"一个因数不变，另一个因数乘几，积也乘几"，教师作简要板书记录。

【引发猜想】

师：这只是通过两个例子得到的经验，在其他乘法算式里是不是也有这样的情况呢？不能确定吧，所以它还只是一个猜想。（板书"猜想"，并在之前板书后面打上"？"）

师：怎么办？（学生提出举更多的例子来检验）好办法，开始吧！

【学生验证】

学生各自举例，展示交流，确认均如此，且找不到任何一个反例。

【方法提炼】

师：数学学习中，遇到一个猜想的时候，我们可以举大量的例子来验证……这样得到的结论往往更可信。（擦去"？"）

以上步骤，巧妙而无痕地引导学生经历了"不完全归纳"这种数学思想方法的洗礼，形成的板书"猜想—验证—结论—应用"，不仅停留在了黑板上，更是通过这个环节，通过课中后续的多个跟进环节的强化，深深地烙刻在了学生的心底，成为学生难以忘怀的学习收获。

这样的数学思考不局限于此处，如下的学生提问环节，同样展现出迷人的"思考味"，引人入胜。

师：半节课学好了，我们通过"猜想、验证、结论、应用"，对数学上的一个规律有了全面的认识。现在一起把这个规律再读一遍吧——在乘法里，一个因数不变，另一个因数乘几，积也乘几。

师：读了后，你觉得还能提出什么值得研究的数学问题吗？（给学生充足的思考时间，学生的小手逐渐举起来了）

生 1：一个因数不变，另一个因数除以几，积会怎么变呢？

生 2：两个因数都变，积会怎么变呢？（师引："都变"是什么意思？）

生 3：一个因数不变，另一个因数加几或减几，积会怎么变呢？

……

教师根据学生的提问，通过课件，有条理有主次地呈现相关问题。

因数	×	因数	=	积
不变		乘几		也乘几
不变		除以几		？
变		变		？
乘几		乘几		？
除以几		除以几		？
⋮		⋮		⋮

师：我们先研究第一个问题。一个因数不变，另一个因数除以几，积会怎么变呢？（也除以几）这又是一个猜想！同学们，怎么解决这个猜想？对，用上之前的经验，开始吧！

听课者无一不认为这是一节优质的数学课，因为他们都看到了在这样的课中，除了知识技能的有效达成之外，数学思想方法的渗透、学生求异思维和创新精神的训练，也都得到了充分的落实，而这不正是数学教学最重要的"思考味"的显现吗？

四

我们都知道，数学的知识技能，无非只是一个个载体——承载了"思考"。

教数学，根本的目的就是要通过这个载体，让人获得最有意义的思维的发展。《义务教育数学课程标准（2011 年版）》也把学生在数学学习过程中所进行的思维活动，以及通过这样的活动所积累的思维方式和思想方法，称为"数学思考"，并作为数学课程的总目标提出。

可见，数学思考是一堂数学课的内涵之所在，它展现出的是教师对数学及数学教学的深刻认识。因此，一节数学课上得正确与否，尤其是上得精彩与否，课堂中数学思考的体现与落实情况，是极其重要的判断标准。显而易见，"思考味"多一些，"思考味"浓一些，一定是好课的典型特征。

在教学中，我们需要理解数学思考的丰富内涵以及重要意义，更需要有一双慧眼，能够看到并挖掘出每一个教学内容中蕴含的思维元素；我们还应将其明确地呈现于教学目标之中，在课堂上全力去追求这个目标的实现。

激发学生思考，激活学生思维，那就是充满"思考味"的数学课，也就是我一直追求的教学创新的重要方向——数学思考切实彰显。

（本文原刊于《小学数学教师》2020 年第 3 期）

请关注"认真听讲、积极思考"

在《义务教育数学课程标准（2011 年版）》中，课程基本理念部分有一句话："认真听讲、积极思考、动手实践、自主探索、合作交流等，都是学习数学的重要方式。"这句话如此表述，想必是经历了不少的坎坷，因为在这之前，我们所看到的数次课标官方讨论稿，此处的表述都为："除接受学习外，动手实践、自主探索与合作交流同样是学习数学的重要方式。"

之所以关注这两句话，并非笔者想比较这两句话的优劣，或窥究其中的幕后故事，只是因为对其中的"认真听讲、积极思考"有一丝想法，觉得可写一些感受与老师们交流。

应该说，"认真听讲、积极思考"是句老话，是教师一直挂在嘴上的对学生学习的要求，也是家长在送孩子上学时反复叮嘱的语句。用得如此广泛，可见这两句老话，并非针对数学学习而提的，或言并不仅是"学习数学的重要方式"，而是普遍适用于其他学科学习的。其次，在传统的认识中，"认真听讲、积极思考"是一种学习的态度，是一种对学生学习时行为习惯层面上的要求。我们常言的"养成认真听讲、积极思考的习惯"，大家都很耳熟，但作为一种学习方式提出，就会感觉比较不顺。

如此说来，在大家已充分认可的"动手实践、自主探索、合作交流"三种数学学习方式之前，加上"认真听讲、积极思考"，是不是不正确或者不妥当呢？

并非如此！在笔者看来，撇开其属性是态度还是方法的问题不谈，在数学学习中，强化"认真听讲、积极思考"的要求，具有相当重要的意义。

首先，"认真听讲、积极思考"很适合数学的学科特点。 我们知道，数学是一门学科，也是一门科学。作为一门研究数量关系和空间形式的科学，它里面有大量的符号、概念、关系、定理等基础知识，更有模式化的、需要规范操作的基本技能，如计算、作图等。这些"双基"，前后联系紧密，发展序列清晰，作为学生，是不能漏掉任何一个小的知识点或技能点的，否则，就会跟不上教师教学的步伐。如，没听懂"平行和垂直"，那么下节课的画垂线、画平行线就不会，以后的"平行四边形、梯形"等知识也学不好。再如，在教除法竖式时，漏听一分钟，格式方面的细节没听到，那么相关的习题就根本无法做，后续的学习也要受很大影响。这就是我们常说的"数学是不能落下一节课"的道理，这也是数学学习与语文学习很大的一点区别——语文的内容，有时学生落下几节课或几篇课文，但对后续学习的影响不大（基础知识，如认字识词、背诵抄写，学生自己补习也是较容易的）。因此，数学课上的"认真听讲"显得格外重要——保证着学生扎扎实实地学好每一个知识点和技能点，一步一个脚印地行走在前进的路上。

我们还知道，数学是一门理性的科学，是发展人思维能力的科学。在数学教学中，我们经常要通过抽象、概括、归纳、比较、想象等途径来发展学生的思维能力，也时常采用一题多解、一题多变、拓展提升等方式来引发学生的思考，提升思维水平。在这些过程中，倘若学生不全力投入、积极思考，那么教学就无法获得该有的意义。如面临一个三角形，如何才能计算它的面积呢？不积极思考的学生，课后获取的只是一个"底 × 高 ÷2"的公式，而积极思考的学生，想到了"割补"的方法，想出了"拼组"的方法，推导出了不同内涵的计算公式，并在这样的过程中，感悟到了"转化"的数学思想，发展了空间观念、推理能力等诸多知识之外的东西。这就是在数学学习中经历"积极思考"的价值所在——使学习的成果更丰硕，使课堂的内涵更丰满。

其次，"认真听讲、积极思考"很符合当前学生的学习状况。不可否认，当前的很多学生，由于家庭条件的优厚和家长的宠爱，总体上比较娇生惯养、比较浮躁。如怕吃苦、钻研精神不足、课堂上好动、容易分心、开小差等现象，这些年来是很凸显的。再加上过去几年，由于新课程理念的影响，教师在课堂上较多地采用动手、讨论、探究的方式，但缺乏科学组织、管理的策略，也在某种程度上造成了学生学习的浮躁乃至学习力的下降，如学生自主学习、深入思考、细致检查的能力总体上是不理想的（影响学习力的另外一个原因，恐怕跟作业经常依赖家长的指导有关）。在这样的现实背景下，提出"认真听讲、积极思考"的学习要求，笔者觉得犹如开出了一帖治疗学生浮躁、走神的良药，必能起到很好的作用——作为数学学习的基本要求，就可在每一节课堂上进行训练、强化，促使学生改掉缺点，形成习惯。因此，从这个意义上讲，把"认真听讲、积极思考"从态度的层面提升至方法的层面，哪怕有点破格，但或许也体现着"矫枉必须过正"的道理，可以理解。

事实上，很多有经验的教师，对数学课上的"认真听讲、积极思考"都是极为重视的，并一直以切实有效的措施来落实这样的要求，以期起到"夯实教学过程，确保听课质量，提升学习成绩"的目标效果。笔者遇到过很多这样的教师，听了他们的介绍后更是感触颇深。一位老教师如此介绍他课堂的要求：

> ……课上，我要求学生除了做作业以外手里不准拿捏橡皮、笔、尺之类的东西，脚绝对不可以"越位"或是晃荡不停。这要求看似合理但并不简单，其实刚开始学生很难做到。他们自己也纳闷，听着听着手与脚就不在其位了。万事开头难，每当此类事情发生时，我总要提醒他们：一心不能二用。

在管好自己手脚的同时我也强调学生要管好自己的眼睛、耳朵与大脑。看着书本交流时必须看书本，我在黑板上板书讲解时必须看着黑板，在没借助书本也没利用黑板的学习时眼睛必须盯着我。关于课上老师的讲解与同学的发言，必须仔细听而且理解着听。正因诸多条条框框的要求与一步一步的把扶，我的学生现在基本都已把"用心听、思考，当有自己的想法时要勇于表达"视为一种习惯。因为他们知道我随时都会提问，即使就数学课堂而言是无效的提问，诸如"××，刚才我说的是什么，提了什么问题""××，你手里的笔要不借我用下"等等。当然，类似这些善意的问题是抛给那些没有专心听讲、没有积极思考的同学。如此一来，他们怕了，所以我得了个不大好听的评价："老师的眼睛很贼的！"

在笔者看来，这位教师的做法不是苛刻，课堂也不是僵化，系列的要求、眼睛的"贼"都是为了孩子良好学习习惯的养成而采取的有效策略。遗憾的是，这样的做法，在前几年经常会成为不符合新课程理念、制约孩子个性发展的"典型做法"。笔者觉得，这样的认识，教师应当改变过来，"课堂要有规矩，习惯方可养成"。只有养成了"认真听讲、积极思考"的习惯，才有可能确保学生对数学知识和技能的习得，也才有可能促进学生学习的可持续发展。可以设想，倘若不认真听讲，不积极思考，即使再"动手实践、自主探索、合作交流"，即使再"精心预设、灵活生成"，那又怎么可能有好的效果呢？

当然，"认真听讲、积极思考"也对我们教师提出了更高的要求。学生在课堂上"认真听讲、积极思考"，除了上述的严格要求、积极干预等措施之外，教师还得从自己层面上动脑筋——如何以更好的教学来吸引学生，让学生主动地、积极地参与进数学的学习中来。教师可以想象，如果数学课堂的情境更富启发性，过程更具挑战性，练习更具多样性，学生感到有趣了、有劲了，自然不需教师提醒就会做到"认真听讲、积极思考"了。这样一来，学生就从被动地接受教师这样的要求，转变为主动地展现自己这样的风貌。倘若如此，我们的教与学不就达到一个更高的境界了吗？

达到这样的境界，教师就得加强学习，努力付出。多多学习教育学、心理学的知识，尤其是学一点数学教学心理学、数学学习心理学，这样教师就能更好地了解学生，懂得教学。另外，教师还要特别认真地备好自己的课，从目标制定、重难点确定、过程设计等方面，多考虑学生，多考虑教学。只有这样，课堂才有可能成为学生学习数学的乐园，才会吸引学生全身心地投入到学习中，认真听讲，不开小差，积极思考，听懂学透，使得课堂的效率最大化。从这个角度来看，"认真听讲、积极思考"不就又成了推动教师专业发展的有效载体了吗？

琐碎的感悟之后，更理性地认识到了"认真听讲、积极思考、动手实践、自主探索、合作交流等，都是学习数学的重要方式"的意义——是方法还是态度并不是最重要的，重要的是教师要真正认识它的意义，并通过日常教学去落实，通过教育科研去深化。

〔本文原刊于《教学月刊·小学版（数学）》2013年第1·2期，题目为《积极关注 有效落实——对〈课标（2011年版）〉"认真听讲、积极思考"的认识》，后为中国人民大学书报资料中心《小学数学教与学》2013年第5期全文转载。〕

请重视"独立思考"

《义务教育数学课程标准（2022年版）》在"课程理念"部分指出："认真听讲、独立思考、动手实践、自主探索、合作交流等是学习数学的重要方式。"

与上一版课程标准相比，不难发现一个词语发生了变化——"积极思考"转变为"独立思考"。为何有此变化？先来回顾一些熟悉的课堂场景吧。

"这个现象到底是怎么回事？先和同桌商量商量，再把你的想法写下来。"

"这个问题怎么解决？下面我们以小组为单位合作研究，找找解决的办法。"

"大家商量出好办法来了吗？现在请小组派代表进行汇报！"

上述场景中，教师有意识地让学生采用合作交流的方式开展学习。老师们一定也有不少相似的体验，在这样的学习过程中，学生往往参与充分，思考积极，学习效果似乎很不错。我们不禁会问："这里面难道还有什么问题吗？"

有，且是一个很明显的问题！

先和同桌商量——往往是能力强的同桌先说观点，那么能力弱的同桌就无需再思考。

　　小组讨论解决方案——通常由能力强的学生来展示，其他学生只需"言听计从"。

　　小组派代表进行汇报——其余组员即使有不同想法，也得不到表达机会。

　　以上场景反映了过去十年数学教学中一个常见却令人担忧的现象——教师过于看重"合作交流"，一定程度上弱化了"独立思考"，导致大部分学生在学习时思考的独立性不强，甚至根本没有独立思考的机会。

　　我们知道，独立思考就是通过自己观察事物和动脑想问题，来判断是非曲直，辨别美丑善恶，提出符合实际的见解。显然，独立思考需要有独立自主的意识和品格，需要具备较强的批判性思维和创造性思维，不人云亦云，不盲从盲信。在学习中，学生若能经常性地进行独立思考，就会养成质疑问难、善思敢问的学习习惯和实事求是、勇于探索的科学精神，从而发展成为国家建设最需要的创新型人才。

　　综上所述，此次新课标之所以强调"独立思考"，是站在数学课程"要培养担当民族复兴大任时代新人"的高度，直面近些年数学教学忽视学生独立思考能力培养的问题，精准有力地指出了数学教学中亟须改变或优化的一个要点。这的确值得每一位数学教师引起重视。

　　那么，面对这样的新要求，我们该如何跟进和落实呢？

　　一是切实增强意识。忽视学生的独立思考，是有违数学教学目标、不符数学课改方向的做法。在以后的教学中，教师要切实重视学生的独立思考，并将此作为重要的课程目标，引导学生多开展独立思考的学习活动，努力帮助学生获得独立思考的方法和能力。

　　二是积极转变行为。日常备课时，教师应更深入地分析教学内容和学习心理，精心编制利于学生独立思考的情境和任务，用心设计引导学生独立思考的路径和形式；教学时，应更科学合理地运用教与学的方式，全力改变"集体合作在前，独立思考在后"的课堂积习，将"独立思考"置于更重要的位置，真正落实新课标所强调的课程理念。

三是逐步积累经验。教师应通过在教学中积极践行，积淀引导学生独立思考的典型案例，提炼有效培养学生独立思考能力的教学策略；还应通过校本教研、区域教研等途径，围绕学生独立思考能力的培养，开展系统而深入的研究，总结更多可供广大教师借鉴的教学经验，为新课改的深化助力。

有人说，这个世界之所以成为今天的样子，就是因为有一大帮喜欢独立思考的人在每个时代做着不被世人理解的事情。

独立思考如此之重要，老师们，请引起更大的重视吧！

（本文原刊于《小学数学教师》2022 年第 11 期）

教学五认真：助力减负提质，促进专业成长

新的学期，在"双减""课后服务"等新的要求下，老师们的工作更加辛苦，面对的挑战也更加突出。如，减轻了作业量，怎么确保教学质量不滑坡？事情更多了，缺少时间和精力开展教研，怎么提升教学质量，怎么发展专业水平？

那几天，我为区里的小学数学教学质量分析与研讨会作准备，我在思考着，该怎么跟老师们谈"减负提质"，又怎么跟老师们聊"专业发展"呢？

以前在学校做管理时我经常呼吁的一个观点，再次浮入脑海。电脑搜索到原来的资料，融入新的思考后，我绘制了一幅示意图。

这幅图要表达的是如何通过日常教学实现"减负提质"和"专业成长"。图中间的部分表示一条从脚下至远方的教学之路，路的远方是"减负提质"的目标；路分五个板块，表示实现目标必须要经历

的五个步骤——认真备课、认真上课、认真批改、认真辅导、认真评价（这就是我们常说的"教学五认真"）；边上的五个注释框，则是我给出的做好"教学五认真"的相关建议。

记得我曾很多次用这幅图，强调自己的观点："教学五认真"，是实现"减负提质"的阳光大道，是教师追求专业成长的必由之路。

为什么这么说？因为我有切身的经历和体会。

我做教研员之前，在学校教书有二十多年，不做管理时教两个班，做管理后教一个班（当校长时也教一个班）。总体而言，我的教学质量还是不错的，除了某三年所教的一个班级没取得满意成绩之外（有非常特殊的情况），大部分时候，班级成绩都能名列年段前茅或取得明显进步。说实话，取得这样的成绩不容易，因为我在管理工作上付出了大量的时间，而且我一直坚持对自己的两个要求——在班级里耗的时间少一点，让学生的作业负担轻一点。

准时上课，准时下课，课外轮到我的时间才去教室辅导（如午管或晚托时间），绝不跟搭班的其他学科老师争一分钟的时间（所以老师们都喜欢和我搭班）。即使期末复习阶段，要做模拟卷80分钟，如果没时间，我宁愿考半张，也不跟老师们"讨课"。我是学校领导，准时上下课、专课专用等，要求老师们做到的，我自己当然得以身作则。

学生的作业，我喜欢"当堂"开展（其好处请阅读拙文《请多开展当堂作业》），下课时，大部分作业学生都已完成，课外可以自由玩耍。家庭作业，我布置得不多，上级规定的作业（那时有配发教辅），会选择性地进行布置。记得一次接手一个高年级班级，我经常让学生在学校就完成了家庭作业，回去后只让他们练一页口算题。有些家长很担心："作业这么少，孩子学得好吗？"学期结束时，我去家访，好几位家长坦言他们当时的担忧和最终考试孩子取得好成绩后对我的佩服，我非常难忘。

说以上这些，并非显摆，而是想要给老师们一个信心——您如果也想取得这样的成绩，一点都不难，只需要做到"教学五认真"即可，因为我就是凭借"教学五认真"的扎实到位而取得成绩的。

这就要来说说"教学五认真"为什么会有这样的功效了。

先说"认真备课"。这是"五认真"的第一步，在我心目中，这是极其重要的事。做教师的都有这样的体验：备课备到位了，如目标定位准确，教学步骤清晰，材料准备充分，练习设计合理，那么上课的时候就过程流畅，心情愉悦，效果明显。而反之，以上的任一方面，只要有一点点思考不够，准备不足，那都会直接影响课堂教学的实施和结果。比如说，教学的步骤（过程）没有想清楚，上课过程中突然发现前后衔接不畅或者不对，教师自己就会手忙脚乱，仓促调整，生硬解释，学生则云里雾里，不知教师所云。这样一来，课要上得"认真"还怎么可能实现呢？

而如果上课的认真程度不够，学生理解就会不透彻，掌握就会不到位，课堂上的作业、指导等就会来不及开展，教学的低效乃至无效，自然就会产生。可以想象，课上得不理想乃至失败后，学生所做的作业，质量会高吗？作业一团糟，教师批改作业时，心情会好、态度会认真吗？摔本子、骂学生，与"认真批改"相悖的现象，无非就是这么来的。

不用一步步往下分析后几个"认真"了，教学工作，必须是一环接着一环有序而行的，备课这个最基础的工作松动了，后续几个环节怎么可能好呢？

所以，我常跟老师们说，备好课是"教学五认真"的前提，这个最基础的"板块"缺失了，后面的几个"板块"（"认真"），那一定都是虚无缥缈，无法踏及了！

写到这里，我想用个不久前刚刚经历的事情作个直观解释吧。

那是上学期随堂听课，一位老师上了"容积"一课。课总体上得不错，但我觉得在概念理解的深刻度、知识的联系度、练习的及时性等方面还可进一步优化。下课交流时，我打开电脑，找出当年班级教学时自己制作的课件，跟老师分享了我的经验，多位老师听后都觉得我教得深刻、有效。暑假回到老家，我翻出当年的备课本，找到了2010年3月所备的这节家常课，细细观看和回想，当年"认真备课"的自豪感涌上心头。

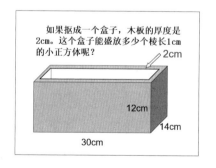

我特地拍了照片（上图），现借助照片简单介绍一下这节课。

先从复习"体积"进入：课件呈现一块木头，长 30cm、宽 14cm、高 12cm（仔细看备课本，会发现数据在涂改中有多次调整），体积是多少？怎么算？表示什么意思？——渗透体积的本质，即相当于可以摆 5040 个 1cm³ 的小正方体。

课件演示（我自己制作的 PPT，大而清晰），PPT 中把木头抠成一个厚度为 2cm 的盒子，问题引出：它可以盛放多少个棱长 1cm 的立方体？

如果抠成一个盒子，木板的厚度是 2cm。这个盒子能盛放多少个棱长 1cm 的小正方体呢？

课堂走向探究，学生需要理解一行可以摆几个、摆几行、摆几层（长和宽都是减两边，高只要减底部，这也常是一个考点，所以我如此设计），最后自己解决问题。

基于此，教学"容积"的概念，学生深刻理解它与体积的区别，就是空的部分能容纳的物体的体积，要从容器里面量等，也明白了其与体积之间的联系，如算法、单位等是一样的。（这些需要学生融会贯通之处，备课本上我都标得明明白白）

马上跟进两道题目（课件有准备），尝试练习，加深理解。第二题蕴藏玄机——容纳液体的体积（备课本上有反复涂改），引出升和毫升知识的教学。

再及时练习，做书本和作业本上的作业（作业题我都自己试做过）。

体验升和毫升的大小，安排了课堂上的实验演示。

再次当堂的应用练习、作业。

如上过程的一节课，谈不上有多少内涵，有多么创新，但这样一节课上下来，效果怎么样？下课后，学生还需要去背诵概念吗？还需要开展大题量的练习吗？学生的作业还会做得不好吗？教师的批改、辅导等难道还会不愉快吗？

所以，我常说这样一句话：准备充分进课堂，一身轻松出教室！

倘若每一节课，我们都能这么准备，这么实施，一学期下来，几年下来，学生的好成绩，那一定是水到渠成的事了。

读到这里，您认可我讲的"教学五认真是实现减负提质的阳光大道"这个观点吗？

读者也许注意到，这个教案怎么是手写的？是的，这也是我的坚持。我坚持自己真实地备好每一节课，边看教材教参边试做作业，边想边写边做课件和学习材料，我要把课想得清清楚楚，把准备工作做得切切实实，这样我才能以最从容的心态走进我的课堂。

虽然我曾是主任，曾是校长，没人要求我如此备课，更没人会检查我是否备了课，但这样的备课，我备了二十多年（关于教师备课的建议，可阅读拙文《今天，我们要再提备课》）。我的教案本叠成了厚厚的一摞，自己制作了大量简单而实用的课件，解读教材的能力、教学设计的能力、课件制作的能力，以及课堂实施和教学创新的能力，就在这样的日积月累中，无声地提升着。

我深知，这就是教师专业成长的必由之路——任何一位教师，只要每天用心做好备课、上课、批改、辅导、评价这五项工作，他的教材解读能力、学情分析能力、课堂把控能力、教学反思能力等，就会在不知不觉间积淀着、丰厚着，实现专业成长就是自然而然的事了，因为他已经成为了一位思考者、一位实践者、一位研究者。

读到此时，您认可我讲的"教学五认真是教师专业成长的必由之路"了吗？

在"双减"的新形势下，让我们从自己做起，牢牢抓住"教学五认真"，以此来助力减负提质，促进专业成长吧！

（本文原刊于《小学数学教师》2021 年第 12 期，后被中国人民大学书报资料中心《小学数学教与学》2022 年第 3 期全文转载）

今天，我们要再提备课

备课，似乎没什么好提的，因为这是教师最基本的工作。教师上课前的备课，犹如工程开工前的地形勘察、图纸设计和买材进料，其必要性和重要性不言而喻。

然而，我们现在却不得不再提备课！

因为自从进入信息时代，"电子备课"成了时尚，简单的复制、粘贴，可以让教师在几分钟内拥有几个学期的教案。而且，教师的电脑里储存了各册、各种格式的教案，随时都可以打印成册。教师唯一要做的，或许只是修改一下电子稿上的日期、姓名而已。在这种便捷方式的诱惑下，认认真真地去钻研教材、真正地去设计好每一堂课等备课的基本要求，实在很难让教师去遵守和坚持，把网上的、他人的备课变为己用成为很多教师的习惯。

所以，在今日，对一些教师而言，备课只是一项表面尚且存在、实则已被抛开的工作。备课本上所写的内容往往不是教师自己教学思想的体现，更没有根据学情而及时进行的改变和创新。教师能够在课前看一看，熟悉一下教案，或略作一些修改与调整，已是难能可贵的行为了。没有备课却去上课，或者"备"了课却不使用，这对教师来说早已习以为常。

更令人担忧的是，一些年轻教师因为习惯于用别人的教案，数年不曾备课，导致对备课缺乏思考和实践，已不会独立设计一堂课了。若遇到要上一节展示课，这些年轻教师的第一反应就是上网查找教案，然后通过复制粘贴，拼凑出一节课来。这样所备的课犹如一个大杂烩，没有教师自己的主见和思想，也缺少教学的可操作性和有效性，以至于教师写不对教学目标、定不准教学重难点、教学流程杂乱无章等问题更是常见。不敢想象，长此以往，这些年轻教师如何成长？他们又如何能独当一面，挑起教学的重担？

在这样的形势下，我们能不再提备课吗？

要再提备课，是因为备课是教师开展教学的基础。

备课，是教师课前的一项重要准备工作，是教学的首要环节。有经验的教师都懂得"教师好比导演"，因为导演只有对剧本了如指掌，才会拍出内容生动、剧情感人的好戏来。同理，教师只有对教学过程深思熟虑、了然于胸，才能把课上得妙趣横生、引人入胜，才能顺利地完成教学任务。正所谓"凡事预则立，不预则废"，教学也是如此。因此，为使教学工作顺利实施，教师认真地备课是最基本的要求。

要再提备课，是因为备课是提高教学效益的关键。

备课时，要制定教学目标，确定教学重难点。在此基础上，教师应针对性地设计各个教学环节，并以此开展详略得当的教学。因为突出教学重点，突破教学难点，有助于学生牢固地掌握所学的知识和技能，深刻地感悟其中的过程和方法，他们的情感态度价值观自然也会得到更好的发展。倘若每节课我们都能这样教学，何须拖堂和进行课外补习呢？倘若每节课我们都能这样教学，又何愁教学质量不高呢？可见，备课质量的高低，决定着课堂教学的效益，影响着教师的教学质量。

要再提备课，是因为备课是教师专业成长的重要途径。

备课不仅要研究课标，钻研教材，学习教参，还要了解与分析学生，优化和创新教法、学法。扎实地备课，能使教师经历认真学习、积极思考的过程。在这个过程中，教师会自觉地汲取先进的教育教学理念，主动地以理论指导自己的实践，深刻地反思自己的教学行为。长期坚持这样的备课，教师在不知不觉中践行"深入学习，自我反思"的专业成长要求，提升专业水平自是顺理成章的结果。于漪老师的"一篇课文，三次备课"，就是最好的例证。

可见，重视备课，切实地开展备课，应当成为我们高度重视并尽快规范的一项工作。这项工作，于教师的成长，于学生的进步，于教育的发展，都是极为重要的。

那么，今天的我们到底该怎样对待备课呢？

首先，备课要重视教师的独立思考。

笔者认为，我们应该淡化集体备课，提倡独立备课。因为在集体备课中，单元目标分析、教材编排分析、教学重难点介绍、教学手段和方式选用、学生可能出现的错误预估……涉及教学的所有因素在集体研讨中几乎都会一清二楚，教师的思想高度一致，甚至到最后，可能还形成了统一的教案。这样的备课，教师得到了什么，又失去了什么？"纸上得来终觉浅，绝知此事要躬行。"这样备课，在教师自主探索、亲身体验之前，将教学路上的一切困难全部扫除，从而掩盖了教师成长道路上出现的错误，导致教师的发展进行了空洞式的跳跃。这样一来，教师如何能积累经验，如何能实现个性化的成长呢？

因此，在当前情况下，教师更需要进行独立备课。因为教师只有独立思考了，才能够摒弃以往陈旧的观念，才能够深入钻研、不断创新，才能够依靠自己的思想和力量分析问题、解决问题，并且在这样的过程中获得进步。具体的做法，比如说教师要备一节课了，首先应该是自己独立理解教材，领会课程标准和教参的精神，然后根据自己的教学能力、班级学生的情况，独立设计出符合自己教学水平和学生实际的教案。这样教师凭借的是自己的积累，发挥的是教师自己的才智，那么得到提高的才可能是教师自己。尽管这样的备课，或许层次不高，或许效果不好，却是教师成长必须经历的过程。而且，教师进行这样的独立备课，哪怕认识粗浅一点，但得到的收获可能比听专家名师高屋建瓴的引领要多得多。

其次，备课要能突出其实际意义。

备课，最实际的意义就是让教师上课时能依据教案，顺利地开展教学。从这个角度来说，备课最重要的是教师能够步骤清晰、科学合理地将一节课内如何开展教学的流程设计出来。因此，备课应着力关注以下内容：课的引入怎样安排，新课的教学如何展开；练习有哪些内容，怎样分步分层实施；课总共有几个大的步骤，关键步骤中又有几个小的步骤；教学重点之处如何步步深入，难点之处如何层层展开……这些内容不在于字数多少或词藻是否华丽，而在于流程是否清晰，设计是否合理。另外，教学过程可以写得简明扼要一些，框架式的文字适当加上一些提示语或示意图，详略得当，这样就是很实用、有效的备课了。若是新教师备课，那可能还要考虑得更详细一些。如：怎样创设恰当的情境引入新课教学？如何营造和谐的氛围，调动学生的学习积极性？怎样采用恰当的教学策略或手段，帮助学生掌握双基？怎样结合学生的实际情况和个性特点，培养他们的创新思维和实践能力？怎样以巧妙的过渡语、精致的板书，帮助学生更好地学习……日常的备课，能做到以上要求就够了，足以让教师心中有底、有的放矢地进行教学。这样的备课，也足以提高教学效率和教学质量了。

最后，备课需要一些务实的管理策略。

一是轻形式。应尽量减少繁琐的备课要求，如备课中程式化的教师活动、学生活动、设计意图的撰写等，也可以要求舍去不必要的书写内容，如情感目标的制定、课时规划和教学时间的详细预设等。而且，备课不需要很多的字数，不需要备详案，一两页纸，三四百字，或许就行了。另外，备课不需要每节课非得有板书设计，每节课必须写教后反思等。简化繁琐的备课要求，可以在一定程度上降低教师对备课的畏难情绪，也使得教师能把更多的精力用在对教案的认真思考和设计上，从而提高备课的质量。

二是重效果。在备课时间上，不必要求教师提前很多时间备课。一般来说，提前一两天备的课，教师印象最深，也最能够上出效果来。当然，提前钻研整册或整个单元的教材内容又另当别论。在备课方法上，不必强求是电子备课还是手写备课，教师喜欢打字就打字，喜欢手写就手写，最重要的是要真思考、备真课。在备课要求上，可以分层要求，如有丰富经验的老教师和名师的备课可简单些，而青年教师和新教师可要求备得详细些。同时，为了减少教师的工作量，可以鼓励教师认真备一轮课，但是可以使用两轮，也就是说下一轮使用时只需对前一次备课略作修改即可。在备课检查上，应以日常的随机检查代替期末的集中检查，也可以在平时的听课中关注教师的教学是否与教案匹配。匹配的，说明是在用自己备的教案教学；不匹配的，说明他的备课或许值得关注……

在教育教学形势飞速发展的今天，教师的工作要不断地创新，更要有务实、扎实的作风，这不仅是备课的要求，而且是学校所有教育教学工作的要求。

〔本文原刊于《小学教学参考（综合版）》2019 年第 1 期〕

请多开展当堂作业

师 1："这节课就上到这里，下课后的作业是作业本第 36 页。"①

师 2："下课！下课后请抽时间完成作业本第 20 页。"

每次我下校随堂听课，如果看到类似上面的现象，在与上课教师交流时，我一定会提一个教学改进的要求——作业，至少是部分作业，可以当堂进行，不要全部留到课外让学生去做。

之所以这样要求，是因为对此我有很深切的体会。

我的学生时代，遇到过布置作业风格完全不一样的教师。大部分教师（不仅是数学学科），经常是下课时再给我们布置作业，害得我们下课后没有休息的时间，有时做起作业来不及上厕所，下一节课中憋得难受，心里忍不住骂老师；但也有教师，总是会在课堂上留出五六分钟时间让我们做作业，下课铃声一响，作业基本完成，同学们自由玩耍，这样的教师，我们非常喜欢。

等到我自己当教师了，学生时代的经历和体验提醒着我：少侵占学生的课间休息时间，尽可能开展当堂作业。很多年的坚持，当堂作业成了我的教学习惯，我也由此收获了学生们对我及数学课的亲近，他们都说："顾老师的数学

---

① 全国大多数小学，学生都有一本与教材配套的作业本。本文所讲的作业，主要是指作业本上的习题。

课好，下课后作业少。"更令人高兴的是，虽然课后布置的作业少（回家作业更少），但是我的教学质量却不赖。

在自己实施当堂作业的教学探索中，我也积累了一些理念和策略，如"做实备课工作，备课时把作业备入其中""把作业合理地分散穿插到课堂的主要环节中""作业不求多，求精求有效"……由于长期这样的坚持，我的教学设计能力、课堂把控能力，乃至课堂教学的风格，不断进步，不断优化，这有力地助推了我的专业成长。

因为自己这么想、这么做，很有成效，所以在我成为年轻教师的导师、成为学校的领导之后，我也一直向教师们倡导当堂作业的要求。甚至在我成为教研室的分管主任后，向全区推行的课堂教学常规中，当堂作业也是一个重要的要求。对此的孜孜以求，让区域内数学课堂教学的面貌有了一定改变，更让一些青年教师由此得到了进步和发展。

说以上那么多的经历，主要想表达我一个较强烈的观点——开展当堂作业，是一件很有意义的事情。

意义之一，显现出教师对学生的关爱。爱学生，不只是教给学生知识，关心学生的健康，尊重学生的天性，同样重要。要求学生下课后做作业，若数学如此，语文如此，其他学科也如此，学生还有下课时间吗？学生的休息和玩耍还有保障吗？学生的近视率怎么下降？换位思考，我们也许就会更容易接受和认可当堂作业了。

意义之二，展现出教师对教学的认识。教学想要有效，从学习心理的角度来说，让学生接纳和喜欢教师，这是很重要的因素，即"亲其师而信其道"。有什么好的办法能吸引学生亲近教师呢？作业在课堂上开展，尽可能不拖到课外，显然就是一个简单易行的举措。其次，作业就是练习，练习放在课堂之上，紧跟在新知之后进行，效果往往比较好——此时学生的思维最聚焦，练习的环境最适宜，最能模仿巩固、学以致用或拓展提升。这样的效果，是下课后学生在心神不宁中、在嘈杂的环境中做作业所不能比拟的。

其实，当堂作业的说法一点都不新，邱学华老师早在几十年前就提出了"四个当堂"的要求（当堂完成作业、当堂校对作业、当堂订正作业、当堂解决问题），并在实践中落地生根，得到广泛好评。尽管"四个当堂"全部要做到，可能有难度，也并不一定普适，但是这样的教改方向，我是真心认同的。

很明显，倘若比照"四个当堂"，只提当堂作业，其要求一点都不高。更何况，实际教学中，只要做到以下两点，当堂作业就能轻松顺利地实现。

其一，备课时对作业多加关注。日常备课时，教师在解读教材和教参之后，可以把教材上、作业本上的习题也试做一下，明确习题的总量、出题的用意，预估学生做题的情况等。然后结合整个教学过程的设计，同步考虑这些习题在课堂教学过程中的位置分布，预想好教学的时间和教学的策略。备课时如此充分地准备作业了，当堂作业的开展就有了坚实的基础。

我特别想提醒一点：很多教师上课时都习惯用自己额外补充的习题作为学生尝试练习或巩固练习的资源。事实上完全不必如此，直接把教材或作业本上的习题用作尝试练习或巩固练习，就是一个简洁且有效的好办法，否则，当堂完成作业一定是很难实现的。

其二，课堂中将作业合理分解。在课堂上，教师可结合着教学推进的过程，把相关的作业习题合理地分解到相应的环节中。如例1教学之后，尝试练习就是作业本上的第一大题，完成了即可反馈；再教例2，第二大题就是其相应的练习，完成后可再反馈；两个例题之后，巩固练习就直接用第三大题……当然，也可在例题教完之后，几组练习一并布置，一并反馈。上述的形式，都有机会让学生到下课的时候，全部或大部分作业都已悄然完成。所以，能否实现当堂作业，教师怎么安排和使用作业，这是关键。

以上两点做到了，当堂作业基本上就能实现了。当然，在具体操作中，教师也可根据实际情况灵活把握当堂作业的要求。如不同的年级，知识的容量和难度有差异，教学的目标和要求有不同，当堂作业的开展完全不必"一刀切"。像一二年级，教学内容的容量不大，难度不高，而学生需要教师当堂指导的必要性却强，那么教师就应尽可能地把作业当堂布置，让学生当堂完成，然后开展当堂指导（甚至批改）。到了中高年级，则可视情况而定，遇到教学内容不多、难度不大的课，作业尽量当堂完成（至少是当堂开展），而遇到教学内容多且难度大的课，那就精设教学过程，努力地去追求一些当堂作业的机会。事实上，上述灵活应对的过程，也是教师处理教材、设计教学、把握课堂的锤炼过程，长期进行这样的思考和实践，对自身专业成长是大有裨益的。

关爱学生健康，提升教学效果，促进自身成长，通过当堂作业均有机会得以实现，这是何等的好事啊！

那么，老师们，就请多开展当堂作业吧！

（本文原刊于《小学数学教师》2021 年第 6 期）

第二辑 师生故事

　　学生是课堂的主人，教师是学习的组织者和引导者，师生的共同努力才能铸就精彩的课堂。教师该如何分析学生的学习心理和能力水平，如何设计合适的教学过程和教学手段，才能激发学生的学习热情，促使学生积极主动地参与数学学习，深刻有效地建构数学知识？

老师，你真坏！

学生在课堂上当场说我"坏"，我还真是第一次遇到。但这是一次难忘的遭遇，是一个甜蜜的责怪。这个"坏"，也让我更加充满信心地去追求教学的创新，即使是课堂上的细枝末节。

那天是在合肥的翡翠小学（学生真是不错），我的上课内容是"比万大的计数单位"。前三十分钟，我让学生暴露已知，引发思维碰撞，深刻理解了为什么"10个万要叫十万，10个千万却要叫作亿"，初步感知了比万大的计数单位的整体结构。剩下的几分钟，我和孩子们玩一个游戏——男女生比赛摆计数单位。

我对孩子们说："那我们来开展一次摆计数单位的比赛——男女生派代表上黑板来比赛，谁摆得既对又快，谁就获胜。"

第一轮比赛，我给女生一个"十"，女生一秒钟就摆对了。我再给男生一个"十万"，男生从头数起，还数错，最后虽摆对但已耗时十几秒钟（如下图）。我宣布：女生获胜！

第二轮比赛，清空黑板，请男生派更厉害的代表上场。我给女生一个"百"，女生又一秒钟就摆出。我再给男生一个"百万"，可想而知，男生又输。我大声宣布：女生再次获胜！

此时，男生群情激愤，纷纷嚷道："顾老师你不公平，你偏心，你给女生的都是简单的计数单位，给我们的都是很难的计数单位！"

我故作为难地回答："啊？我偏心，没有的事！男同学们，顾老师没有偏心，顾老师是在给你们一个展示才华的机会——在这张表格上，你们只要做上一些小小的记号，所有的计数单位就根本没有难和不难之分，你们也绝对不可能会输给女同学。想一想，你们有什么好主意吗？"

课堂瞬间平静了下来，男生们（包括女生们）的眼睛都紧紧地盯住这个表格，全神贯注，鸦雀无声。不一会儿，一只只小手慢慢地举了起来……

第一个男生上黑板，在右数第五格下面画个圆，第九格下面也画个圆（下图）。我请他说明想法，他说："第五格就是万，往前的三格都是跟"万"有关系的单位；第九格是"亿"，再往前三格都是跟"亿"有关系的单位。"下面的同学频频点头，"对、对"之声此起彼伏。

有学生举手说"我的方法不一样"，请上黑板，结果是在右数第四格和第八格那里做上记号。记号刚刚做完，下面的学生就在说"明白了，明白了"。顺势解读，自然舒服。

还有很多学生举手，我请了一位女生："女同学也在帮男同学，真好，来，请她来展示一下她的想法！"

那个女孩干脆利落，上到黑板，"唰唰唰"三笔，三个大括号应运而生（下图）。

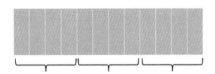

"啊？这是干吗？"我故作疑惑。

"我知道,我知道。"学生们大声回应。请他们略一解读,计数单位四个一组的规律就愈发清晰地烙进了他们的头脑里。

"那好,根据这样的记号,如果我们再来比一比,男同学还会不会输呢?"

再次组织比赛,信心十足的男生踊跃参与。当然,比赛已不可能再输——给女生一个"千",再给男生一个"千亿",男生飞快地将卡片正确摆出。当我宣布"这次男生获胜"时,"耶、耶"之声响彻课堂……

铃声响起,我总结道:"同学们,学到现在,你有什么想说的?"

一个胖胖的、在这节课上多次积极参与的、参与比赛经受过"失败"的小男孩,高举着手一定要发言。我请了他,他一脸坏笑地站了起来,吐出了一句:"老师,你真坏!"

全场师生一片笑声!

我一下子无言以对——我从未遇到过当面说我"坏"的情形!但转念一想,其实不需要应对,此时,我无论再讲什么话,不都是多余的吗?

难忘的事情,总得写几句话"纪念"一下。就用三句话表达一下自己的感受吧——

1.我们的课堂,要让孩子们的心理既紧张又放松,要让孩子们真正地融入课堂。孩子们全身心参与之时,一定是课堂最美妙之时。

2.要吸引孩子真正参与,我们不妨当一个"坏老师",用"坏心思""坏方法""坏结果",想方设法地"骗着"孩子们主动学习,积极思考。

3.要做这样的"坏老师",需要我们为师者更好地站在学生的角度,以更创新的理念和策略,设计教学,实施教学。教学创新之时,或许就是我们"坏事"成功之时!

让我们都试着去做一名这样的"坏老师"吧!

(本文原刊于《小学数学教师》2019 年第 6 期)

来自学生的掌声

课堂中，学生给上课教师鼓掌，是课成功的信号，因此，听到课堂中的掌声，是每个教师梦寐以求的事。我外出上课，有过这样的"礼遇"，至今记忆犹新。

然而，今天，当我自己班的学生给我鼓掌时，我却一下子有点不适应——这只是一节日常的、普普通通的数学课呀，有这样的必要吗？

在感动于我的学生天真、热情之余，自己已经在思考掌声背后的问题。

静心想来，学生给我掌声，无非是因为我在课前作了一点小思考，课上用了一个并不太精彩的比喻，而就因为这些不起眼的小事，激发了学生的兴趣，学生理解得透彻了，学得快乐了，一高兴，就拍起手来了。

再深入一想，这事或许会对老师们有点启发，尤其是可能会进一步提升我们的年轻教师对备课工作的认识。因此，特写下点文字，和老师们交流。

【情境再现】

师：同学们，今天我们要学习画平行线。你们的纸上都有一条直线（如图1），你能画出它的平行线吗？

直线印在一张白纸上，与白纸的边不平行。让学生尝试画出它的平行线，因为学生不知道方法，都是凭目测凭感觉画的，基本上都画不好，很多"作品"一看就不是平行的。学生都眉头紧锁，一筹莫展。

师：下面由老师作示范，请大家来看看可以怎样画？

师：画平行线就像开火车。先拿一块三角板当火车头，让它的一条直角边和这条直线吻合。（如图2）

师：火车头要开，就得给它配一条轨道，轨道建在哪里呢？（略作停顿，给学生想象空间）建在它的另一条直角边上！（如图3）

师：拿一把直尺贴上去，轨道就建成了。（如图4）

师：现在我们可以沿着轨道开火车喽！

我按住直尺，把三角尺上下滑动，然后停在某处，沿着三角尺的另一条直角边画出一条直线。拿开尺，两条线清晰地呈现在纸上，学生见状，齐声"哇"地叫了起来，随后掌声响起……

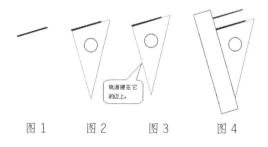

图1　　　图2　　　图3　　　图4

这堂课中教师讲授和演示的教学方法，是很传统，甚至是有点"落后"的。读者也很难看出这有什么精彩之处，甚至会疑惑，这样的过程，值得鼓掌吗？

那么，我为何要这样去设计？学生为什么又会认同呢？

画平行线，是一项看似简单实则不易掌握的技能。说它简单，因为让学生画一组平行线，学生都会很聪明地利用数学簿的平行格子，或者利用三角尺内框和外框，随便一描，平行线就出来了。说它难，因为数学老师都有体会，当学生面对一条不是水平（或不是铅垂）的直线时，要画它的平行线，学生就画不好了。尤其是动手能力差、空间观念弱的学生，拿着一把尺，翻来覆去左右调整，却就是摆不好，这样的现象，总令我们徒呼奈何。

因此，在备课时，我就在思考，得想一个办法，实现两个目标。一是要纠正学生对画平行线就是画两条水平线的片面观念，二是要让学生印象深刻、牢固扎实地掌握这项作图技能。

思考之后，我决定采取两点措施。

其一，欲扬先抑。一般，老师教平行线，第一组材料，总是画一条水平线的平行线（教材例题也是如此）。但是，这样的要求，对学生而言，思维挑战性不强，容易使学生觉得无非就是拿把尺放平了，"毛估估"画一画就行了。而我故意呈现了一条斜的直线要求画平行线，这就在视觉上、在思维上，给学生制造了难题。当学生在自己尝试去画平行线，遇到很大困难，基本上都画不好时，学生的困惑心情会不断高涨——到底怎么画才能画出平行线来呢？此时，学生对知识的渴望是强烈的，他们非常迫切地想知道解决问题的办法。这是教学的最好时机，趁着这样的时机，教师站出来，把画平行线的方法作讲授演示。这样的处理，使得学生对新知的关注度达到了最高，最有效地促进了学生对新技能的掌握。因此，我觉得，故设"门槛"，欲扬先抑，是这个教学环节取得成功的重要因素。

其二，巧用比喻。上述案例中，用两把尺画平行线的方法，每位教师都在教。但是，怎样去教，才能让学生会熟练地摆放，并且长久不会忘记？我想到了一个不太贴切的比喻——开火车、建轨道！于是，抓住几个要点，步骤细致地介绍了整个过程：火车头怎么放？轨道建在哪里？有何要求？如何运行？这些讲法，尽管在我们教师看来，或许觉得是幼稚和不贴切的。但是，学生就是学生，在他们幼小的心里，却为此感到稀奇。而且，当他们发现教师利用这样的火车和轨道，画出了一组标准无比的平行线时，他们早就为这样"拙劣"的比喻所折服了。送上点掌声，恐怕可以说是发自心底的。我们还可以想象的是，此时，没有一个学生不急着想去尝试这样建轨道、画平行线的方法。我们甚至还可以预见，学生这样去实践操作了一两遍之后，再要忘记这样的方法，或许也是很难的事了！

从这件事，我不由得想起我们的备课工作。我觉得，备课时关注学生，即"备课要备学生"，实在是一项非常重要的要求。

那么，我们到底如何去"备学生"呢？我认为重点可关注以下几个方面：

1. 备课时要摸清学生的认知障碍

任何一个知识点，学生（或部分学生）在学习时，总会遇到或大或小的障碍。如理解上有些难度，表达上不太顺当，操作上难以模仿。这些情况都是学习中的正常现象，我们的教学工作，就是要帮助学生跨越这些障碍。从某种意义上讲，教学原本就是为了"解疑释惑"而存在的。所以，作为教师，在备课时，应当着力于分析学生学习中将会遇到什么问题，这些问题缘何会成为学生的障碍，以及这些问题对学生造成的障碍有多大，等等。实现这个目标，有两种途径。教过这个内容的教师，可以通过回忆原来的经历，或翻阅原来备课的反思，找到相应的教学经验。没教过这个内容的教师，可以仔细阅读教参的说明，也可以从相似内容的教学中进行类比，或者直接站在学生的角度进行联想，从而确定学生学习的障碍之处。比如，笔者就是记得以前教学生画平行线时，学生总是摆不好两把尺子，因此想到要编造一个有趣的比喻来强化学生的感知。

通过以上途径，找到的所谓学生学习的"障碍"，事实上就是我们经常讲的"教学难点"。我们都知道，突出重点，突破难点，是一堂课的基本要求。因此，在备课时深入钻研教材，仔细阅读教参，想学生之所想，摸清学生的认知障碍，设计出有针对性的教学过程，这绝不是一句讲讲而已的话，这是实现有效教学的根本。这样的要求，在网上教案泛滥的今天，在很多年轻教师盲目使用他人教案的今天，尤其具有现实意义。

2. 备课时要把握学生的学习心理

学生在学习知识的过程中，其学习心理如何，会影响他们对知识和技能的掌握度。这个学习心理，在这里指的是学生学习时的心理状态，或者说就是情感态度。如是不是身心愉悦地参与了，是不是思维活跃地思考了，是不是积极主动地探究了等。可以这样讲，教学能否取得好的效果，是跟教师在备课时对学生学习心理的把握情况及在此基础上采取的相应教学方法紧密相关的。以上述案例为例：如果教师还是采取如教材例题那样让学生画水平线的平行线，可能就很难激发学生强烈的学习愿望；如果教师不让学生自己尝试画平行线，学生没有亲身遭遇画不好平行线的困境，可能就很难引发学生对教师讲授和演示的高度关注；如果教师是采用非常严谨的数学语言来介绍画平行线的方法，可能就很难帮助学生轻松愉快地记住作图的步骤。

可见，在备课时，教师除了要吃透教材，还应该认真分析学生的认知特点，并将此作为设计教学的要素来考虑。具体说，如创设情境时，我们要想，怎样的情境，学生才感兴趣？设计问题时，我们要想，怎样的问题，才对学生有挑战性？设计语言时，我们要想，怎样的表达，才能使学生觉得直观有趣……如果每节课的设计，我们都能这样去考虑，那么我们的课堂就能够成为学生学习的乐园，我们的教学也一定会有很高的效率。然而，这个要求，很多年轻教师却很忽视。有些教师觉得，备课，无非就是步骤清晰、过程详实地写下各个环节。有些教师认为，备课，关键是要看教学设计是否能使自己在课堂上便捷地实施。殊不知，学生是教学的主体，缺少了对学生的关注，备课就失去了它基本的意义。

3. 备课时要设计有效的教学方法

教学方法是教法和学法的合称。或许有人觉得，设计学法是"备学生"，但教法是教师层面上的工作，这与"备学生"似乎关联不大。其实不然！教学中，教师采取了什么教法，学生相应地就会主动（或被动）地运用某种学法。如教师采用启发式教学，学生就是在探究式学习；教师用了演示法，学生就是在用观察法。可见，课堂就是教法和学法的和谐统一体。因此，在备课时，有效教学方法的设计，实际上是直接指向于学生、直接关系到学生学习质量的重要工作。

当前，很多年轻教师备课时很喜欢设计一些先进的教学方法，如启发式教学、自主学习、探究学习、合作学习等，而对于传统的接受式学习、讲解法、练习法，往往觉得是过时的、落后的方法，因而很少采用。事实上，各种教学方法并无高低优劣之分，教学采用哪种方法，关键是要看相关的教学内容，用怎样的方法去教学更有利于学生的理解和掌握，更有利于教学效率的提高。最能达到这个功效的方法，就是这堂课（或这个环节）最有效的教学方法。如案例中，清晰的演示和生动的讲解，同样实现了学生对知识的牢固掌握。可见，我们在备课时，还要根据教学内容、教学目标、学生特征等各种因素，进行全面地筹划和衡量，从而慎重地确定一节课该采用的教学方法。这样的过程，也是备课工作必不可少的要求。

以上三点，是备课中老生常谈的要求。备课还有诸多要求，笔者的一个小小案例，难以表述完备。笔者无非是想借助此文，让我们的年轻教师对备课工作进一步重视，在备课时，再多想想学生，再多一些思考，真正以高质量的备课来提升课堂教学的质量！

〔本文原刊于《中小学数学（小学版）》2010 年第 6 期，题目为《备课如何备学生》〕

和"最牛班级"过招

杭州天长小学学生的厉害让我印象深刻。

那才是课前聊天的环节，我作了自我介绍，然后随口问问"你们是几班"，学生好像是回答了"三（1）班"，具体班级我记不清了，因为有学生紧接着喊道："我们是史上最牛班级！"（课后向他们老师了解，这班的学生，平时的确特别自信，特别爱发言）由此引发的一阵喧哗让我在那一瞬间蒙了——史上最牛，我可如何是好？因为敢在大庭广众之下自称"最牛班级"，这份张扬，这份气势，以及隐藏在背后的实力……这堂课我该如何是好呢？

还好，课堂最终是令人满意的。课末，我问："孩子们，今天的课怎么样？"学生们自发地拍起了手，快乐地大喊："好！"我也给出一个大拇指，由衷地赞道："最牛班级，了不起！"

那么，我是怎么上这节课的呢？学生为什么能够赞"好"呢？回想起来，可能就是凭借了一个有点创新意味的教学设计，尤其是展现在课堂中三个招数的功效。

第一招："骗"

课始谈话，发现学生全都认为自己会画直线，于是我请学生画出直线。

三位学生画在黑板上：

———————　　———　　　　｜

师：你们觉得，怎么样的线叫直线？

生 1：就是没有弯曲的线。

生 2：就是直的，不是歪歪扭扭的。

师：你们的意思是说，直线直线，就是——

生：（得意洋洋）直的线。

师：很遗憾地告诉大家，你们的想法不完全对。（学生都愣住了）

师：直线除了是直的之外，还有一个更大的特点！请看屏幕，一起读——直线是一条向两端无限延伸的线。理解"向两端无限延伸"吗？（我手势表示）你们刚才画的线，难道是一条无限延伸的线吗？（学生纷纷议论起来）

师：如果你能画出一条向两端无限延伸的线，那才是直线。不知道你现在有没有新的想法？如果有，那请你再画一画吧。

大部分学生都陷入了沉思，或者开始动笔画了起来，但有几位学生显然不服气，嘴里嚷着："不可能画出来的，顾老师，你来画画看……"

这节课是四年级的"线段、直线和射线"，内容非常简单，学生之前学过线段，这节课无非是在此基础上认识直线和射线，知道三者间的联系。所以，如果要教得简单，完全可以直接告知"把线段向两端无限延伸可得到直线"，并由教师示范讲解。但很显然，这样的教法，学生少了探究与创造的机会，他们的学习积极性不高。另外，这样教学，学生在对直线本质属性（向两端无限延伸）的感知不够，概念的理解会浮于表面。

为了激发学生的兴趣，引导学生深刻体验直线的特征，将他们的已有经验提升至新的认识，我采取了一个"骗"的方法：既然学生认为自己会画直线，那就先让学生画，并在画好后彻底暴露他们的已有认识——直线就是直的线；就在学生"得意洋洋"之际，我泼上一盆冷水——你们的想法不完全对；然后让学生去画出向两端无限延伸的直线。如此过程，一个有意义的认知冲突无痕而巧妙地产生了，学生的学习愿望得以激发，真正的探究由此开始。

第二招："逼"

学生先画出了如右图的直线，但通过展示和交流，他们明白这样的线长度是有限的（纸的宽度或长度），并不是向两端无限延伸的。

这时，一个学生高举着手，说有好的方法。

生1：我把纸卷起来（如右图），然后就可以在外面无限循环画了。（说真的，至今我都不太明白他的意思，但这一方法令我印象深刻，只是当时被否定了）

又有学生想到了一种方法，激起了大家的兴趣，统计后发现，居然有9个人这么画（如下）。

…… ————————— ……

生2：无限延伸是不可能画出来的，所以我用这个方法来表示。

生3：他这是用省略号来代表向两端无限延伸。（学生纷纷认可）

师：好的，那我宣布，以后全世界的人画直线，就这么画吧！

学生反对声很多："那不好，这谁知道省略了多少啊！""谁知道你画的省略号是什么意思啊！"（精彩的表达，我都意想不到）

师：是呀，这些同学的想法很宝贵，值得表扬。但我告诉大家，数学上的直线，真的不是这么画的。数学上的直线到底是怎么画的呢，你们再想一想吧！

学生再次探究，再次展示，让人惊诧的作品出来了：

三年级的学生居然知道"无穷大"的符号，着实让人惊叹。同样有附和声，同样有反对声，于是我推波助澜："这些画法意思都对，但数学上的直线真不是这个样子的。"

学生们对直线究竟怎么画的疑惑越来越强，一生忍不住喊出来："老师，那到底怎么画，你画一个呗！"其他学生也叫了起来："是呀，你快画一个吧！"……

直线是一个数学概念，概念的建构，首要任务就是要对概念的本质属性有充分的感知。在直线这个概念中，其最重要也是最难理解的特性就是"向两端无限延伸"。怎么让学生感知这个抽象的特性，怎么对这个特性留下深刻的印象，我采用的招数就是"逼"——逼着学生表征出"向两端无限延伸的线"。

在"逼迫"之下，学生从错误的表征，逐步地走向符号化的表征。无论是用省略号、画箭头标文字还是运用无穷大符号，等等，都展现出学生符号化思想的发展，都绽放出学生的个性思维和创造能力。虽然各种方法屡次被否定，但学生对"向两端无限延伸"的感知却在不断地增强、累积……所以，当学生喊出"老师画一个"的呼求时，他们的求知愿望已经到达极点，教学的最美时刻也悄然而至。

第三招："激"

师：同学们，数学的知识，我们要用数学的方法去思考。今天我们画不出直线，但是以前的线段我们都能画出来吧？（我随手在黑板上画一条线段，引导学生回忆其特点"两个端点"）

————————•————————•————————

师：这两个端点有什么用呢？

生1：有两个端点就表示这条线结束了。

生2：端点就是起点和终点，表示这条线就只有那么长。

师：对了，线段有两个端点，说明我们要研究的就是两点间的这一段。只有一段，所以就叫线段，这一段的长度是有限的。

师：这就是端点的作用，这就是数学的方法。偷偷地告诉大家，我们只要将线段做一点点巧妙的变化，就能得到表示向两端无限延伸的直线。怎么变呢？

现场的气氛一下子被点燃了，学生或深入地思考着，或热烈地讨论着。一会儿，很多学生都表示想到方法了，我请学生上黑板演示。

————————————————

生3：线段有两个端点，表示它已经结束了，我把它两个端点去掉，它就可以无限延伸了。（学生纷纷附和，经统计，绝大部分学生这样画了，这班学生的确能力很强）

生4：线段的长度是有限制的，不画端点就说明没有限制，所以我一开始就认为直线就是这样的。（这真是一位厉害的学生）

生5：我的办法是把这条线冲破两个端点，画到端点的外面去，表示无限延伸。

————————•————————•————————

（很多学生自发地鼓起了掌）

师：同学们真厉害，都从线段里面找到了灵感。对的，这两种都是直线的正确画法，都表示出了直线向两端无限延伸的特点。我们再来梳理一下吧！

我引导学生再次分析两种画法的原理，明白第二种画法上的两个点已不是端点，实际上两种方法是一样的，即直线的特征：没有端点，向两端无限延伸。

师：同学们，课一开始的时候，你们说什么是直线？（直的线）对，你们只看到它是直的。但是现在，你们除了看到它是直的之外，你们还想到了它是——向两端无限延伸的！

师：对了，如果你们看到直线就能想到这个特征，那说明你们真正掌握直线的概念了。而且，对直线的这种认识，在以后的几何学习中非常重要。

在学生强烈地想知道直线的画法之际，我适时引导学生将思维回归到数学的层面。为让学生在旧知的基础上，以数学的方法进行思考，自主实现旧知的改造与新知的生成，我使用"激"这个招数。

"激"的目的是将学习的主动权还给学生，"激"的过程中有点拨、有激励。学生由此劲头十足，思维活跃，他们通过独立思考与合作交流，借助对线段端点的理解，想到了数学化地表征"向两端无限延伸"的不同方法。在这样的过程中，学生的创新思维得以进一步张扬，他们对直线的认识发生了质的提升，对数学知识的内在联系与巧妙神奇有了更好的体悟。如此的收获，自然是宝贵的。

一个简单的教学内容，似乎没什么思维含量，甚至没什么研究的空间，但通过略有些创意的设计，却能够吸引住"最牛班级"的学生，让学生快乐，促学生思考，使课堂绽放出新的魅力。这，再次让我坚信，教学创新，师生共进！

（本文原刊于《小学数学教师》2019 年第 8 期）

戏谑名词　收获奇效

说实在的，上"质数和合数"一课之前，我并不知道"质数""合数"为什么要以"质"和"合"为名，所以，备课时也就丝毫没有在这两个名词上做文章的念头。

上课了，发给学生一张纸，纸上印了学习材料，内容是请学生分别写出1~20各数的因数，这既是复习，也是为导出"质数、合数"的概念作准备。

按备课的设想，后续的教学步骤是这样的：反馈学生找的各数的因数，在黑板上板书呈现；请学生观察这些数的因数，要求根据因数的情况分分类；得出"只有两个因数的、有两个以上因数的、只有一个因数的"三种情况；逐类揭示概念。这虽然是很传统的方法，但遵循了概念教学的基本原理。

课按原定计划进行着，学生们找出了1~20各数的因数，我借助反馈，逐个板演到了黑板上（如右图）：

就在即将写完之时，蓦地，我记

1 的因数：1	11 的因数：1、11
2 的因数：1、2	12 的因数：1、2、3、4、6、12
3 的因数：1、3	13 的因数：1、13
4 的因数：1、2、4	14 的因数：1、2、7、14
5 的因数：1、5	15 的因数：1、3、5、15
6 的因数：1、2、3、6	16 的因数：1、2、4、8、16
7 的因数：1、7	17 的因数：1、17
8 的因数：1、2、4、8	18 的因数：1、2、3、6、9、18
9 的因数：1、3、9	19 的因数：1、19
10 的因数：1、2、5、10	20 的因数：1、2、4、5、10、20

起以往几届教学，因为"质数、合数"的抽象，加之"奇数、偶数"的干扰，学生学了以后，总是记不好，过段时间就会混淆。今天，眼瞅着学生又将踏进这样的学习印迹中，我能不能想个什么办法，使学生的学习效果能有所改变呢？

大脑飞快地转着，瞬间，一个不成熟的、大胆的念头已经诞生，尽管我知道这完全没有道理，但心中却忍不住汹涌起来，直觉告诉我，这样的方法，或许会"别有风味"。没有时间细想，课直接就变化着进行下去了。

师：同学们，请大家观察各数的因数。（让学生对各数因数的特点有总体的了解和印象）

师：根据因数的情况，数学家对自然数又创造出了新的名词。一个名词叫"质数"，一个名词叫"合数"。（板书"质数"和"合数"）

师（继续）：质数的"质"是哪个"质"？

生：质量的质，质问的质。

师：对，质问的质。咦，为什么叫作"质数"呢？（学生都疑惑地看着我）

师：因为数学家想质问这些数："你的因数为什么是这样的？"（我嗓音提高八度，又伸出手指头，愤愤地点向黑板）

（学生的脑袋都嗡的一震，眼睛齐刷刷地看向黑板）

师：你们猜一猜，数学家想质问的是哪些数？

（学生们嗡嗡起来了）

生1：想质问的是1，因为它只有一个因数。（我摇摇头）

生2：想质问的是9，因为它的因数9正好是因数3的3倍。（我又摇摇头）

师：数学家想质问的不是一个数，而是一类数。（没道理的问题会引

发没方向的猜测，氛围有了，就应当适时停止）

生 3：我觉得是那些只有两个因数的数。

（有苗头，但我故作疑惑："只有两个因数？"）

学生的声音明显集中起来了："对，对，就是质问那些数。""2、3、5、7……"更多的学生看出来了，我请了一个学生上黑板把这八个数用红粉笔圈了出来。

师：对，被你们猜中了。数学家想质问的就是这些数——你们为什么就只有两个因数！

师：来，我们学学数学家，一起来质问质问他们——我质问你们，你们为什么就只有两个因数？（我组织学生一起伸出手指，提高嗓音，点戳着黑板上的这些数）

师（模仿数学家）：既然这样，就把你们叫作"质数"。

学生哈哈大笑，"质数、质数"叫个不停。顺势，引导学生把"质数的因数只有 1 和它本身"归纳出来，板书概念。

师：还有一种叫"合数"。哪个"合"？

生：合格的"合"。

师：对。数学家说，因数达到了一个标准，合格了，就可以叫作"合数"。（纯粹胡扯）

（学生的眼睛又不由自主地盯向了黑板）

师：你们猜一猜，哪些数的因数能算合格呢？

（学生这样的机灵还是有的，"除了 1 以外，其他的都合格"也就讲了出来，我把这些数都加了下划线以醒目）

师：那你们说合格的标准是什么？

生 1：有两个以上的因数。

生 2：至少有 3 个因数。

生 3：除了 1 和它本身，还有别的因数。（多好的自发的概括呀）

师：是的，这些数，算是合格了，它们就叫作"合数"！（顺手完成概念的板书）

师：你们看看，现在，可还有一个倒霉蛋呢，谁？

生（纷纷）：1，1 是倒霉蛋。

师：为什么？

生：它就一个因数，最倒霉，什么都轮不上。

师：对，1 是倒霉蛋，所以"1 既不是质数，也不是合数"。（和着学生的声音，板书这句话）

"倒霉蛋，倒霉蛋……"欢快的气氛洋溢在教室里，我知道，"质数、合数、1 是倒霉蛋"，已经深深地印入了学生的心中。

灵光一现的想法，却使教学收到了奇效，开心之余不免要思考，奥秘何在？想来，无非是因为上述教学具备了两个小小的特点：

1. 教师化无味为有趣，有效调动了学生学习的兴趣

质数（素数）、合数，对学生而言，的确是很无味的事物。相比它们，奇数和偶数就好多了，既可以用身边的很多例子来增强亲近感（单号、双号），也可以从字面上感知到数的特点（如配偶、对偶）。而质数和合数，名词上体现不出知识的特征，内涵上又是纯粹数论的知识，陌生加上抽象，学生自然难学，学了也容易忘记。

用"质问"，用"合格"，"望文生义"地把两个名词作了个"解释"，尽管牵强（无理），但是，名词却因此带上了"色彩"，有了些许的"生机"。小学生，天真而幼稚，喜欢拟人化的、趣味性的事物，当有一些数要被他们"质问"时，当他们可以模拟数学家时，当他们能给一些数定"合格"的标准时，他们学习的积极性，他们对知识探究的兴趣，就已经在无形间被充分地激发了出来。兴趣是最好的老师，怀着兴趣，带着情感，学生亲历了这两个数学名词"产生的历程"，并因此而留下了深刻的印象。如此过程，自然学得开心，自然记得牢固。

2.学生从被动变主动，扎实经历了概念建构的过程

数学概念的建构，一般要经历"感知—表象—抽象—形成概念"的步骤。如教学"质数和合数"，常规的方法（也就是我的预案），先写出 1~20 的因数，观察特点，就是感知的阶段；根据因数特点分分类，就会得出不同的情况，那就叫"比较区分"，可算是表象逐步形成的阶段；对每一种情况（如只有两个因数），撇开一些非本质的东西，提炼出本质的属性，那就叫"舍弃收括"，也就是抽象的阶段；最后用语言表征出来，概念就算建立了。

按我的预案，这个过程也会做得很科学，但是效度明显会逊色很多，如学生的分类是教师指挥下的被动行为，学生对概念本质属性的提炼，也会因为过于顺利而浮于表面。反之，在我以"质问""合格"来戏谑之后，就引发了学生对研究对象的高度关注，学生主动地对 20 个数的因数进行精细观察，然后主动地在头脑中反复比照这些因数的特点。如此，感知到位，"比较区分"的过程充分，为概念的抽象奠定了坚实基础。同样因为戏谑的效用，非本质属性的舍弃，本质属性的收括，语言的表征，也都变成了学生自觉主动的行为。整个概念抽象的阶段，就在学生主动提炼、自发概括的过程中扎实地展开着。如此取得的效果，自然远非预案所能比拟。

如此一堂课，说有"奇效"，无非是自得其乐而已，戏谑名词的方法更是不具普适性。但是，笔者之所以不嫌其陋而写了些文字，无非是有一点粗浅的感悟觉得可以和老师们共享——在教学中，如果我们既能考虑教学方法的灵活性和趣味性，又能顾及教学过程的科学性和有效性，那么，教学就可以获得可喜的效果。

后记：质数与合数为什么以"质"和"合"为名，课后笔者对此进行了考证，发现其源头是古希腊人对数论的研究。明清时期传入我国，当时译名曾为"数根"，后逐渐定名为"素数"和"质数"。无论是"素"还是"质"，在古汉语中都有"根本"的意思，这样的译名准确地展现了古希腊人对"素数"的认识——素数是整数的基本元素。而合数，是"合成数"的简称——由素数组合而成的数。（详见本书第五辑《对"质数、合数"名词的考证与思考》一文）

应该说，如果能将"质""合"的意思讲透，对学生理解"质数、合数"及之后的记忆运用都大有裨益。然而，当前小学生学习质数、合数，是从对一个数的因数个数进行分类而得的，这与质数、合数起源的逻辑有所差异。因此，小学初教概念时，也就没有将"质"和"合"的含义进行解释（或理解）的价值和必要。若要挖掘字面的意义，可行的策略是待到学生对相关知识积累到一定程度时（如小学生在掌握了质数、合数的概念之后，后续会学习把一个合数分解质因数），我们可引导学生发现质数、合数的内在联系，尤其是体会到质数的价值，然后结合着知识，粗浅地讲讲"质"和"合"的含义，这或许会有一定的意思（笔者作过这样的尝试）。当然，真正要讲清内涵，应当等学生的语言文字能力发展到一定的高度，如高中、大学时期，才可深入地解读"素""质"的含义以及"质数"名词的发展历程。相信，这时，学生一定会体会到数学名词的精妙性和严谨性，同时感受到数学历史的源远流长和中国文化的博大精深。

"分菜者"找到了"隐身人"

又要教"乘法分配律"了，我打起十二分的精神来面对。因为在我的回忆中，上几轮教这个内容时，每次都会留下些许遗憾：要么四十分钟没能把内容上完，要么上完了但不是全部学生都掌握，要么自己讲得很累而学生兴趣不浓。更让自己铭刻在心的印象，则是这节课之后的乘法分配律的应用，以及从此至小学毕业期间所有与乘法分配律有关的简便运算习题，正向的，逆向的，加减掺杂的，拆数再分配的，隐藏因数 1 的……无一不是学生头晕、教师头疼的问题——乘法分配律，一个教学的"老大难"问题。

乘法分配律之所以会成为难点，显见的原因是定律的结构特征相对复杂。相比乘法的交换律、结合律与加法的交换律、结合律，后四个都只是同一种运算中的规律，无论是文字描述还是字母表达，结构特征单一，便于记忆。而乘法分配律，却是将乘法与加法联系了起来，两种运算均有，用文字描述，讲法拗口，用字母表达，结构复杂，学生记忆时自然就增加了难度。定律结构难以记住（或容易忘记），灵活运用就会受到影响，遇到变式，当然更是难以应对。

可见，教学乘法分配律，如何使学生清晰地建构出乘法分配律的结构（数学模型），而且有效地储存于大脑中不遗忘，这是一个关键点。那么，如何去实现呢？我在想突破的策略，其他老师也在想这个问题，于是就有了我和一位老师如下的交流（偶然间的 QQ 聊天）。

小张：今天上了"乘法分配律"第一课时，课堂上学生的反应还可以，从练习上看，也不错，但我知道，效果只是暂时的——因为这节课没有其他运算定律的干扰。所以求教顾老师，怎样将这个运算定律深入"人"心？

能能（笔者）：我明天上，现在也正在想怎么处理。

小张：我今天从加法的意义角度来说，用几个几解释，但不是全部学生都理解。

能能：道理要解释透，用学生熟悉的情境来支撑，用不同的情境来支撑，效果可能会好一些。

小张：但是，即使讲通了道理，有些学生还是记不住这个公式。

能能：你可以用上一些记号（如连线），辅助记忆。对了，还可以用一些比喻来说公式呀。我以前教的时候，是说那个相同的数就是一个会变魔术的苹果，要变出自己来公平地分给括号中的两个人。

小张：是呀，我听你说过。我是从生活角度打比方的，说 a 和 b 是好朋友，c 是调解员，强调分配要公平，不能 a×b+c，他们倒是很乐意听，记得也还好。就是不知道这样科不科学，不敢多强调呢。

能能：怎么不可以呢？不蛮好吗？

小张：谢谢表扬！

能能：c 是调解员，他去分配，有点……可以说是午餐分菜的同学，要公平地分给里面的两个小朋友。呵呵，突然想到的。

小张：嗯，这个比喻好。

能能：或者干脆说相同的数就是要分的那个菜，这个比喻怎样？

小张：哈哈，好。

事实上，聊天前，我的课已备好，教学的策略也已确定。一个策略是强化情境（生活的、数学的）对理解定律意义的支撑，另一个策略是让学生充分经历观察、归纳等过程，促使他们对规律形成更清晰的表象，自主建构出定律的模型。如，我用课件呈现三件上衣（每件 35 元）、三条裤子（每条 25 元）的情境图，让学生计算买三套要多少钱，从而得出（35+25）×3＝35×3+25×3。再用课件呈现如下长方形图，让学生计算面积，得出（15+10）×8＝15×8+10×8——这是一个乘法分配律的几何模型，原理更明显了。然后，让学生对比两个等式，找到其中的共同点，发现都存在一个因数和两个加数分别相乘再相加的现象。紧接着，引导学生大量举例，"验证"这样的规律是否

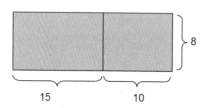

普遍存在——大量举例的过程就是加深印象、促进建模的过程。最后，得出定律及其表达式，并通过多种形式的练习，对模型予以强化。

应该说，这样的教学设计，已经比我往届教的时候厚实多了，我自料效果应当也不错。但是，在与张老师聊天的过程中，我突然感受到了另一个策略的重要性——用形象化的比喻帮助学生进一步地清晰模型。这个策略，以前我曾经用过，但没太当回事，现在看来，它的地位似乎还可以更凸显一点。张老师的比喻，学生感兴趣，记得更牢了。我临时想到的那个比喻，比以前的更形象了，如果用上去，效果会怎样呢？

在自我憧憬和有点迫切的期待之中，我的课堂开始了。

（在板书了学生举的一连串的算式之后，引导学生观察对比）

师：同学们，这些算式都有一个共同点，你们看出来了吗？

生 1：算式的左边都是一个括号里两个数相加，然后乘一个数。

生 2：都可以变成用这个数和那两个加数相乘，然后再加起来。

师：是呀，这个现象很有趣。老师看到这个现象，觉得这跟我们中午

的分菜有点像。你们看，像（15+10）×8=15×8+10×8，括号外的那个因数 8，就好像是我们中午菜桶里的菜，括号里面的两个加数 15 和 10，就好像是两个小朋友。这个菜呀，我们要公平地分给两个小朋友。所以，先要给第一个小朋友 15×8，再给第二个小朋友 10×8，大家一起吃，最后还要加在一起。（我点着算式里的数，边点边讲这个比喻）

学生欢快地笑了起来，在我问着"像不像"时，"像，像"之声洋溢在整个教室之中。紧接着，我请学生说说另外几个算式中的"菜"和"小朋友"，学生讲得都毫无差错。更让我意外的是，数学考试从未超过二十分的小云，看着别人说得欢快，居然也起劲地举着手，叫她回答，竟然也答对了。"谁能用字母来表示这个现象？"齐刷刷的小手，又是从未见过的现象。练习部分，尝试的，巩固的，变式的，在找"菜"和"小朋友"的激情中，一切都显得那么简单。

课的效果太好了，我兴奋地奔回了办公室。

徜徉在美滋滋的心境中，我翻开了下一节课的教案。我知道，乘法分配律的运用，那是更难的一个点。今天的比喻，能为下一节课带来些什么呢？

$25×（40+4）$、$23×25+17×25$、$32×18+32×25-32×3$，这些题目显然没什么好担心的了。无非是没分的菜要去分一下，已分好菜的变回没分时候的样子，这些"手法"，上节课学生已演练得很熟练了。$42×99+42$、$34×23-34+34×78$，对了，这种类型的题目不又是一个难过的"坎"吗？策略在哪里？99 个 42，加上 1 个 42，就是（99+1）个 42，这样的理解自然是必需的。然而，我清楚地记得，往届，这样的解释我从未缺失，且反复引导学生理解，但有些学生就是没法过这个"坎"。

比喻，能再来一个比喻吗？我呼唤着自己，开始了下一节课。

师：（用道理解释 $42×99+42$ 后）同学们，实际上，这道题目也有

"菜"，也有"小朋友"，重要的是，它里面有一个"隐身人"，迷惑了我们。如果你是"分菜者"，你能把那个"隐身人"找出来吗？

"隐身人？"学生的眼睛睁得大大的，没有一双眼睛不注视着题目。

"我知道了，我知道了，隐身人是1。"很多的学生感受到了。

"对，对，菜是42，小朋友是99和，1隐身了。"更多的学生顿悟了。

师：你们能让这个"隐身人"现身吗？在什么位置，把它写出来。

"$42×99+42×1$。"应声而得。

师：你想过吗？这个1，它为什么可以隐身呢？

生1：1个42就是42，它写不写没有什么影响，所以可以隐身。

师：那你觉得让他隐身好，还是现身好？

"当然是现身好了！"学生异口同声地回答着。

"好，那以后遇到这样的隐身人，我们就要把它揪出来。现在，请你对付对付 $34×23–34+34×78$ 吧。"

找"菜"，找"小朋友"，揪"隐身人"，学生激情十足。教了七八轮的"乘法分配律"，学生从没有如此轻松地将 $34×23–34+34×78$ 变成 $34×23–34×1+34×78$，我更从没有想过，这类难题可以如此儿戏般地解决掉。

走出课堂，思考紧紧跟随：打了两个比喻，教学就收获了成功，这样的教学法，是符合了什么样的教学原理，才会有如此的功效呢？

头脑里随即跳出来的是"情绪"这个词语。我想，我是否触动了学生学习的"情绪"这根弦，使得学生充满激情地融入了学习过程，并收到特别的效果？由此，"学习的情绪"，这个在数学教学中相对处于教学后台的"隐身人"，闪亮地站到了我的面前，迫使我对它展开一番研究。

1. 什么是学生的学习情绪？

先得说一下什么是"情绪"？心理学认为："情绪是指伴随着认知和意识

过程产生的对外界事物的态度，是对客观事物和主体需求之间关系的反应。是以个体的愿望和需要为中介的一种心理活动。"我们不妨简单地理解为："情绪就是一种反应，是人遇到刺激后产生的心理反应。"按此推论，"学习情绪"，那就可指人在学习的过程中因遇到刺激而产生的不同的心理活动。

笔者没有在专业书籍上查到"学习情绪"的名词解释及相关研究，按自己的理解作出这样的"定义"，或许不够严谨。但是，这应当不影响我们有这样的共识：学生在学习中，存在着丰富的心理活动。如，学生遇到难题时会感到烦恼甚至退缩，遇到感兴趣的数学情境时会渴求深入探究，研究出一个结论时会感到满足或兴奋等。而这些对学习的烦恼、退缩，或对学习的渴求、兴奋等与学习有关的心理活动，就是学生的"学习情绪"。

2. 学习情绪为何会影响学习效果？

情绪会对学习效果产生影响，缘于情绪有调节和影响人认知过程的功能。心理学研究发现，人的大脑有愉快中枢和厌恶中枢。愉快中枢接受刺激会引起欢乐、愉快、高兴等积极的情绪，反之则产生低落、不安、悲伤等消极的情绪。学生在积极的情绪下，理解知识采取交替、网络式的认知策略，注意范围广阔，能从多方面、多角度去搜寻提示线索和意义特征，能灵活地运用定理和公式，对学习内容有较多的归纳和梳理。外显的特征则是头脑清晰，思维敏捷，记忆力强，学习效率高。而学生在消极的情绪状态下，理解知识更多地采用简单、直线式的认知加工策略，注意范围狭窄，仅集中于学习内容的形式特征而忽略其意义特征，采用的提示线索有限，常机械地搬用例题和公式，对学习内容缺乏有效的归纳和整理。外显的特征则是思维迟钝、记忆困难、想象贫乏、头脑糊涂，学习效果很差。

因此，前面的案例，学生之所以对"乘法分配律"的模型建构清晰，而且能灵活运用，就是因为在笔者组织的整个教学过程中，学生情绪高涨，充满激情，从而正面地影响了认知过程，影响了学习效果。

3. 如何激发学生积极的学习情绪?

激发学生积极的学习情绪,最朴素的做法就是想方设法让学生学得愉快。对此,老师们有很多的策略,如创设有趣的、能引发学生思考的问题情境,采用新课程强调的探究、合作、交流等学习方法,运用能刺激感官的教具、学具、课件等技术手段。同时,幽默的语言表达、清晰的讲解演示、精致的板书演绎等,也是常用的策略。这些策略,都能调动学生的积极性和主动性,都能促使学生全身心地投入到学习的过程中,最终牢固获得知识、技能或方法。

反思笔者前面的课例之所以取得效果,无非就是因为"有趣"的因素较为凸显。将(15+10)×8中的8说成了菜桶里的菜,将两个加数15和10说成了两个小朋友,算式之间的变化,演变成了"找人分菜"的工作。有趣的比喻,使得冷冰冰的数字变成了学生熟悉的身边的事物,算式形象了,亲近感增强了,学习也就来劲了。"隐身人"也是如此——数学题目里居然有"隐身人"?学生自然就产生了把它揪出来让它现身的欲望。看似幼稚可笑的比喻,但恰恰是儿童感兴趣的情节,他们因此乐而往之,而难点就在这样的"乐"中被轻易击破。事实上,这样的做法之所以有效,因为它正好就在诠释赞科夫的观点:"教学一旦触及学生的情绪和意志领域,触及学生的精神需要,便能发挥其高度有效的作用。"

学习情绪,它伴随着教师教和学生学的全过程,影响着学生认知的过程及结果,已经成为教学不可或缺的重要因素。但是,与我们可见的显性的学习内容和方法相比,它还处在相对隐性的位置,往往很容易为老师们所忽视。从这个角度上讲,"学习情绪",不就犹如是我们教学中的一个"隐身人",也亟待我们教师做一个有心的"分菜者",进一步地去关注它、研究它吗?

(本文原刊于《小学数学教师》2013年第9期)

学生的隐秘小事

因为是教研员的缘故，我经常有机会坐在学生后面听课，也就经常会看到一些上课老师所不知道的、发生在学生身上的隐秘小事。这些小事，或带给了我很多的感触，或引发了我深深的思考。

悄悄地一笑

那是一节五年级的课，老师的教学设计很有特色，课堂上的组织也很有技巧，特别是很注重对学生的表扬激励。故事，就发生在对学生的表扬激励之后。

老师出了一道题目，在学生们尝试之后进行反馈。举手的学生有不少，但我注意到隔我两个座位、靠过道左边的一位女生（我坐在中间两排学生的最后面，也就是过道的底端，离她很近），先举了一下手，又放下了，然后又犹犹豫豫地举起了手。此时，老师的目光注意到了她，于是请她回答。女生的声音不是很响亮，但思路阐述很清晰。她回答完后，老师高兴地说："讲得真清楚，同学们，我们给她热烈的掌声！"

"请坐下。"老师接着她的回答，用课件再作演示，所有的学生眼光都看在屏幕上。但就在女生坐下后，我注意到了她把头微微地转向了过道右边，悄悄地一笑。我的目光追了过去，哦，那边也是一位女生，这位女生与她相视一笑，叠放在左臂上的右手，探出了一个大拇指，示意祝贺。然后，两人的头都转向了屏幕，一切无痕而过。

那一瞬间，我心头一震，我为两位学生的悄悄一笑而感动——那是好友间的默默支持，我更为学生的丰富心理而感怀——表扬激励对学生是多么重要啊！

我猜测，回答问题的女生也许并不是学习最优秀的孩子，所以举手很犹豫，然而，当她答对了问题，教师给予了高规格的表扬后，她体验到了成功的喜悦，露出了开心的笑容，还在第一时间与最好的同学进行了分享。我相信，她对数学学习的情感，包括对那位老师的情感，会因为这样的经历而默默地增长着……

"给孩子更多的鼓励吧！"我的脑海中，跳出了我曾经写过的一篇文章的题目。我再次坚信，表扬激励学生，应该成为老师教学时的基本意识，应该成为课堂上时刻存在的美好景象。

轻轻地嘟囔

又一次听课，我坐在两位高大的男生后面。老师所上的是一节解决问题的课，他先是创设情境，引导学生理解信息、提出问题，然后要求学生画线段图进行分析。

老师显然很有教学经验，学生在各自尝试时，他不停地在学生中间穿梭，了解学生的画图情况，还和个别学生进行交流。待到学生基本都完成之后，老师开始收集学生的"作品"，打算进行反馈了。收集方式是老师们最常用的那种，也就是看到需要的"作品"，就直接把学生的草稿本收了，几本有序地叠放在自己手里，这样等下就可以按顺序进行投影展示了。

坐在我前面的一位男生，长得很高大，学习上可能也有点五大三粗。我看了他所画的线段图，有信息遗漏没作标注的，有线段的比例不合理的，反正不足之处有多个。上课老师当然也来看过，了解到了这位学生的情况。所以，在收草稿本时，老师有意走到这位学生边上，不声不响地就把他的本子收去了。

老师拿了本子，走向展台。"倒霉！"男生轻轻地嘟囔着。声音很轻，但我离得近，因此听得很清楚。

老师组织反馈了："我们来看看同学们画的线段图，来，先看第一幅。"第一幅图，正是这位男生的。我注意到，老师讲解的过程中，这位男生一直垂着头，几乎没抬起来过，两只手则抓住一支笔，不停地转着……

我的心里充满了对这位学生的同情和哀怜——这不是在让他现场出丑吗？他心里现在在想些什么？无奈的愤怒，还是无声的咒骂？他对上数学课，还有多少的情感？

我的思绪跳出了这节课，脑海里浮现出更多这样的课堂反馈场景：有直接拿了学生的本子去展示的，有把学生的作品拍了照上传的，有直接点名学生上台介绍的，等等。无论哪种方式，目的就是要反馈典型错误，但老师们似乎从来都没想过学生的心理，没征求过学生的意见。这样的形式，于教学而言，很有效，但于育人而言，合适吗？

我觉得，我一直坚持的教学反馈方式是有意义的。"同学们都做好了吗？谁愿意来展示你的想法？"在众多举手的学生中，我会热情地邀请几位学生依次上台介绍（顺序是在了解学情时早就想好了的，如果做错的学生举手了，我当然会先请这样的同学，如果做错的学生不举手，我不会强硬指令某位学生上来，因为正确方法讲清楚了，错误也就被消化了）。"这位同学能主动地展示他的想法，不管对或不对，都没关系，我们先掌声表扬他。""刚才的展示，有对的有不对的，感谢这些同学，给我们带来了思考，让我们掌握了知识。"这些话，是反馈交流时，我讲得最多的话。

这样的教学反馈，是民主的，是有温情的，学生们能安心地参与数学学习，能更主动更有效地接受数学知识。

偷偷地休憩

有老师听课，学生还能在课堂上偷偷地睡觉，我也是第一次看到。

那是下午第一节课，上课老师对课并没有太多的思考（是常态课，上午的课调到下午来上的），过程设计乏善可陈，又加上教学理念不够的缘故，课堂上学习方式简单，基本上就是学生做题、反馈校对、教师讲解。课堂沉闷无味，我听得兴致索然，所以眼光就忍不住地在教室各处游走。

突然，我看到了一位坐在靠墙最后面的男生，动作有点怪异——他的一只手贴在额头上，一直没动。难道在很投入地思考问题？但怎么会一动不动？莫不是个假动作，实际上是在打瞌睡？因为我看过去，发现他的眼睛好像眯着。

我的猜测是对的，突然，男生的头往下顿了一下，然后手松开了，眼睛猛地睁开了。这一刻，我看得清清楚楚，他就是在打瞌睡。

男生睁开眼后，瞅了瞅老师，老师根本没注意到他，他又用余光扫了我这里一下，我立刻避开他的眼光，假装没发现他。一会儿，醉人的事情再次发生——那位男生又手扶额头假思考了。

此时，台上的老师还在滔滔不绝地讲解着，课件一张又一张，但学生们的眼神，都是那么地黯淡无光。

学生在课堂上睡觉，固然是错误的行为，但责任仅在学生吗？回想我们老师自己在一些培训（或会议）中偷偷打瞌睡的经历，我们就会想到，那是台上讲课者出了问题——或内容实在没有新意，不能吸引听众，或形式确实太过老套，没有营造氛围。总之，是讲课者没把课讲好，导致听课者无心听讲。

想想我们的学生，从早到晚，日复一日，要坐在座位上听那么多的课，是多么不容易的事啊！可以想象，如果再遇到老师的课上得不好，对学生而言，坐在那里，是多大的煎熬啊！

  备课时，上课时，换位思考一下，如果自己是坐在下面听课的学生，我这样上课，能吸引住学生吗？能让学生学得高兴、学有所获吗？在责怪学生学习不投入之前，我们一定要先反思自己的教学存在什么问题。

  听课中几件难忘的隐秘小事，使我能从学生的角度来审视和反思我们的教学，触动着我进一步提升教学理念，优化教学方法。我也衷心地希望，读过此文的老师，也能从中受到一些启发，从日常做起，从细节做起，更好地服务于学生的学习和成长。

给孩子更多的鼓励吧

一

那天的课，效果的确是不错的，我自己完全投入其中，孩子们的表现也堪称完美——参与积极，思维迸发，理解透彻！

下课了，开心的孩子们纷纷拿着本子涌上来要我签名，我婉言拒绝："老师又不是明星，签啥名啊，你们喜欢，我下次再来给你们上课吧。"但在孩子们的热情要求下，我还是和他们快乐地合影留念了。

课后我作报告前，主持人上场，巧的是，她居然就是我所上课班级的数学老师。主持人对我课堂的溢美之词，我记不清了，但她最后说到的一件事，却让我很感意外。

"顾老师在课堂上不断地鼓励孩子们，所以孩子们积极性特别强，都敢大胆地参与和展示了。你们知道吗，今天那个上台介绍想法的女孩，我教了她四年，数学成绩基本上没有及格过。但你们看，她今天讲得多好，多么自信！我当时就在后台，看到这一幕，我的眼泪都忍不住流下来了！"

她说这段话的时候，有些哽咽，我就在她的边上，一时间也很感动，马上向她鞠躬致谢，参会老师们的热烈掌声再次响起……

说实在的，这节课上台交流的学生很多，每位学生也都交流得很好，所以我根本想不出她所说的是哪位女孩。但是，我心中却清楚地意识到，这份美丽的收获，与我在课堂上不遗余力地鼓励孩子们是分不开的。

那节课上，我给了孩子们很多的鼓励——不管哪个孩子，只要大胆地提问、回答、展示、质疑了，我都舍得花几秒钟的时间，或热情洋溢地说上一两句激励的话，或隆重地组织全班一起鼓掌表扬，或有意跷个大拇指给予赞赏，或特意摸摸孩子的头以示欣赏，甚至还有亲切地拥抱一下孩子……那位不知名的女孩，也许正是在这样的氛围中，获得了信心，绽放了潜能，才有了让老师意想不到的表现。

二

课堂上注重对孩子的鼓励，是我这几年来上课的"典型风格"。为了鼓励孩子更多地参与学习，上课时我常常高密度地穿梭于孩子们中间和他们做近距离的交流，常常会深蹲下来（我身高 180cm）查看孩子们的探索或倾听他们的回答，常常会用激情澎湃的语言和动作对表现出色的孩子进行表扬，所以一节课下来，人特别累，有时甚至汗流浃背。但我一直坚持这么做，且乐此不疲，这也得到了很多老师的认可和模仿。

也许有老师认为，我上的都是公开课，所以需要用这样的方式来活跃课堂的气氛，来显现教师的亲和及投入，但从现实的角度来讲，这只是"作秀"而已，意义并不大，因为日常的课不可能这么做——既浪费时间，又缺少实效。

我不这么认为，我坚信，这是有意义的做法。原因有二：

其一，鼓励是最有效的教育方式。

我们可能都有这样的教学体验：孩子遇到学习困难时，我们越是批评孩子，或是讽刺挖苦，孩子就越是学不会学不好，尤其是那些成绩不理想的孩子，似乎会越来越"笨"；反之，我们给孩子一些鼓励，表扬激励一下，孩子的自信心就会增强，学习的积极性、主动性就会提升，思维也会一下子变得灵活通畅起来。

原理是什么？这不就是第斯多惠所讲的"教学的艺术不在于传授本领，而在于激励、唤醒和鼓舞"吗？鼓励，这是教学的艺术呢！

所以，教学中花点时间，多给孩子一些鼓励，这是一种激发学生潜能、提升教学效果的有效方式，是值得每位老师在开展教学工作时主动使用的绝佳手段。

其二，我们给孩子的鼓励太少了。

鼓励的作用，老师们都是认可的，但在日常的教学中，落实度却并不高。其原因，是不少老师觉得，师生天天在一起上课，老师对学生已经非常熟悉，无需再去做这种显得"客套"甚至"肉麻"的事情。所以，日常的课堂上，对学生开展鼓励，越来越稀少，久而久之，变成了只有公开课上才能见到的景象。

以上想法是不对的，鼓励孩子，引导孩子，哪有日常课和公开课之分？日常的接触中，也能给孩子鼓励，那才更见真情，更有意义。所以，我们要有这样的认识——既然在这方面有所欠缺，那我们更应该从自身做起，从日常做起，抓住更多的时机增强对学生的鼓励。日常的课堂，显然是给予孩子更多鼓励的主阵地，我们必须得充分利用起来。

顺带推荐一个我看到的资料：

鼓励的通用公式：鼓励＝信任孩子（人格、能力）＋我相信你能行＋身体接触。为了恢复孩子的勇气和信心，我们不但要用语言告诉孩子我们相信他的人格和能力，鼓励孩子去尝试或再试，更重要的是要与孩子有身体接触，通过拥抱、拍打孩子肩膀或抚摸孩子的头等方式，把信任和力量传达给孩子。只有这样才能让孩子真正感受到力量，使他们恢复勇气和自信。

哈哈，原来我上课时摸摸孩子的头，拥抱一下孩子，居然还是符合教育原理的行为呢！

三

由上，我联想到了我在着力研究的"生问课堂"。课堂上在引导学生提问的过程中，我们常常会遇到学生对提问有顾忌乃至畏惧的心理——有的学生想举手提问却犹豫观望，有的学生即使有问题也不愿举手提出来。这样的现象，原因之一是受中国传统文化的浸润（如中庸、谦虚等），我们的学生性格特征总体内敛、低调，不太愿意做提问、质疑等"张扬"之事。原因之二是因为提问毕竟是个性思维的展现，所提问题有可能不受人认可，甚至是提得错误，这样就会有被人轻视或笑话的风险，于很多人而言，与其承担这样的风险，还不如让别人提问，自己准备着回答问题最为安全。所以，要让学生大胆积极地提出问题，经过实践，我们发现鼓励学生是极其重要、不可或缺的教学手段。

首先，在引问后，学生可能无人举手，或者举手者不多，此时教师可再跟进一两句鼓劲的话，激励一下学生。如可以这样说："孩子们，想到什么问题都可以提出来，有问题就说明你在真思考，有思考的孩子最了不起！""有同学已经在举手想提问了，思维真是敏捷，了不起！"真情地表达类似的话之后，学生的担忧往往会消除，更多的手就会举起来。

其次，当学生克服心理上的"障碍"，大胆地提出问题之后，教师要马上进行表扬和鼓励（这既是对学生提出问题的尊重和认可，也是"生问课堂"追求提问能力培养的目标体现）。根据我们的经验，对第一个提问的学生可大加鼓励，哪怕他提出的问题并不是很好，也要不吝赞美之词："第一个提问的人，有勇气，有智慧，送上我们热烈的掌声！""哇，你提的问题让我们意想不到，老师为你感到骄傲！"看到第一个提问的学生被表扬，其他学生就会信心高涨、愿意尝试了。有些课的提问环节开展不畅，往往就是相差了这个小细节的落实。

当然，后续提问的学生，都应该予以鼓励。问题的确精彩的，可以随即大张旗鼓地表扬；问题一般的，可以先用语言简单肯定，在整个提问环节结束后再一并表扬。鼓励时，语言尽可能情真意切，热情洋溢。

要说明的是，鼓励学生，除了口头语言，还可用肢体语言。如看到小手缓慢地举起来了，给个肯定的眼神、微笑着点点头等，都是激发学生提问的"强心剂"；表扬学生的同时，送上一片掌声、竖个赞赏的大拇指等，都能很好地激励学生，让学生感到自豪。

总之，多用语言和动作对学生进行鼓励，才能为学生营造一个良好的提问氛围，学生才会放松起来，活跃起来，对提问有安全感，有成功感，才会敢于提问，乐于提问，提出好问题，"生问课堂"才能更顺利地推进。

从自己偶然的一次经历，用自己个性的教学习惯，如此来谈教育教学的理念和策略，也许有点牵强附会。但这是我对"鼓励"最深切的体验和最真实的想法，因此在课后回来的路上，我就急迫地记下这个故事和感想，并由此引发对"生问课堂"的一些思考。不成熟的观点，希望能带给老师们点滴的启示。

让我们给孩子更多的鼓励吧！

（本文原刊于《小学数学教师》2021 年第 8 期）

用百分数造句　造出一片新景象

前天的课堂，仿佛还在眼前，尤其是请学生用百分数造句的环节……

那是一位胖嘟嘟的男孩，在众多举手的同学中，笑得特别灿烂，于是我请他第一个回答。男孩起立后，眼睛里泛着诡谲的笑意，说道："顾老师，我能造句，不过，我造的句您可不要生气啊！"

我一愣，但瞬间却"嗅"到了精彩的气息。"没事，没事，你说吧！"我真诚地回应。

"顾老师的头发，已经掉了 36%！"

哈哈哈哈……学生笑翻，听课老师们笑翻，课始的严肃气氛一扫而光。

"孩子，你的观察力强，数感也好，造句造得精彩，佩服！来，献上我们热烈的掌声！"这是可遇而不可求的精彩，我的佩服，我的高兴，都是最真心的。

"利用我们的生活经验，谁也能用百分数造出精彩的句子？"教学环节顺势转接，似水无痕，丰富的学习资源纷至沓来。

"妈妈的手机，只有 20% 的电量了。"一位可爱的女孩这样造句。

"一款游戏，已经加载了 98%。"这是男孩的造句。"看来你游戏玩了不少哦！"学生们又开心地笑了。

"今天的回家作业，我才完成了 0.1%。"百分号前是小数的句子造出来了。

"一款家电，今年的销量是去年的 120%。"超过 100% 的百分数，这可是这节课的难点啊。

……

后续的教学是课的重点——借助学生的造句，引导他们深入理解每个句子中百分数的具体含义，形成完整清晰的表达，最后自主概括出百分数的意义。

上面的教学片段，发生在我前天执教"百分数"的课堂上。就在那个男孩造出句子、师生们开心大笑的一瞬间，我就闪过一个念头，这事我得回去写一写。之所以要写，那是我一直认为：课堂中的精彩、受困、失败，等等，都是因为教学的设计和实施，吻合或背离了教育教学的某个原理而致。上述环节，学生能如此张扬个性，课堂能如此气氛热烈，那一定是有它的理由的。

这让我回想起了近段时间我们对"百分数"教学的探索之路。

"百分数"教学，最常见的景象就是教师给出一些含有百分数的生活实例（或让学生课前收集好），然后在课始引导学生解释每个百分数的含义，最后归纳出意义。可以想象，这样的课堂，肯定是师问生答、单线推进，虽然顺利流畅，但学生学习的积极性，学习内容的挑战性、学习过程的思考性等，显然是不足的。

怎么突破呢？我们曾经尝试过在材料的趣味性上动脑筋，如课始聊天聊到手机电量的百分数，然后呈现图片（如图 1），引导解释意义，再通过课件动态演示充电时百分数的变化，让学生感受百分数从小到大的变化过程，并沟通与分数之间的关系。后续，再呈现多个现实的、有趣的素材，使学生进一步加深对意义的理解。

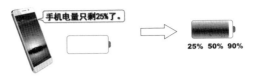

图 1

这样的设计，学生兴致较高，但是却没解决挑战性和思考性的问题。

我们作了改变，选择了内涵更丰富的材料（体现着百分数的广泛应用，蕴藏着百分数的"好处"等，如图 2）。我们还设计了开放的教学展开形式——将材料整体呈现，让学生讨论交流，然后任选喜欢的百分数解释意义。

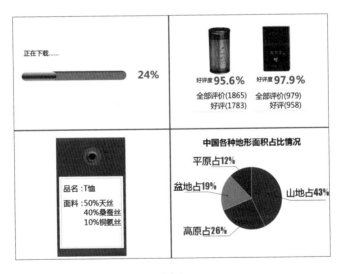

图 2

课堂实施时，开放度有所增强，挑战性和思考性也有。但是，因为想要达成的目标多，所以材料包含的信息量也多，这使得教学的推进，步骤雷同，节奏拖沓，学生讲着讲着，就没有积极性了。

怎么突破，怎么创新地突破？这个问题一直盘旋在我脑海中，挥之不去。

一次外出讲学，又听了一节"百分数"，晚上乘高铁返回。在高铁上，我眯着眼睛打盹，蒙蒙眬眬间想起了这件事。不知想了多久，突然间，一个念头如电光火石般闪入脑海——造句，用百分数造句！

越想越觉得美妙，越想越感到兴奋！实施的形式、推进的路径、教学的注意点，等等，头脑里很快就有了一个初步的方案。激动间，马上微信联系我的徒弟何月丰老师，把我的想法告诉他。因为这件事，之前我们商量过多次，也约定各自要好好去想一想的。

> 月丰，你想一下，如果教了百分数的读写后，利用学生写的百分数，如 20%、85%、100%、200% 等（包括有小数的），然后请学生给这些百分数一个一个"造句"，也就是用具体事例来解释，这样是不是可以把意义自然地展现并建构？
>
> 在这样的过程中，大于 100% 的探究自然解决，是小数的也可深入，形式比较新颖且省时。不然，说意义的环节总是拖沓，后面的事情总是来不及。后面集中精力去做提问和释问，问题主要是好处、坏处（就是与分数的区别）两件事，最多简略带一下为什么这么写、谁发明的。

何月丰老师敏锐地意识到我这个设想的目的所在，语音回复，正合我心中的想法——学生要造出句子，或者要理解别人的造句，会自然地指向对百分数意义的理解。

对了，因为课始我们让学生写了各种各样的百分数，20%、65%、3.5%、100%、120%……"普通"的百分数、百分号前是小数的、正好 100% 的、大于 100% 的，都有。"任选一个百分数，用它造个句"——学生选用自己写的百分数，调用自己的生活经验，想着造出来要能让人接受，学生还要解读别人造的句子……趣味性、挑战性、思考性，什么都不缺；教学形式的生本、开放、洒脱，显现无遗。这就是"造句"的目的——指向于教学重难点的巧妙突破！

何月丰老师觉得我的设想很创新，问我怎么想出来的。我说："这课我一直在想。"他感慨道："精气之极！"（他曾写文章描述我对教学创新的追求，结语是"精气之极时，创新之成时"）

隔了几天，我走上讲台去做个尝试，约了团队成员吴培钢老师（他正磨这课），请他一起来看看试讲效果。

"谁能任选这里的某个百分数，利用自己的生活经验，给它造个句？"

学生们都睁着好奇的大眼睛，但片刻，一只只小手都踊跃地举了起来。

"哎呀呀，哎呀呀，我的手机怎么只有 10% 的电量啦！"

"快来看，快来看，这件衣服是 100% 羊毛哦！"

……

挡不住的参与热情，极欢快的课堂气氛，我注意到连听课的吴培钢老师，眼睛里都绽放出了一种莫名的激动与憧憬。

后来，他用上这样的方法，在外出展示中，呈现出了一堂精彩的、有特色的"百分数"。

故事讲得够长了，该说点总结的话了！

——学习材料（情境）的设计，要更加贴近学生的已有经验。学生熟悉、简单朴实、目标明确的材料，那才是最好的。

——教学形式（手段）的设计，要特别关注学生的学习心理。新颖有趣、灵活多样、适度挑战的形式，那是最有效的。

——教学的创新，应该聚焦于、服务于教学重难点的解决。让学生学得更好，让课堂更有内涵，那才是创新的真正目标。

说明：我们有大量前测数据显示，对于"普通"的百分数，大多数学生在课前就能讲意义，只是讲得不太"规范"；学生的疑惑点是百分号前有小数是怎么回事，大于100%的百分数怎么会有，与分数有什么关系，百分数的来历，等等。其中多个疑问，指向的都是对百分数意义的理解。为此，我们一直在探求如何更轻松、更有效地解决意义的教学，以腾出更多的教学时间，去落实本课另外的目标追求。故事，由此而来……

（本文原刊于《小学数学教师》2019年第4期）

让学生的眼中绽放光芒

近期，我把曾经研究过的"百分数"一课进行了新的设计。因为这节课要在我们承办的一个省级活动中展示，所以我很重视，特地下校开展了试教。想不到，在试教中，却发生了让我非常难忘的事。

那天的试教，原本"沉默寡言"的六年级学生参与积极，思考深入，课堂气氛和教学效果都很不错。下课了，还有好几位学生围上来，向我表达他们对问题的理解，或者又提出了一些个性的问题。其中有一位胖胖的男孩最积极，他不停地在说话，说时还扯着我的胳膊，我知道，这是一位外向型的孩子。

终于应对完了学生们的"纠缠"，我走出教室，不料这位男孩又追了出来，他拉住了我，说道："顾老师，这节课我一直在动脑筋，到现在还没停，不信，你看，我的眼睛里全都是光！"说的时候，他还仰起头，用手指点着自己的眼睛让我看。我很感动，也很开心，用力地摸了摸他的头以示鼓励。

课后，我和校长对接了一些工作，一个多小时后才告辞。在下楼梯的途中，奇妙的事情发生了——我又碰到了那位男孩，他正好和几位同学上体育课回来。他一看到我，就大声地叫起来了："顾老师，你上的课太有趣了，刚才上体育课我都在想问题。你看，我眼睛的光还在。"的确，他的眼睛里绽放着热烈而真诚的光芒，那一刻，我被深深地震撼了。

回单位的路上，我开着车，但脑海里全都是这位男孩的眼神。我意识到，我应该把这个故事写出来，和老师们分享故事带来的教学启示。

启示是什么呢？看看这节课的设计，您也许就能感受到了。

课始，直接揭题，先教学百分数的读法、写法，再借助学生的经验表达，引导学生认识到了百分数实则就是表达两个数关系的一种特殊分数（分母是 100）。在板书和语言的刺激下，问题来了——既然这些关系都能用以前学过的分数表示，那为什么还要用百分数表示？用百分数表示有什么好处呢？

这是学生自己提出的问题，问题激起了他们的学习兴趣，思考、探究、交流后，"大小直观，便于比较"的好处被悟得了。

"百分数的意义理解了，好处也知道了，学到此时，关于百分数，你还有什么疑惑之处？还有什么感兴趣的问题吗？"我再次引问。

百分号前有小数是怎么回事？怎么会有大于 100% 的百分数？百分号谁发明的？ 1/3 这样的分数怎么化成百分数呢？……学生所提的问题被记录在黑板上，头脑风暴再次燃起，探究的热情可想而知。

随着交流，百分数的认识得以完善和深入，课堂的思考氛围愈加浓厚。要下课了，我问道："学到此时，你们还有什么问题吗？"

学生的思维被引爆。"既然百分数这么好，那为什么还要有分数呢？""百分号前是分数，可以吗？"……

问题不需要解决，提得出来就是成功。PPT 出示伏尔泰的名言作为课的结尾：判断一个人的能力，不是看他如何回答，而是看他如何提问。

很明显，课堂能吸引学生，最重要的原因就是"学生提问，以问引学"——借助真实的学习情境，引导学生自己发现问题，提出问题，营造了思维迸发的学习氛围，激发了强烈的学习兴趣；由于问题是学生自己提出的，他们对问题的探究非常积极，深入思考、主动交流等就成为了挡不住的学习面貌；多次的"提问—探究—释问—再提问"，不断刺激着学生的思维，整节课中每位学生时时刻刻都在动脑筋，没有人走神或懈怠。

这就是我所倡导的"生问课堂"。正是这样的教学设计和实施，吸引住了学生，所以他们愿意参与，乐于思考；而前面那位男孩，应该是真的非常喜欢这样的学习方式，所以他才会激情表达，眼放光芒。

我知道，学生在学习时，眼中能绽放光芒，那是教学的最美好景象。我以及我们每一位教师，都应该为了学生眼中的光芒，努力探索，不懈追求。

难忘的故事，将激励着我在"生问课堂"的探索之路上奋力前行。

第三辑

生问课堂

生问课堂，是让学生提出问题，用学生的问题引领教学的课堂。这样开展教学，跟常见的课堂教学方式相比，挑战和困难是不言而喻的。老师们难免会有不解——明明教师提问能精准高效地把握课堂，为何要改换成不太可控的学生提问呢？我们的数学教学，何必要如此自添烦恼呢？

请多让学生提问吧

孔子曰："敏而好学，不耻下问。"陶行知先生说："做学问就是要学要问，光学不问，只做到一半。"伏尔泰曾讲："判断一个人的能力，不是看他如何回答，而是看他如何提问。"爱因斯坦则强调："提出一个问题比解决一个问题更重要。"这些充分说明学习要有问题意识，要会提问题，这不仅是一种重要的学习方法，更是一种宝贵的学习能力。对此，古今中外，概莫能外。

一

近年来，由于"追求效率""注重应考"等原因，教师对学生提问不够重视，课堂上给予学生提问的机会很少。我们曾对一线教师开展了广泛的调查，超过70%的教师持有"学生提问会给教学带来麻烦""让学生提问会浪费教学时间""学生提不出什么好问题"等想法。我们也曾对国内两次高级别小学数学教研活动（共48节课）进行了分析，教师课均提问次数为40.3次；与之形成强烈反差的是学生提问，课均0.3次。长期累积而成的教学风气，使得"师问生答"成了当前课堂教学的典型特征，学生也因此长期缺少相应的锻炼，导致提问意识淡薄，提问能力匮乏。

所以，在小学数学教学中，借助数学内容中丰富的问题元素，多让学生开展提问活动，以增强提问的意识，丰富提问的经验，是一项有助于学生提问能力提升的针对性举措，更是一件追寻教育本真目标的有意义之事。

二

培养学生的创新意识和创新能力，为国家输送更多的创新型人才，是时代赋予教育的重要使命。那么，小学数学教学中如何培养学生的创新意识？发挥数学教学内容富含思维元素的优势，引导学生多开展提问活动，就是一条重要的训练途径。

想要学生面对一个数学内容时能主动地提出问题，尤其是提出深刻、求异的好问题，需要的是高阶思维的参与，如批判性思维和创造性思维等。这些思维活动有利于创新意识的形成，这也正是《义务教育数学课程标准（2011年版）》提出"学生自己发现问题和提出问题是创新的基础""初步学会从数学的角度发现问题和提出问题"的背景意义及目的所在。

因此，多让学生在数学课堂上提问，能使他们有更多的机会开展分析、比较、批判、质疑等高质量的思维活动，进而提升思维品质，增强思维能力。这实则是在落实一个非常重要的数学课程育人目标——培养学生的创新意识。

三

新课程标准实施至今，"学生是学习的主体"的观念已深入人心，"学为中心，以生为本"的课堂教学形态也越来越为老师们所认可。追求这样的课堂形态，教师要特别关注学生的认知基础和学习心理，精准把握学情，科学设计过程，课堂上顺着学生的思维进行合理巧妙的引导，切实提升学生的参与度和学习的有效度。

要实现上述的美好愿景，多让学生提问以及借助学生的问题来引领学习，是一种值得尝试的教学形态。我们可以想象，学生在课堂中自己提出了有价值的问题，提出的问题又成为了同伴们共同研究的内容，最后通过探究获得了属于自己的深刻理解……这样的教学，生本特征凸显，学生积极性高、主动性强，问题提出能力和知识建构能力发展齐头并进。

可见，多让学生提问，开展相应的课堂实践，提炼可行的教学策略，有利于课堂教学形态的丰富和完善，有益于课程改革的深入推进。

既然意义如此明显，如此丰富，那么，教学中请多让学生提问吧！

（本文原刊于《小学数学教师》2020 年第 S01 期）

学生提问：教学创新的生本视角

课堂上，教师提出问题，学生解答问题，那是我们最习惯的教学模式。

前几日，听某地一位青年教师上复习课，课的整体设计及实施都不错，但跟很多课相似的是，整节课都是教师提问，学生回答。如以下环节：

创设情境：做一个长 2 米，宽 1 米，高 8 分米的玻璃鱼缸。

然后教师依次提出以下问题，学生逐题解答，逐题反馈。

1. 这个鱼缸占地多少平方米？

2. 如果每平方米玻璃 80 元，这个鱼缸的玻璃一共需要多少元？

3. 现有 0.04 立方米的细沙，在鱼缸里可以铺多厚？

4. 鱼缸里现在水深 0.6 米，放入一个假山，水深变为 0.8 米。假山的体积是多少？

应该说，教师编制的问题都非常好，以实际问题的解决为驱动，有层次地推进，分别指向于底面积、表面积、体积等知识点。但是，我观察了学生的学习过程，发现学生的积极性并不高，解题时沉默不语，反馈时参与寥寥，解答正确了也无喜悦之情。

研讨时，我指出，教学过程平淡无奇，学生不愿热情参与，跟教师采用的教学方式紧密相关，这种方式就是教师提问，学生回答。但是，倘若教师转变一下理念，在教学方式上作个小小变化，即将教师提问变成学生提问，课的面貌也许就会焕然一新，效果也可能明显不同。

在与教师的交流中，我重构了教学过程，大致如下：

呈现图片情境：一个长 2 米，宽 1 米，高 8 分米的玻璃鱼缸。

进一步呈现信息：如玻璃店图片，有提示语"每平方米玻璃 80 元"；一堆沙的图片，标注着"体积 0.04 立方米"；缸里注水的画面，告知"计划水深 0.6 米"；一个假山，写着"体积为 0.5 立方米"；……（以上信息，我理想中的样子，应是在情景图上生动地、动态地呈现出来，以刺激学生，引发思考）

接着，教师就一句话："同学们，根据这些信息，你们能提出什么数学问题吗？"

以下常见问题一定会顺利产生：

鱼缸的占地面积是多少？

买玻璃需要多少钱？

沙子铺进鱼缸，可以铺多厚？

假山放进鱼缸，水会溢出来吗？

……

以下个性化问题，或许也会精彩亮相：

如果空的鱼缸，铺了细沙，放入假山，还能注入多少水？

现在水深 0.6 米，放入 10 条鱼，水面上升了 1 厘米，平均每条鱼的体积是多少？

……

此时，教师要做的事情，就是表扬提出问题的学生，并在黑板上记录这些问题，然后再一句话："这些好问题，同学们能解决吗？每人挑几个问题，自己试一试吧。"

我相信，如上设计，以下生动活泼的学习过程可以预见：学生主动地选择自己感兴趣的问题，尝试解决，同伴交流，展示汇报，分享经验，碰撞思维……

我也相信，在这样的过程中，学生不仅能巩固所学的各个知识点，还能深刻体验观察、质疑、探索等多种有意义的学习方式。比这些更为重要的是，其间，学生还得到了发现问题、提出问题能力的锤炼。我们都知道，观察信息，梳理信息，提得出问题，提得出与众不同的问题，那是求异性思维、创造性思维的体现，而培养学生的创新思维不正是我们数学教学最重要的目标追求吗？（因此，发现问题、提出问题，不仅仅是教学的形式和手段，更是数学课程的重要目标）

对比上述两个教学片段，我们还会发现，在第二个教学片段中，教师要讲的话只有两三句，更多的表达、更多的展现，机会都转到了学生那里，这不是"学生主体""生本课堂"的绝好体现吗？

也许对一个小小教学环节如此解读，略显夸张，但变化之后的设计，任何一位有教学经验的教师都会感受到它蕴藏着的丰富内涵与可生长的力量。

正因为以上种种因素，课堂中让学生提问，以学生的问题引领教学的推进，成了我及我的团队最新的研究方向。我真诚地希望，更多的教师能够感受到学生提问的魅力，能够探索和完善这个有意义的研究领域。

（本文原刊于《小学数学教师》2018 年第 9 期）

学生提问：让数学课堂更具内涵

我最近的教学探索，在努力凸显"学生提问"的特点。备课时有意设计，课堂中全力放大。

如教学"年、月、日"，课始让学生暴露已有认知，"一年有 12 个月""一个月有 31 天或 30 天，有时还有 28 天或 29 天""一年有 365 天或 366 天""有些年叫平年，有些年叫闰年"等。根据学生回答，我逐步板书，形成知识结构图。此时，我打开一个"提问窗口"：孩子们，看到这些信息，你有什么问题想问的吗？

学生的求知愿望、个性思考自然地展现了出来：

1. 为什么一年的天数不一样？

2. 为什么会有平年和闰年？

3. 为什么一个月的天数不一样？

4. 为什么一年是 12 个月？

5. 为什么叫"年、月、日"？

......

我板书记录每个问题，依据这些问题，引导学生开展研究。学生兴趣高涨，参与积极，理解深刻，教学效果极好。这样的课堂，与以往完全不一样。

再如我上"九宫的秘密"一课，学生在探究之后，填出了一些九宫，并且发现这些九宫"中间都是 5""角上都是双数""边上中间都是单数"等，还意识到不同填法实则是相互变换的结果……

此时，我引发学生提问——研究到现在，你心里有什么疑问，有什么问题想问的吗？

学生丰富的问题，让我感受到了他们思维的怦然绽放——敏捷、深刻、求异。

1. 为什么中间都是 5？（中间一定要是 5 吗？）

2. 为什么角上都是双数？（角上一定要是双数吗？）

3. 为什么边上中间都是单数？（边上中间只能是单数吗？）

4. 到底一共有几种不同的填法？

5. 为什么要发明九宫？

……

后续的教学，就是引导学生去解决这些问题。学生积极主动，思考深入，课堂精彩纷呈。这样的课堂，我非常享受。

杂乱无序地记录两个教学片段，想要表达的无非是我近期在不断思考和实践的一个话题——学生提问，让数学课堂更具内涵。

之所以这么说，因为在我看来，课堂让学生提问，有着多个维度的意义。

1. 追寻着教学工作的基本目标

古人云："学贵有疑，小疑则小进，大疑则大进。"李政道先生说："求学问，需学问，只学答，非学问。"爱因斯坦说："提出一个问题比解决一个问题更重要。"是的，学习就是要有质疑精神和问题意识，要善于发现问题，敢于提出问题，因为有了问题，我们才会去思考，去探索，才会有解决问题、获得真知的机会，也才会有增长能力、不断进步的可能。因此，让学生养成敢提问、愿提问的意识，掌握能提问、善提问的方法，这是教学工作最基本的目标之一，无论是过去还是现在，无论是数学课还是其他课。在当前很多的课堂暴露出学生"只学不问，只听不想"的不佳风气下，强调让学生提问，更显这件事情具有返璞归真、聚焦本质的现实意义。

2. 指向于创新意识的有效培养

我们知道，如果学生只会听讲，只会根据教师的提问解答问题，那么他们所经历的往往是"记忆、理解、应用"等常规性的学习行为，获得的多是低阶思维。反之，如果学生在学习过程中，能经常地、主动地提出问题，尤其是提出好问题、怪问题，往往说明他们是在真思考，是在开展"分析、综合、评价"等高阶的思维活动。而这种高质量的思维活动，最有助于一个人批判精神和创新意识的形成。《义务教育数学课程标准（2011 年版）》也指出，"学生自己发现问题和提出问题是创新的基础"，并强调"培养学生的问题意识是培养学生创新意识的好办法"。可见，让学生在课堂上有多提问的机会，不断积淀提问的经验和方法，深刻体验提问带来的思维发展和能力提升，实则是在落实一个非常重要的育人目标——发展学生的创新意识。

3. 显现出生本课堂的重要特征

生本课堂是当前课堂教学研究的重要话题。在我心目中，称得上生本的课堂，教学的引入一定是高度契合学生的认知基础，过程的推进一定是精准顺应学生的学习心理，所以学生才会展现出积极而主动的学习状态，才会经历深度而有效的学习过程，才会扎实建构知识，切实提升能力。上述的美好愿景如何才能实现？"学生提问"或许是一条可探索的路径！——让学生基于一定的学习情境，主动地提出感兴趣的或想要研究的问题，利用学生提出的问题，来引发教学的推进或深入，或使之成为教学的重要部分或主要线索……学生能自己提出问题，提出的问题还能成为学习的内容，这些内容自己还能深入地去探究。这样的学习，学生必定兴趣高涨，必定参与积极，必定效果可期；这样的教学，才有"顺学而导"的味道，才有"生本课堂"的特征。

因学生提问而实现上述目标时，我们的数学课堂不就更具内涵了吗？

（本文原刊于《小学数学教师》2018 年第 12 期）

突发奇想改老课　学生提问显魅力

三年级"除数是一位数的笔算除法",我常自豪地称之为我的"成名课"。2005 年我参加浙江省优质课比赛时,创造性地处理了 $42 \div 2$ 和 $52 \div 2$ 两个例题——不教十位除后没有余数的 $42 \div 2$(例 1),而是先教十位除后有余数的 $52 \div 2$(例 2)。

之所以这么处理,是因为例 2 更具一般性,更能让学生体会这种除法竖式分两层书写的原理,然后可让学生以此认识和技能,自主迁移解决例 1。这样"由一般至特殊"的计算教学处理方法,开启了一种全新的教学思路。(详情可见拙著《创新照亮课堂》)

然而,说真心话,在赛课之后,我就很少再上这节课。原因之一是它对教学进度的要求比较高,不到那个时间点,这课就不太能上;二是这课放大了算法的探究,课堂要应对学生各种个性化的竖式,还要关注算理算法的融合以及算法的落实,挑战性大,调控吃力。进度和心理两大原因,使我一直不太敢去碰这节课，久而久之，愈加疏远，这课就成了我挂在嘴上的"经典设计"。

去年11月，在某个大型教研活动中上课，碰到罗鸣亮老师，他告诉我这段时间正在研究这节课。很粗略地听他介绍了核心的想法，感觉很有意思，一时间也让我唤醒了对很多年未上的这节课的美好回忆。那天，没听到罗老师的课，所以也没什么特别的思考，不过心里对这事有了丝挂念。

12月的某天上午，参加一个培训会，专家所讲内容与我的工作并无关联，且讲得深奥难懂，我实在无心听之，百般无聊之际，突然又记挂起这节课来。笔记本上杂乱地写下了几个除法算式，凝神盯了会儿，没啥思路，就继续发愣；一会儿又有了点感觉，马上就低头乱写乱划……突然间，一个奇妙的想法蹦了出来——"学生提问，以问引学"，这个我近期研究的关键词，似乎可以用它来重新设计这节课！

头脑瞬间就灵活起来了，情境、例题、展开、习题，提问材料、引问方法、释问过程、板书设计，等等一系列课堂的元素及其处理的方法，犹如沸腾的水中的那些气泡，争先恐后地扑腾扑腾地往外冒。挡不住的思维，停不下的笔尖，没几分钟，满满两页的备课草稿就已出现在我面前了。

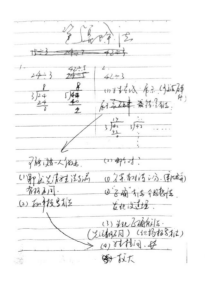
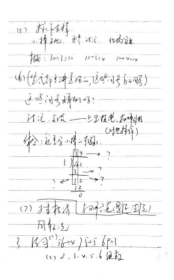

看着草稿，越想越兴奋，越想越冲动，马上联系一所学校，请他们帮助安排一个班级，下午我就到课堂中去尝试。

中午急匆匆地准备好教具（42 支铅笔，捆扎成 4 捆加 2 根），怀揣着激动而忐忑的心情，我走进了教室。虽然事先告知学校不要安排老师来听课，但几位团队成员和好学的青年教师早已坐在教室里等我上课了。我把黑板擦得干干净净，端端正正地书写下课题"笔算除法"，课开始了。

揭题，复习学过的除法竖式，24÷3、42÷5，教师板演，学生口答，唤醒对笔算除法的记忆。（后来我才发现仅此远远不够——学生对除法竖式遗忘得很厉害）

告知学生今天要学复杂一些的除法，出示例题 42÷3，让学生尝试列竖式计算。预设很准确，有的学生列不出，能列出的都是如下的样子：

$$\begin{array}{r} 14 \\ 3\overline{)42} \\ \underline{42} \\ 0 \end{array}$$

先统计学情，再引导学生确认答案是否正确，学生都用乘法验算。在大家都觉顺利之际，我请一位学生到黑板上现场再写一遍。学生的书写一定是如下图的顺序，当他写到商 14 的时候，我喊停。

$$3\overline{)42} \implies 3\overline{)42}^{14}$$

"看到这里，同学们有什么想说的吗？"我抛出问题，学生们略一迟疑，马上就议论纷纷了。

"他都还没算，怎么就把 14 写好了呢？"

"这个 14 不是算出来的，他知道答案，所以就写上去了。"

"这样得到 14，我们看不懂是怎么来的。"

……

我水到渠成地接话:"对呀,这样得到的 14,不是这个竖式算出来的,所以这个竖式这么列是不对的!"

更水到渠成的学生的问题就来了:"老师,那这个竖式该怎么列呢?"

"同学们,睁大眼睛看好了,下面就由顾老师现场来示范一遍吧!"

我扎下马步,正对黑板,手拿尺子,缓缓地、清晰地将标准的竖式写在了黑板上,每写好一步还故意停顿一下,刺激学生关注的神经。"这个竖式应该是这么列的!"学生们的眼睛都睁得圆圆的,教室里鸦雀无声。

足足让学生们看了半分钟,我发现他们疑惑的眼神都快从眼睛里"飞"出来了。火候到了,我将"催化剂"洒出:"相信大家一定有很多的问题吧,来,谁能大胆地提出你心中的疑问。"

"为什么下面要写两次 12?"

"为什么比以前的竖式多了一条横线?"(我引导学生对比之前学过的竖式,让他们看到以前的竖式都是一步的,或说一层楼,而今天学的是两步的,即两层楼)

"42 下面的 3 是什么意思,它后面怎么没有 0?"

"这个 14 又是怎么算出来的呢?"

……

都是精彩的问题,都是真实的心声,都是对这个竖式最强烈的思考,我要做的,那就是在这个过程中,给提问的学生点赞、鼓掌,顺带在竖式上用文字和问号的形式标注出一个个疑问点。

"是呀,这个竖式为什么这么列,这些问题又该如何解释呢?要明白这些问题,需要我们从头开始细细研究。"

我引导学生把 42÷3 想成一个情境——42 根小棒平均分给 3 个人,

每人分得几根？黑板上贴出教具（4 捆加 2 根铅笔粘在黑板上），画了三个方框，请学生观察思考怎么分。

结合着学生上黑板的操作，板书形成两个算式：

30÷3=10（根）（注：后来我觉得写成"4÷3=1 捆……1 捆"更贴切）

12÷3=4（根）

"对的，这需要两次才能分完。第一次分得 10 根，第二次分得 4 根，10 加 4 就是每人分得 14 根。这样的分法，我们就清楚地看到 14 是怎么得来的了。"我引导学生梳理刚才操作和思考的过程。

"同学们，前面那个竖式为什么这么列，那些问题该如何回答，你现在有感觉了吗？"我让学生看着黑板上的竖式、问题、横式、小棒，启发着学生。

议论声嗡嗡地开始了，逐渐地响起来了，学生们指指点点哇啦哇啦地激动起来了，让人期盼的课堂气氛挡不住地绽放出来了。

结合着学生的回答，对应着分小棒的过程及算式，作必要的引领和解释。一个问号擦去了，又一个问号擦去了，学生迷惘的神色淡下去了，紧锁的眉头展开了，"我懂了，我懂了""哦，是这样的！"热烈的气氛洋溢在课堂之中……

我再次规范地板书竖式，将竖式书写的细节（顺序、读法、对位等）再作强调，让学生每人模仿一遍，和同桌交换点读一遍，新授就此结束。然后是练习，分层次的练习，先是尝试练习 56÷4，再是巩固练习 75÷5 和 69÷3——自主迁移解决例 1，当年的"经典设计"自然不能丢弃。

课上好了，虽然有些地方的预设不够充分，算理算法的处理还显生硬，课堂应对也有不少生涩之处，但我自己却已清晰地感受到了课堂的简洁与生态：自主尝试—暴露疑问—主动探索—思维碰撞—深度释疑—掌握技能。简单地说，就是没有引人的情境，没有精巧的课件，仅靠着"学生提问，以问引学"，就朴实、自然、生动地将一节号称低年级最难的计算课上了下来。这样的上法，顺学而导，应对从容，与我十多年前费神吃力地应付学生各种生成的那个课堂相比，显然是更为巧妙，更为有效。

我相信这不仅仅是我自己的感受，因为在上课过程中我分明看到了听课老师们惊喜的神情，而下课后一位青年教师"下学期我就要这样上这节课"的真情吐露，更让我平添了几分欣慰与激动。

和听课老师作了简单的研讨，对一些细节处有了更好的应对设想，"改天再上一次"的期盼早已从我心底直往上涌了。走出学校大门，忍不住拿出手机，联系了四川乐山教科所的张丽老师——两天后应邀去乐山上课，我想更换原来报过去的课，改上这节"笔算除法"。

两天后，乐山，一支粉笔，一块黑板，"笔算除法"再次呈现，附加一个改课的说明及"学生提问"的报告，效果得到了听课老师的认可（以下文字摘自活动报道）：

顾老师真正做到"学为中心"，"以问引学，老课新上"，通过学生自主提出的三个"真"问题贯穿全课，给大家呈现了一堂"生态"的课堂、"生本"的课堂。顾老师大道至简的课堂极大地震撼了与会老师们，大家惊呼这样的课堂才是真实的课堂，才是常态的课堂，才是"能带走"的课堂。

尽管老师们的话更多的是客气与鼓励，但有一点我很确信——"学生提问，以问引学"，的确显现出了其迷人的魅力。它让我将一节十多年未上的老课重新焕发出亮丽的色彩，更让老师们感受到课堂教学最为朴素的关注点和研究点。我也坚信，对"学生提问，以问引学"的深入探索，一定能够让我在研究学生、研究教学的路上得到更多的收获。

（本文原刊于《小学数学教师》2020 年第 6 期）

出人意料的问题如何应对

下校听一位年轻教师上课，上课内容是三年级"分数的初步认识"。教师基本功不错，对课有精心的设计，课的引入和展开流畅自然。很快地，课走到让学生自主表征 $\frac{1}{4}$ 的环节。教师的教学准备很充分，给每位学生都准备了操作材料——正方形纸片和圆形纸片各一张。学生们自己折纸、涂色，教师组织反馈，得到了表征 $\frac{1}{4}$ 的不同方法，这些作品都贴上了黑板（如下图）：

教师引导学生观察黑板上的几幅图，请他们说说"发现了什么"。教师的本意应是希望学生讲出"只要把整个图平均分成四份，其中的一份都可以用 $\frac{1}{4}$ 表示，跟形状没有关系"。然而，大约是所提要求过于空泛，学生都讲不到，于是教师只能自己提问："为什么分法不同，却都是 $\frac{1}{4}$？"

在几位学生回答这个问题的时候，一位女生一直举着手，嘴里嘟囔着"我有问题，我有问题"，教师发现她意愿强烈，就请她发言。

出人意料的问题出现了——"正方形的 $\frac{1}{4}$ 有很多种分法，圆的 $\frac{1}{4}$ 为什么只有一种分法？"

教师显然对此毫无心理准备，我相信绝大部分教师也从没关注过这个事情

（包括我），所以当那位女生提出这个问题后，教师有点慌乱，不知如何作答。但其他学生闪亮的眼神告诉教师，这个问题他们是感兴趣的。仓促间，"教学机智"发挥作用了，教师说："这个问题很好！圆的 $\frac{1}{4}$ 到底还有没有其他的分法，你课外再去研究研究吧。"课马上进入下一环节……

对"学生提问"高度关注的我，这样的环节，自然激起了我的浓厚兴趣。在笔记本上详细记录这个环节的同时，思考也随之产生。

思考之一：学生提出了一个好问题。

出人意料的问题，往往都是好问题！"正方形的 $\frac{1}{4}$ 有很多种分法，圆的 $\frac{1}{4}$ 为什么只有一种分法？"这样的问题，需要以独特的视角去观察事物和分析事物作基础，还需要有敢于质疑、勇于表达的学习品质作支撑。所以，这个问题，显然是一个闪耀着批判性思维和创造性思维光芒的问题，是可遇而不可求的好问题。于他人而言，这样的问题能促使他人省察和改进自己的思维方式，引发对事物的深度思考和主动求知——居然还可以这样看事物！我怎么想不到这样的问题？我以后能不能也这样提问？这个问题该怎么解答？等等。能触动他人，启迪他人，这样的问题自然是好问题。

思考之二：教师的应对之法不理想。

上面的故事中，学生提出了好问题，但教师的应对之法，却是简单低级的。"这个问题很好……你课外再去研究研究吧。"既然"问题很好"，那么好在哪里呢？为什么就不能在课堂上研究呢？可见，教师的话是言不由衷的。"你课外再去研究研究吧。"怎么研究？研究后怎么办？要不要汇报？显然，这是教师的推托之词，实则就是在告知学生"老师不想在课堂上讨论你的问题"。所以，如上应对，都是虚的，本质上都是在"屏蔽"学生所提的问题，教师心里最大愿望就是快速化解意外，马上回归预设。

尽管我们知道，上述的应对，于教师而言是无奈之举——课前没预设，瞬间没主意，但这样的应对，确确实实是不理想的，它不仅使得学生提问能力、思维能力的培养错失了绝佳机会，更使得学生提出的好问题失去了它该有的教学价值。

那么，课堂上遇到学生提出了出人意料的问题，教师到底该怎么办呢？笔者建议，教师可以分下面两步来应对：

1. 认可学生的提问，大力表扬

我们一定要有这样的意识：学生能提出问题，这本身就是有意义的教学目标的达成——学生在"从数学的角度发现问题和提出问题"。因此，这是一件可喜之事，这样的学生值得表扬。其次，学生能够提出出人意料的好问题，这是学生在真思考、有创造力的体现，这样的学生更应当成为别人的榜样。

所以，此时，不管教师是否能解答这个问题，无论课堂上是否可研究这个问题，教师首先要做的就是表扬提出问题的学生。这个表扬，不能是轻飘飘地说句"这个问题很好"，而是要由衷地、热烈地表扬学生。让学生把问题再说一遍，引发他人的强烈共鸣；把学生的问题记录在黑板上，显现出教师的真心认可；让其他学生谈谈为什么这个问题好，带领全班学生献上热烈的掌声……

得到表扬，提问的学生有了成功感，以后也许更爱提问了；看到提问的学生得到表扬，其他的学生会受到激励，提问意识、问题能力会在潜移默化中得到提升。

2. 研判学生的提问，合理处置

表扬学生，还有一个很特别的功效——使得教师应对问题有个缓冲的机会，能有一点点时间来分析研判学生的提问，快速地找寻到处置之法。

此时，教师首先应作出分析：学生提出的这个问题，其背后的思维是怎样的？是对所学内容的深度思考还是方向不明的散乱想法？是真正存有疑惑，还是炫耀式地提问？……

教师更需在瞬间作出判断：这个问题，其他学生是否也存在？问题于教学推进的价值有多大？是否有可能在课堂上予以解决？……

以上过程虽然短暂，但问题处置的方法教师也许就能想到了。据我的经验，接下去有多种方法可选择：

明明白白地告诉答案。这通常用在教师认为学生所提问题有价值，但没必要深入展开（如较为个性，或不是最贴教学主线等），只需要直接告诉答案就能解决之时。比如，上文说到的学生提问，教师可以马上徒手画一幅图（如图），让学生清楚地看到不一样的分法也能表示出 $\frac{1}{4}$（教师还可告诉学生，学到以后会知道更多的分法）。如此，一分钟不到，过程简洁，释疑自然。

当然，这个"明明白白地告诉答案"还可有另外一层含义——明确地告诉学生，所提问题是思考错误了，是提得方向不对的，或者是没有意义的，课堂上没有必要去研究。在此过程中需注意的，是教师要尽可能把道理讲清楚，让学生口服心服。

扎扎实实地跟进教学。这可能更适合用于教师觉得学生的问题是教师备课中所忽视的，而这个问题又正好能推动教学的深入之时。此时，教师要做的就是慢下步子，扣着学生提出的问题，引导全体学生深入探究，完善理解。如教学"三角形分类"，教师提供材料（各种三角形），学生经过探究，得出了三角形按角分的三种情况，教师予以板书，正待用集合图表示。此时，有学生提出："按角分，难道只有这三种三角形吗？"教师意识到这个问题指向于对知识的深度学习，自己备课时没作预设，现在正好可借助学生的问题推进教学。于是，教师大胆发布探究任务："到底还有没有这三种之外的三角形？同桌合作，画一画，想一想。"有意义的学习过程由此产生。

真真切切地布置任务。这种方式，应是适用于教师觉得学生所提问题虽好，但是不适合在课堂上深入研究（太费时间），或者与本课所学关联不大，没必要在课堂上研究之时。这时，教师可以真切地告诉学生以上实情，然后激励（引导）学生在课外花时间去研究。教师需要跟学生布置清楚课外要去研究的到底是什么问题，甚至写下来；若有必要，下课前（后）还可以再次强调一下，真心地让学生去研究。想要有实效的，等学生有探究结果了，可召开"问题分享会"等展示活动，让学生介绍探究结果，引发讨论交流，以真正激发全体学生的问题意识和学习热情。我们曾经遇到过的"这是最大的圆锥吗""学生提问带来的美丽故事"等学生在课外研究的问题，无不显现出其迷人的魅力。（详见《小学数学教师》2020 年"生问课堂"专刊）

事实上，这个任务也可以布置给教师自己——如果教师短时间内没想明白学生的问题（可老老实实地告诉学生"我也不知道"），自己也应在课外去开展研究，让自己释疑。如此，教师既可在后续合适时机解答学生的疑问，又可让自己获得专业成长的更多养分，这更是美事。就如笔者在那天听课后，心里一直想："圆平均分成四份，如果要从直径的一个端点出发，该怎么割圆呢？"（如图）虽然需要用到的知识已经忘了，但思考了，研究了，向人请教了，掌握方法了，自己就又获得提升了。此类情况，笔者教学生涯中经历甚多，每次存疑、探疑、释疑，都受益颇丰。

除了以上三种方法外，根据课堂实际情况的不同，一定还有其他的处置之法。但无论采用什么方法，真心实意、切实有效地帮助学生释问，是核心所在。

培根曾说过："谁的问题越多，谁就能学得更多，记得更多。"所以，学生提出问题，尤其是提出了出人意料的问题，那一定是一件值得高兴的事——学生有学习更多东西的机会了。作为教师，要清晰地意识到，此时如何回应学生的问题，会影响学生知识的习得和能力的发展，这是一个重要的教学节点。唯有教师的合理应对，才有学生的真实收获。应对之法，是教学的技巧，更是教学的智慧。

（本文原刊于《小学数学教师》2021 年第 4 期）

提过的问题为何还要再提

听一位年轻老师上课，内容是三年级的"万以内数的加减法"复习。

复习的第一个环节是两位数加两位数的口算。教师呈现算式 45+23，请学生回忆口算的方法。学生说可以用"拆"的方法，教师依据学生的回答，板书呈现以下两种拆法：

$$45 + 23 = 68 \qquad 45 + 23 = 68$$

板书之后，教师引导学生关注两种方法的不同——一种是拆第二个加数，另一种是第一个加数也拆了。

课继续往下走，要复习口算减法了。教师出示题目 96－45，同样请学生回忆口算方法。学生都说可以将减数 45 拆成 40 和 5，然后 96 先减 40，再减 5。教师板书跟进，进行小结，课顺畅流利。

$$96 - 45 = 51$$

但就在此时，突然一位学生举手，说："老师，减法的题目能不能拆被减数呢？"

教师有点不悦，说："这个问题你不是上次提过吗？老师说过了，我们一般不用这种拆法的。好了，这个话题我们就不研究了！"

学生很无奈，只能歪斜着脑袋坐了下去，但动作和神情中显然透露着不服气。

这个小插曲，让听课的我有些惊诧。我不仅惊诧于教师怎能在课堂上如此生硬地回绝学生提出的问题，更惊诧于学生提出的这个好问题，教师之前怎么就没好好应对，以至于学生今天再次提出。

为什么说这是一个好问题？

这个问题应该产生于之前的新授课上。那时，学生先学加法，教师教了两种拆法，学生印象深刻，运用灵活；然后学习减法，想必教师只教了一种拆法，于是部分学生自然地产生了一个问题："减法的题目能不能拆被减数？"

可见，这是一个真问题，是符合知识发展逻辑、符合学生学习心理的问题。只是因为教师当时没有合理应对（展开），使得学生一直记挂于心，今天恰好有机会，所以再次提出。

另外，这个问题的解释（理解）直接指向于口算加减法算理和算法的区别，可有助于学生更好地掌握方法、发展思维，因而这又是一个有内涵的问题。

也许读者一下子感受不到问题的内涵，下面稍作分析。

若在新课教学时，以"有 96 盆花，要搬走 45 盆，还剩多少盆"为情境，让学生列出算式 96－45。放手让学生尝试，学生一定会出现的算法就是"将45 拆成 40 和 5，96 先减 40 再减 5"。

之所以说这种算法一定会出现，一是缘于对口算加法中拆第二个数方法的迁移，二是因为这个事情想起来的确也很顺（尤其结合情境）——减一次不够，再减一次。这是教材推崇的方法（特地图示了此种方法），也是我们在解决此类减法问题时的一般方法。

所以，一些教师教学至此，就进入小结算法、巩固练习的环节，犹如前文那位年轻教师。可是，如果我们在此处缓一下再小结，有意问问学生"你还有什么疑问吗"，教学又会出现什么情况呢？

"老师，减法的题目能不能拆被减数呢？"出现这样的问题，情到理到。

"咦，是呀，能不能拆被减数呢？同学们想一想，试试行不行！"适时鼓励学生再去探究，那么就有很大可能性出现如下的"成果"：

同时拆被减数和减数，然后十位和个位分别相减，再把差相加。即 90-40，6-5，再 50+1。教师要做的，就是引导学生结合情境理解原理，尤其是理解为何最后还要相加而不是相减，体会与加法口算方法的不同。

只拆被减数，将 96 拆成 95 和 1，然后 95-45，得到的 50 再加 1。这种拆法学生之前没遇到过，有些特别；这种算法也很"怪异"，得到的 50 要加回 1。也许部分学生看不懂，但教师可结合情境，引导学生理解其原理，感受计算的巧妙之处。

如上的深入探究，不知您如何看待？

这就是在展现计算教学的基本要求——算法多样化。这种要求，能帮助学生在掌握"保底方法"的基础上，再收获其他的方法，开阔视野；这种要求，更可让学生展现个性，发散思维，提升能力。

学生的这些获得，缘何而有？不就是源自"减法的题目能不能拆被减数"这个问题吗？可见，这的确是一个引领学生深层探究、引领课堂走向深刻的好问题。如果没有这样的问题，学生就少了上述的收获，课堂就少了上述的内涵。

以上分析带给我们这样的启示：学生心中的真实疑惑，如果教师不让学生提出来，或者学生提出来了，教师却没有很好地予以解释，那么总有一天，学生心中埋藏的疑惑还是会暴露出来，哪怕到了复习的时候。

所以，学生提过的问题为何还要再提，那是因为教师之前没有重视学生的问题，没有给过学生释问的机会！

让我们在备课时，进一步关注学生的问题，积极引导学生发现问题、提出问题，并努力研究如何将学生的问题转化为教学的有益资源吧！

题外话：在算法多样化之后，可引导学生回顾、对比三种方法，谈谈喜好，再进行小结。之后让学生用喜欢的方法进行练习，练习中设计如下题目：

$87-36$　　　$95-42$　　　$65-37$　　　$76-48$

通过反馈交流，引导学生发现后两种方法在退位减法中的局限性（如做$65-37$和$76-48$时很麻烦），体会到第一种方法的通用性。

这样的过程，就是算法多样化到算法优化的过程，这也就是在落实"教参"的要求——"对于不同的方法，教师都要给予肯定。在此基础上，通过组织交流，启发学生反思自己的算法，从而选择比较合理的、适合自己的方法。"

（本文原刊于《小学数学教师》2021年第1期）

一次让人惊叹的学生提问

那天的课堂上，学生提问的积极性非常高，问题很丰富很精彩。但是，当那位外表腼腆、说话轻声细语的男孩提出他的问题时，瞬间，我惊呆了，所有的学生和听课老师都惊呆了。这真是一次令人难忘的学生提问！

我执教的是"容积练习"，这是"生问课堂"的典型课例之一。学习情境是一张正方形铁皮，四个角上剪去相同的小正方形后，求折成的无盖盒子的容积。

学生经历两次不同剪法计算容积的过程后（如图），自然而然地会提出一些他们很感兴趣的问题：

为什么剪掉得多，容积却变大了？

剪得更多，容积会不会更大？

怎么剪，容积最大？

怎么剪，容积最小？

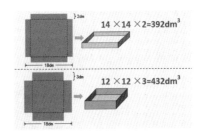

借助学生所提的问题，课走向第一次探究。学生会计算出各种不同剪法得到的盒子容积（小正方形边长为整分米数），我板书记录学生的方法，借助结果，回应了之前的四个问题：

$$16 \times 16 \times 1 = 256 \ dm^3$$
$$14 \times 14 \times 2 = 392 \ dm^3$$
$$\underline{12 \times 12 \times 3 = 432 \ dm^3} \quad ★$$
$$10 \times 10 \times 4 = 400 \ dm^3$$
$$8 \times 8 \times 5 = 320 \ dm^3$$
$$6 \times 6 \times 6 = 216 \ dm^3$$
$$4 \times 4 \times 7 = 112 \ dm^3$$
$$\underline{2 \times 2 \times 8 = \ \ 32 \ dm^3}$$

课至此，我再以课件回顾八种剪法（有八幅图），强调剪 3 分米的容积最大，然后启动第二轮学生提问，学生再次提出了有价值的好问题：

容积最大的剪法，有什么奥秘？

换张铁皮，还是剪 3 分米最大吗？

……

我顺势给出边长 12 分米的铁皮，学生主动探究，又得出五个算式：

$$10 \times 10 \times 1 = 100 \ dm^3$$
$$\underline{8 \times 8 \times 2 = 128 \ dm^3} \quad ★$$
$$6 \times 6 \times 3 = 108 dm^3$$
$$4 \times 4 \times 4 = \ \ 64 \ dm^3$$
$$\underline{2 \times 2 \times 5 = \ \ 20 \ dm^3}$$

引导学生对两组算式进行比较，并给出两幅图以支撑，很多学生会"发现"剪掉铁皮边长的 1/6 时，折成的盒子容积最大。

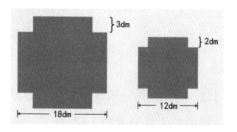

课上到此刻，我开展第三轮学生提问。预设中学生的问题有：

为什么是剪掉 1/6 时最大？

就凭两张铁皮，这个结论一定对吗？

如果铁皮的边长不是 6 的倍数，怎么剪容积最大？

……

经过激励和引导，这些问题都由学生提出来了。问题不需要解决，因为远超了学生的知识基础，提得出来，教学目标就已达成。

一切都在预设之中，我打算要结课了。此时，坐在最边上的一个男孩举手了，示意还有问题要提。这个男孩之前我请他回答过问题，他说话声音很轻，看似很内向，即使我鼓励他大声讲话后，他还是放不开，说话颤颤巍巍的。我心里暗想：课已经到了思维的最高点，再叫一个连大声说话都不敢的学生来提问，岂不是会把火热的气氛给浇灭了？还是别叫他了吧。于是，我假装没有看到他举手。

但是，想不到那个男孩并没有放弃，他不仅没有把手放下去，反而挥舞起了手臂。

"孩子有问题，我们就要允许他提出来。""当别人都没有问题的时候，有学生还能提出问题，这样的学生是最了不起的。"此刻，我的脑海里回响着我一直跟老师们强调的教学理念。

怎么能不让他提问呢？应该要请他提问！

"有孩子还有问题，来，我们来听听他的问题。"我热情地邀请这位学生提问。

"是不是最大的剪法减去第二大的剪法，得到的就是最小的剪法？"

他的话，我真心没有听懂，因为我从来没有过这样的思考视角和教学经历。但是，我看到了他的手指向黑板上的两列算式，猛然间，我觉得"有料"。于是，我很真诚地说："孩子，你的问题是什么意思，能再说一遍吗？"

"左边的算式，最大的 432 减去第二大的 400，正好是最小的 32；右边，128 减 108，答案是最小的 20。这会不会是一个规律呢？"

$$16 \times 16 \times 1 = 256 \ dm^3$$
$$14 \times 14 \times 2 = 392 \ dm^3$$
$$12 \times 12 \times 3 = 432 \ dm^3 \ \star$$
$$10 \times 10 \times 4 = 400 \ dm^3$$
$$8 \times 8 \times 5 = 320 \ dm^3$$
$$6 \times 6 \times 6 = 216 \ dm^3$$
$$4 \times 4 \times 7 = 112 \ dm^3$$
$$2 \times 2 \times 8 = \ 32 \ dm^3$$

$$10 \times 10 \times 1 = 100 \ dm^3$$
$$8 \times 8 \times 2 = 128 \ dm^3 \ \star$$
$$6 \times 6 \times 3 = 108 \ dm^3$$
$$4 \times 4 \times 4 = \ 64 \ dm^3$$
$$2 \times 2 \times 5 = \ 20 \ dm^3$$

天哪，怎么会有这样的问题！

我听懂了，很多学生也听懂了，我注意到学生们都惊愕地张大了嘴巴，会场中的一千多名听课老师瞬间也是鸦雀无声，现场的气氛都快要凝固了。

片刻，学生们忍不住地自发鼓掌了，听课的老师们也缓过神来了，全场一片惊叹，热烈的掌声响彻会场……

"看得出别人所看不到的问题，提得出别人所想不到的问题，孩子，你太了不起了！"这样的溢美之词，我是发自真心的。

"这真是一个好问题！到底有没有这样的规律，老师也不知道，真的不知道。"我实事求是地表白着，"但是，跟前面几位同学提的问题一样，这些问题的答案究竟是什么，并不重要，重要的是，我们经历了真思考，提出了好问题，这就够了！"

"因为伟人告诉我们——"

课件上打出爱因斯坦的经典名言，学生齐读："提出一个问题往往比解决一个问题更重要。"

"下课！"我满怀喜悦地宣布着。

课后，我难抑激动的心情，第一件事就是马上找草稿本，举几个例子看看孩子所提的问题到底是不是一个规律。在多个例子都呈现出共同的结果后，我又用代数式进行了"证明"，发现这还真是一个规律。（感兴趣的老师不妨一试）

激情投入进行验证之时，教学的感悟已在我心中流淌。我觉得，这段可遇而不可求的难忘经历，给我们开展"学生提问"教学实践又带来了两点有益的启示。

启示之一：好问题，要用耐心去守候。

课堂中要引导学生发现问题、提出问题，这样的理念已经为很多教师所接受和采用。但实际教学中，教师们常常面临这样的无奈：学生所提的问题都很普通，创新求异的好问题很少，甚至没有。

原因是什么？看看常见的教学行为就可知道——大多数教师，启动学生提问环节后，只要有几位学生提出了问题，且问题大多符合预设之时，教师就会适时"鸣金收兵"，结束提问环节。

如此做法，自然难以得到好问题，因为学生一开始提的一定是常人都能想到的普通问题，只有普通问题提完之后，那些视角独特、思维灵活的学生，才会"跳出"常规思路，提出与众不同、创新求异的好问题。然而，很多课堂在此时就结束提问环节了，好问题也就因此失去了提出的机会。

可见，好问题原本就应该藏在最后面的，只有教师对学生有充分的信任，愿意以耐心去等待，那才会得到学生提出好问题的教学机遇。就如上面的故事中，我能遇到那么好的问题，不就是因为最终给了那位男孩提问的机会吗？

看来，要有好问题，教师得有更多的耐心去守候。我们愿给学生机会，学生就会还我们精彩。

启示之二：好问题，要以好材料去引发。

尽可能准确预设学生心中的问题，借助提问材料引导学生提出问题，这是"生问课堂"的基本策略。从上面课例的描述中可知，两种剪法计算容积的课件页面（有图有式），八种剪法的回顾（有八幅图），18分米和12分米两幅图的对比，三次学生提问，就是源自三次提问材料的呈现和刺激。

上述策略，足以让教师们上出特点鲜明、效果良好的"生问课堂"。但是，若想要学生提出好问题，提问材料的设计和呈现，还有很多的研究空间。

以故事中学生最后所提的问题为例。课后，我在想，之前我也多次上过这节课，为什么从来就没有学生往这个方向提问呢？这次的提问，纯属偶然吗？

蓦地，我记起一个细节——那天的课上，因为学生对"最小的剪法"也比较感兴趣，所以在反馈时，我在最小剪法的算式下画了条下划线（见前图），且两次都画线了，而之前上课，我从未在这两个算式上做过标注。

哦，也许最大剪法的两个算式和最小剪法的两个算式，因为各自画了线，就变成了一个强刺激的提问材料，于是引发了那位男孩的关注和思考，萌生出了一个好问题。

由此可见，只有把提问材料设计得更好，更贴合学生的学习心理，更注重呈现的细节，才能激起学生更多的思考，引发更好的问题。

一个难忘的故事，两点粗浅的思考，特此记录，以激励自己和老师们在"生问课堂"的研究之路上更努力地前行。

（本文原刊于《小学数学教师》2023 年第 11 期）

旁人眼中的"生问课堂"

"旁人",指的是谁?是指小学数学教师之外的人士。因为我们倡导的"生问课堂",是在小学数学教学领域的,对此有实践和体验的,一般就是小学数学教师。

那么,非小学数学教师,他们是怎么看待"生问课堂"的呢?

前几日,公众号后台收到一位合肥的初中数学教师的留言(如图),让我有了意想不到的发现。

 今天上课开展了生问 教学片段,效果很好
👍👍👍
10:48

 热烈祝贺!👍👍👍我们要努力在知识的发生发展处,创设合适的材料,引发学生产生深刻的、指向于教学重难点的好问题,并以此把课堂推向探究式学习。😊
11:48

 谢谢,我是合肥的初中老师,上次您来合肥给我们作培训,我老公崇拜您,还向您请教了问题😄🔺🔺🔺
11:52

 我课堂中多次尝试了生问理念,效果都棒棒哒👍👍👍
11:54

 哈哈,我记得了。感谢你们夫妻俩的支持和信任!😊
12:04

 就是那位不是老师的小伙子,说小时候经常有问题想问老师的那位,对吧?😄

这位教师的留言,让我记起了去年暑期的一次培训。那是合肥学院组织的教师培训,原本是请我讲半天的论文写作,但觉得让我讲半天有点浪费资源,问我能不能讲一天,讲两个话题。我想听课对象是初中数学教师,要不就把我们在小学数学中尝试的"生问课堂"作个交流,这也许不算太离题。

想不到效果出奇得好!

讲"生问课堂"时,教师们听课的专注度都非常高,随着我讲课内容的逐步展开，他们的眼睛里都是新奇的目光，很多人都在边听边记边思考，偌大的会场几乎没有走神的教师。我敏锐地体会到，我所讲的之所以能如此吸引初中数学教师，那是因为他们看到了一种完全不同于初中传统教学方式的新理念、新思路——初中的数学教学，由于考试升学的压力，讲授、刷题、追求容量与效率是课堂的主要形式，像这种费时费力的"学生提问"一般是见不到的。

果然，中场休息的时候，一位中年女教师立马来找我交流了。她说："顾老师，您这样的教学方法太好了，我回去也要这么上课。您知不知道我们这里有没有这样的学校和老师？我的孩子在下面一个乡镇上学，我一定要送孩子到这样上课的老师那里学习，因为我们那里都是灌输式的……"

在我与她交流的过程中，一位小伙子主动拿我的茶杯去加水，递回茶杯的时候，我随口问了他一句："谢谢，您是哪个学校的老师啊？"

让我惊诧的事情出现了！

"顾老师，这位不是老师，是我老公。"坐在第一排的一位年轻女教师接话了。

"啊？您不是老师，那怎么来参加教师培训呢？"我很奇怪。

"上午您讲论文写作，讲得特别好，中午回去后我跟老公说起。然后他下午正好有空，就说要一起来听您讲课。"那位女教师解释道。

"是的，我是来蹭课的。但是，刚刚听您讲了要让学生提问后，我觉得您讲得太对了，讲到我心坎上了。"这位小伙子激动地说。

"我小时候，就是一个爱提问的孩子，经常要向老师提问，可是我的老师不喜欢我们提问，所以慢慢地，我也就不问了。要是我小时候的老师用上您的教学方法，我学习肯定更好，发展肯定也比现在好！"他说这个话的时候，笑容是阳光而真诚的……

课间时间有限，交流很简短，却也很"深入"，我非常感动，非常开心——自己的教学研究，不仅能得到专业人士的好评，还能为非专业人士所认可。

后半场的讲课开始，我答谢了这位小伙子以及其他与我交流的老师。课中，大家听课的专注度更高了，很多人都急速地记着笔记，我特别留意了这对坐在第一排的夫妻，他们的听课，是那么认真，那么投入。

讲课结束前，我告知大家，若觉"生问课堂"有意义，日常的教学中可尝试着做一做，也许会让自己的课堂发生喜人变化，也许会让自己爱上教学研究。

……

我的思绪回到那位教师的留言，仔细一看，她居然还给我发来了一张板书照片，那是她这节课的整体结构，漂亮字迹之外，"生问引学"的痕迹清晰可见。从她的留言中还可知道，这不是她偶尔的尝试，她已经经常性地在开展"生问课堂"了。

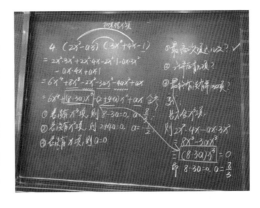

看着留言，看着板书，我很是感慨，想不到时间已过去半年多，当时的讲课会以这样的形式"回馈"于我。尽管在我的公众号上，也有不少初中教师或其他学科教师留言认同"生问课堂"，但真正在开展尝试，并且积累了经验的，具体情况我未能知晓，这也是我第一次看到一位非小学数学教师如此投入地跟进这项教学研究。

初中的数学教师认同"生问课堂"，不是教师的人士也认同"生问课堂"，原来，在这些"旁人"的眼中，"生问课堂"是这么有意义的事呢！

是的，学中问，问中学，无论是大人还是孩子，无论是在从前还是现在，无论是初中还是小学，无论是数学还是其他，只要是教与学，这不都是一个最基本的理念或方法吗？"生问课堂"，当然能引起大家的共鸣。

偶然的故事，唤醒了我的回忆，激发了我的热情，增长了我的信心。我相信，在关心、认可"生问课堂"众多人士的共同努力下，"生问课堂"的研究一定会越来越美好。我，定当为此而竭尽所能，奋力前行！

（本文原刊于《小学数学教师》2023 年第 5 期）

学生之疑，不可忽视

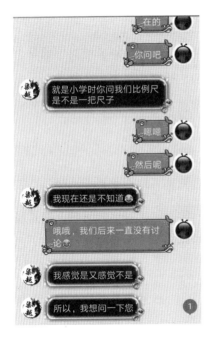

前天晚上，时间已不早，突然接到团队成员俞亚老师发来的微信，里面有张聊天截图。她很激动地告诉我，刚才一位已经毕业的学生加她QQ，特地要问她一个小学学习时留下的问题。

我看后，比俞亚老师更激动，马上回复了一句话——经典故事，可见"学生提问"的教研价值！

读者也许不明白我们为什么如此激动，那就先让我介绍这个故事的背景吧！

这是上学期我们团队曾经研究过的一节课"比例尺"。之所以选这节课，是因为我们觉得学生看到"比例尺"这个名词，可能就会有很多的疑问，而这些疑问，会激发学习兴趣，直击概念含义。

为了验证我们的猜想，我们开展了前测。果然，因为对"比例尺"的陌生和好奇，学生们提出了丰富而有趣的问题：比例尺是什么？比例尺是一把尺吗？这把尺怎么用？比例尺是用来量什么的？比例尺跟比、比例有什么关系？……

于是，我们当时有个设想：这节课，在课始组织学生提问，归纳问题为"比例尺是什么，有什么用"，以此推进课堂。团队成员吴培钢老师按照这个设想进行了试教，俞亚老师正是听第一次试教的成员之一。估计是她看到了此处的学生提问很有意思，所以后来在自己班上这节课时，也引导学生进行了提问。想必她班里也有学生提出了"比例尺是不是一把尺"的问题，但当时她没能解释，而把问题抛回给了学生。学生未能释疑，于是进入了中学，却还心心挂念……

看到此处，读者一定明白了我们激动的原因了吧！

俞老师的激动，正如她与我后续聊天中吐露的心声——做老师真的疏忽不得，以后一定要把学生的问题释疑清楚，不然会让孩子们惦记很久很久。

而我的激动，那是因为我由此更加坚信"学生提问，以问引学"的教研价值，更加深刻地感受到在这条路上我们尚需付出的艰辛探索！

为什么这么说呢？

因为上面的故事很好阐释了这样的道理：有问题是学生的天性，面对一个学习内容，每个学生都会提出各种各样的问题；学生自己提出的问题，尤其是关键的共性的问题，学生最想弄明白，教学应当扣住学生的问题，帮助学生释疑解惑。

这样的道理，正是我们"学生提问，以问引学"教学研究的核心理念和基本思路。基于这样的理念和思路，我们开展了一年多的实践，但不知不觉间，我们的意识有所淡化，信心有所下降。此时，这位学生的真诚提问，就好比是给我们的研究扎上了一支"强心针"——聚焦真问题，解决真疑问，其价值毋庸置疑。

这位学生的提问，还如一把锋利的割刀，割开了我们这个研究光鲜的表面，将我们内在的薄弱与缺陷，毫不留情地暴露了出来。

　　比如"比例尺"的磨课，我们原本想的是扣住这个"尺"字来做些创新求变，然而磨着磨着，感觉到"此路不通"，于是慢慢地"偏离方向"，直至"彻底丢弃"。我们自以为也磨出了一节挺有新意的"比例尺"，在大型教研活动中进行了展示（也获得了好评），还撰写好了一篇课例正待投稿……然而，当这位毕业后的学生，还要执著地问他的小学老师"比例尺到底是不是一把尺子"时，我们的"磨课成果"瞬间被击得粉碎！——学生的真问题没能解决，怎能说是成功的课？

　　我压下了即将投送的稿件，将"比、比例、尺"塞回自己的头脑，并郑重地告诉团队成员"这节课明年还需重上"；我也深深地警醒着自己，真问题，真课堂，需要我们更多的探索，更深的研究。

　　一位不知名的学生，带给我深刻的启示，故特记之，谨以自诫自勉。

（本文原刊于《小学数学教师》2020 年第 S01 期）

吹响"提问研究"的前进号角

品析齐华的"我有问题吗"一课，也许是冥冥之中注定的事。

那天还是寒假期间，我约了课题组几位核心成员，正开展一次"好问题具有怎样的特征"的研讨。研讨正酣，齐华的微信来了。

"老兄，在干啥，方便联系？"

"不空呢，正研讨'好问题'，结束后我联系你吧。"

"找你正为此事，知道你们在研究，给你提供一篇研讨的材料。"

一句卖关子式的话，使我几乎不能静下心来组织后续的研讨，心里一直挂念着他到底要给我看什么材料。终于等到会议结束，一通电话，明白了原来是要请我为他的"我有问题吗"写评析，当时，我心里最大的感受就是一个字——巧！

待到细细读完他这节课的实录后，我的这种感受更加强烈了——关于学生提问能力培养这件事，我们的认识是一致的，探索是相似的，他的研究带给了我很多的动力和启示。我压制不住自己澎湃的心情，立马动笔，写下我最真的理解和感悟。

在我看来，齐华的这节课是一节极有意义的课，是一节非常成功的课。课的特点，主要体现在以下三个方面：

一、教学理念是领先的

众所周知，学生提问能力培养这件事，正式进入小学数学教学的视域，那是 2011 年之后的事。《义务教育数学课程标准（2011 年版）》，在课程的总目标"问题解决"部分中提出，要引导学生"初步学会从数学的角度发现问题和提出问题"。这是"发现问题、提出问题"首次作为一种能力在教学纲领性的文件中被提出，不仅如此，这种能力还上升到和"分析问题、解决问题"一样重要的地位，"四能"这个名词就是由此而产生的。

尽管 2011 年起有了"发现问题、提出问题"的教学要求，但是这个要求的落地生根，显然不可能像嘴上念叨一下那么容易。广大的一线教师，在"分析问题、解决问题"尚未研究透彻的时候，根本无心去顾及这两个新的能力，更别提在日常教学中去尝试和落实了。哪怕时至 2020 年的今日，能体现提问能力培养的课堂，依旧极其少见，对提问能力培养开展专题研究的团队，也是屈指可数。

老师们裹足不前之时，正是名师的胆识和担当展现之时。齐华的"我有问题吗"，备在 2014 年，时间不可谓不早，勇气不可谓不大！更让人叹服的是，早在当时，齐华就已经有如下的目标定位——如何让我们的课堂能够产生问题，并引导我们的学生在学习过程中尝试着学习如何发现问题、提出问题。"让课堂产生问题，引导学生发现问题、提出问题"，这样的目标定位，立意是高远的，理念是领先的。

我相信，齐华如此的积极探索和大胆尝试，必定缘于他对培养学生发现问题、提出问题能力重要意义的深度洞悉，而这却正是我们很多一线教师未能充分意识和领会的。借此机会，我想把对此事的认识与老师们作个交流。

有问题，会提问，从古至今都是广受重视的一种学习方法和学习能力。孔子说"敏而好学，不耻下问"，陶行知先生说"做学问就是要学要问"，李政道先生说"求学问，需学问，只学答，非学问"，等等名言都是其重要性的绝佳注解。然而，近几十年来，我们的教学，对学生提问能力的培养不够重视，课堂上教师给学生提问的机会极少。学生也因长期缺少锻炼，从而意识淡薄，能力缺乏。据资料表明，在我国，从小学到高中，课堂上能主动提问的学生，小学生占 13.8%，初中生占 5.7%，高中生仅占 2.9%。这是相当可怕的现象——学习时没问题，不想问，这还是学习吗？这样的学习还能促进人思维的发展吗？

在这样的现状下，课标将发现问题和提出问题作为课程的目标提出，无疑具有重要的现实意义。但是，相比之下，把发现问题和提出问题指向于学生创新意识的培养，则显现出了更为深远的新时代数学教育的战略意义。

我们都有体会，能提得出问题，提得出深刻、特别的好问题，需要的是批判性思维和创造性思维，而这些思维，正是创新型人才必须具备的关键能力（齐华文中所讲的牛顿、瓦特等都是经典例子）。我们国家的进一步发展，最需要的就是具备这些能力的大量创新型人才。这样的能力从何而来？饱含了思维训练价值的数学课程，理应责无旁贷地挑起这个历史的重任。只有站在这样的高度，我们才能理解课标的良苦用心，才能理解"学生自己发现问题和提出问题是创新的基础""培养学生的问题意识是培养学生创新意识的好办法"等语句的深邃含义。

以上这些，齐华一定是了然于胸，并有深度认同的，所以他才会在大家畏惧抵触之时，毅然启动对发现问题、提出问题的实践探索，这彰显了齐华领先的教育理念和科研视角。更让人佩服的是，他所备的课"我有问题吗"，居然直接选择了一个难中之难的话题——提问课，这又是一种领先。要知道，提问有什么技巧，怎样的问题才是好问题，等等专门训练提问能力的课堂，当时国内几乎没有这方面的研究。

二、教学探索是成功的

仔细阅读齐华的课堂实录，努力想象当时的课堂场景，对照我自己实践中的一些体会，我觉得这节五六年前的课，其整体思路、过程推进、材料设计、细节处理、方法运用等各个方面，亮点多多，精彩频频，能给人以很多有益的启示。

先说说课的结构吧。四个板块，"提出问题很重要—我能提出问题吗—我能提出数学问题吗—每个人都能提出数学问题"，环节目标精准，前后逻辑清晰，这是齐华课堂一贯的风格。这种课堂设计的整体性、简洁性、清晰性，是值得每一位数学教师学习的。

更为重要的是，这个过程非常契合学生的学习心理：先认同提问的重要性，心里愿意提问—在初步的尝试中，发现自己能提问—在具体的数学情境中，感受到问题可以很多—积极主动地开始提问，打开思路，涌现问题。

上述过程的设计及推进，我极为赞同，因为我在实践中深深地体会到，要想让学生在课堂上积极主动地提问，必须要让他们有"认同感""安全感""成功感"，不然，绝少有学生愿意去做这种"有风险"的事。而齐华的上述过程，似乎就是基于这样的考虑，所以采用循序渐进的方法，鼓励、帮助、引导学生走上提问的阳光大道。这样的过程设计，显然是科学合理的。

再来看看齐华课中学习材料的设计。我把能引发学生提问的学习材料称之为引问材料，我认为，引问材料是引发学生提问的关键元素，它决定着学生提问的方向、数量和深度，直接影响着课堂的效果。所以，好的引问材料，需要教师用心研发，精心设计。齐华课中的引问材料，显然又是他智慧的产物，三个鲜明的特色显露无遗：朴素、巧妙、可生长。

说其朴素，我们一看就能感受到。

　　材料一：

16÷27=0.592592……

15÷13=1.153846153846……

69÷45=1.5333……

材料二：

把 1、2、3、4、5 五个数填入方框，怎样填乘积最大？

□□□ × □□

　　三道除法算式作为引问材料，一道填数题目作为引问材料，还有比这样更简单更朴素的引问材料吗？这样的材料设计，一定会带给老师们深深的启发——材料无需高大上，不求精奇美，可否慧眼识材，能否用心雕琢，那才是着力的方向。

　　说到用心雕琢，我们就来看看这两个材料的巧妙之处吧。

　　以材料一为例，三道除法算式，15÷13 被除数除数数值最小，得数最复杂，69÷45 被除数除数数值最大，得数却最简单。这种反差，就会给学生带来想象与现实的反差，有反差就会引发思考，有思考就会产生疑问。再看三个得数，一个混循环，两个纯循环，循环节分别为 3 位、6 位、1 位，丰富的情况，容易让学生产生丰富的联想，问题自然也就有更多的生成机会……

　　于是，当齐华提出"你有没有什么新的问题时"，学生的提问应声而起，丰富多彩。

　　生：为什么三个除数中 13 最小，但商的循环节却最长呢？

　　生：这三道题的商，循环节分别为 3 位、6 位和 1 位。有没有商的循环节是 2 位、4 位或 5 位的？

生：我知道 1÷7 的商的循环节也是 6 位，有没有哪些除法算式，商的循环节更多的？

生：我的问题是，为什么前面两道算式，商是纯循环小数，而最后一道算式的商是混循环小数？

生：那么，什么情况下商是纯循环小数，什么情况下商是混循环小数？

……

学生绽放的思维，课堂热烈的气氛，是对齐华用心雕琢引问材料的最好回馈！

上述两个引问材料"可生长"的特点，不知老师们是否意识到了。以材料二为例，若您细读其教学推进过程，就一定会对这个材料能不断触发出新的思考、不断生长出新的问题而大声叫好。

怎样填乘积最大？经过充分的展示和交流，最大的算式得出来了。此时，没能得到正确算式的学生，就水到渠成地生长出了第二拨问题：为什么另外的算式乘积都要比它的小？这到底有什么奥秘？这些问题，激发了更多学生的提问热情，第三拨问题由此产生：改成 2、3、4、5、6 会怎么样？五个数字里有一个 0，规律还成立吗？五个数字中出现两个相同的数字，如何找出乘积最大的算式？还是 1、2、3、4、5 这五个数字，怎么填乘积最小？……

一拨又一拨的问题，缘何能如滔滔江水一样连绵不绝，齐华给出的材料"把 1、2、3、4、5 五个数填入方框，怎样填乘积最大"，变式方向多，拓展空间大，一旦大胆放手让学生提问，问题自然就能不断生长，层出不穷。

说实在的，齐华课中的这两个材料是我见到过的最好的引问材料之一，这足以证明他在学生提问能力培养的一些关键点上，已经有了自己独到的思考和深入的研究，他的研究视点是精准的，实践探索是成功的。

这种成功还体现在他引导学生提问时方法技巧的运用上，尤其是语言的引导策略上。以下语言，老师们可细细体会一下。

"看看，提出一个问题多重要啊！"

"看来，只要善于观察、分析、思考，每位同学都能提出属于自己的问题。"

"真好！没关系，只要有问题，提出来，我们都可以慢慢探索。"

这些都是激发学生提问勇气的语言。

"这位同学的问题显然受前一位同学的启发，思考也更深入了。真好！"

"又是一个全新的角度。我相信，受此启发，应该还会诞生更多新问题！"

"有人说，问题是可以相互传染的。认真倾听别人的问题，再结合自己的困惑进行思考，你还可以触类旁通，发现更多的问题呢！"

这些则是启发学生提问方法的语言。

在学生提问的课堂中，如上语言的引导，其重要性，相信大家都能理解。也许老师们学不到齐华那么强的语言表达，但他在此点上所作的示范和传递的信息，老师们是可学可信的。

三、教学效果是显见的

一堂课教学效果如何，最重要的是要看学生的课堂表现及能力增值。齐华的这节课，一如他以往的课那样，充分激活了学生的热情，有效发展了学生的能力。

学生在课堂上的思维绽放和激情参与，从课堂实录中老师们都能深刻体会到，在此我不作添足之议。我觉得，通过这节课的学习，学生在"提问能力"上的明显进步，那才是更令人激动更值得剖析的事情。

学生的提问能力如何评价？根据我的研究，或许可以从提问的敏捷度、表达的清晰度、方向的发散度、思维的深刻度等层面进行评判。简单地说，以下行为的较好展现，就能说明学生有较好的提问能力：面对引问材料，能较快地提出问题；问题的表达准确、完整、清晰；提出的问题数量多，类型多；能提出与众不同、深刻特别的问题。

依据这些元素，再来对照齐华的课堂实录，想必老师们都能感受到学生通过这节课的学习，在提问能力上的明显增长吧。以下是课末段时的一些师生对话和课堂场景，让我们对照上述能力评价元素，细细阅读，用心来体会一下学生在此时的火热状态。

生：刚才大家都在讨论数字的变化，我想倒过来提一个问题，如果还是1、2、3、4、5这五个数字，怎么填最后的乘积会最小呢？

师：好！你研究最大，我反其道而行之，探索最小，新的问题不又诞生了吗？

生：我也有这个困惑，而且我还想问，是不是只要将刚才乘积最大的算式中的1和5对调、2和4对调，3不动，最后的乘积就是最小的了？

师：嗯，有意思。坦率说，我也不知道你的猜想对不对。怎么办呢？

生：一会儿我用计算器来探索探索。

生：刚才五个数字，要求写出三位数乘两位数的算式，如果写成四位数乘一位数，怎样写乘积最大呢？

师：真好！又是一个全新的角度。我相信，受此启发，应该还会诞生更多新问题！

生：既然这样，我想问一问，如果不是五个数字，而是 4 个或 6 个，而且要求分成两位数乘两位数，或三位数乘三位数，怎样填乘积最大呢？

生：如果还是 1、2、3、4、5，我把算式中的乘号改成除号，怎么填商会最大呢？怎么填，商又会最小呢？

生：既然这样，我还可以把乘号改成加号或减号啊，怎么填和最大？怎么填差最大呢？

诚如齐华在文中所言："到目前为止，同学们大脑中问题的闸门已经完全打开。大家相互碰撞、启发、对话，越来越多的问题已经滚滚而来。"是的，这就是学生提问能力提升的最好证明。一节课，能得此收获，其效果已毋庸多言。

这节课，虽然没有现场听到，但是通过文字传递的信息，我依然感受到了课堂的丰厚内涵和齐华的过人智慧。作为也在尝试研究"提问能力"培养的我，相比其他老师，对这样的课堂的确会有更多的亲切感和认同感。但是，也正因为我带领团队在步履维艰地做着这样的研究，我才会更真切地感受到，2014年的齐华，能迎难而上地作这样的探索，那是多么了不起的事。令人欣慰的是，正是由于有像齐华那样的一批名师，勇敢地吹响了"提问研究"的前进号角，才让众多老师投身于数学教育改革的大军，才有我们今天亮丽夺目的数学教育之美景。

品味齐华精彩课堂之余，老师们可能会有一些困惑：若是没有齐华的能力，如何设计、实践这样的提问课？学生的提问能力一定要以这种提问课的形式去培养？这样的困惑不必有！在我看来，只要认可"发现问题、提出问题"的重要意义，那么我们都会以自己的聪明才智去开展实践与研究——借助教材常规内容，深入挖掘提问元素，课堂上放大做强；设计提问激励机制，在课堂内外开展丰富的提问活动；改革教学评价方式，引导学生更加积极主动地提出问题；等等。唯有百花齐放，方能春色满园，更多的探索，更多的经验，定会让"提问研究"的明天更加美好！

（原文收于《奠基学力　为学赋能——张齐华为学习力而教数学课堂10例》，开明出版社，2021）

第四辑

观课品课

　　上课、听课，是教师们最习以为常的教学研究活动。听课时，该以怎样的视角去观察教师、观察学生，怎么记录，怎么思考？评课时，该从哪些维度去分析课堂、分析得失，怎么评价，怎么交流？听课、评课的心得，可以怎样提炼，怎样用文字的方式积累下来？

教学手段朴素些亦无妨

依托先进的电教设备，采用新颖的教学手段，已越来越成为课堂的典型特征。如今，不仅信息素养高超的年轻教师喜欢这样上课，就连很多年长的教师，也慢慢地被"同化"了。

教学手段能与时俱进，是件好事，但也需要辩证地审视。前几日听到几节课，教师运用的教学手段都很新颖，但我隐约觉得，有些教学手段意义并不大，甚至还起反作用。

这是一节二年级的计算课。课始，教师运用教学软件（后来我才知道这是某品牌的一体机自带的），让学生玩一个口算游戏。游戏是"双打"式的（如下图所示）——两位学生站在一体机面前，口算题目从上往下快速地"掉下来"，学生看到哪道题目的答案是对的，就要立即点击它，最后根据答对题目的多少比较出胜负。

比赛开始了，软件自带的快节奏音乐，撩人心魄，下面观战学生的嘈杂声，乱人心绪。两位学生显然有点不习惯，一轮下来，共约十几道题目，一位学生答对 3 题答错 1 题，一位学生答对 4 题答错 3 题，两人还各有好多题目没来得及答。

第二轮，换两位学生参与，结果相似，而课堂气氛更加"热烈"。

教师宣布"游戏到此结束"，情绪高亢的学生们有点依依不舍……

不知有多少读者教师在课堂上组织学生玩过这个游戏？不知道你们是否也这样组织学生玩？

我个人觉得，如果老师们也是用这个教学软件、采用上述方式开展口算练习，那实在是意义不大。

为什么这么说？

一是效益低。如上过程，只有四位学生真正练到了，其他的学生基本上都在看热闹（虽然教师要求他们也要口算，但是算了没有，正确与否，根本无法把控，无从得知）。5分钟的时间，却是如此小的参与面，教学的效益太低了。

二是质量差。参与练习的四位学生，因为氛围所迫（快节奏音乐和他人嘈杂声），他们心神不宁，难以静心地进行口算，所以练习效果很差——正确率极低就是明证。又因为学生站在一体机下面，眼睛紧贴屏幕，他们视线所能看到的就是掉到最下面的口算题（设计游戏的人一定没设身处地地想过这场景），观察仓促，思考慌乱，学习过程没什么质量。

另外，屏幕上过小的文字影响其他学生的视力，电子游戏形式对学生产生的不当"诱导"，等等弊端，就不再详述了。

问题的根源，就在这个新颖的教学手段上——花哨有余，实效欠缺。

有经验的教师也一定已经联想到了某种可以替代它的传统教学手段。

对，口算卡片！

试想之，如果这些题目，我们做成口算卡片（卡纸或磁贴，白粉笔手写），大一点，任意叠放。在课堂上，面向全体学生，逐张呈现，可让学生每人记录答案，也可让学生举手口头回答。材料简单，随写随用，可反复使用，可任意更改；呈现时，时长可灵活控制，甚至可以停下来分析讲解……这样的形式，效果比那个电脑游戏强了很多。

这种历经实践检验过的传统教学手段,有何不好,为何不用?

如果实在觉得手段太过传统,浪费了教室里的先进设备,那么,最简单地用上 PPT,做成一道道大而清晰的口算题,课堂上边单击边播放,效果也比前面的电脑游戏好。如下面的课件截图(逐题出现,可有多屏),很朴素,很实用。

使用游戏软件开展教学,估计教师也只是偶尔为之,我们也许不必太过在意,但另一节高年级的分数应用题的课,则让我对新颖教学手段的使用产生了真正的担忧。

这节课是"稍复杂的分数解决问题"(如下图),教学重点之一,就是要让学生学会画线段图来分析分数乘法应用题(学生是第一次正式学习这类线段图)。

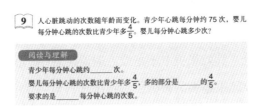

教师呈现情境,学生读懂信息后,引导学生运用线段图分析题目就开始了。让人想不到的是,线段图居然是教师借助一个制作好的课件逐步呈现的,包括已知的信息和要求的问题,如单位"1"的线段,平均的份数,比单位"1"长的部分,等等。总之,结合师生的对话,教师运用课件把线段图形成的全部过程有序演示完毕。

教过六年级的教师都知道,教会学生把一道分数应用题转化为一个正确的线段图，能借助线段图来直观地呈现和分析题中的数量关系，那是分数应用题教学中非常重要的目标（尤其是复杂的分数应用题）。具体地讲，就是学生要会找单位"1"，会画一条线段来表示（并在线段前面标注内容，在上面标注"1"，在下面标注具体量——已知或未知）；然后找得到和它比较的量（还涉及部总关系和并列关系，本题为并列关系），把它画得和单位"1"一样长，然后根据是比单位"1"多或少，再增长或减短线段；最后，还要把多或少的部分，在线段上面标注相应的分率，在比较量下面标注已知或未知的量。（如下图）

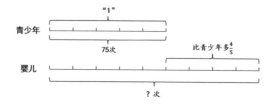

一句话，画这个线段图是一项很不容易的技能。

根据我的经验，教这个技能，可以利用黑板，在引导学生思考或讨论的过程中，一步一步地现场示范完整的画法，尤其对上文所讲的各个细节作必要的说明或强调。在此过程中，学生看得真真切切，明明白白，他们会印象深刻，愿意模仿，在自己尝试时（或修改已有尝试时），才能画对学会。

板书的现场示范，其效果根本不是放一遍课件所能比拟的。

遗憾的是，如今越来越多的教师，都在淡化乃至丢弃板书，而自愿被课件所牢牢束缚。

通过以上两个例子，我想表达如下的个人观点：

1. 课堂教学的有效与否，与教学手段的"新颖"程度，并无本质关联。有时候，过于追求教学手段的"新颖"，反而会影响教学的实际效果。

2. 传统的教学手段，如卡片、板书、板贴、实物教具、学具、学习单等，绝不过时，只要有利于教，有利于学，我们都可以且应该在课堂上积极大胆地使用。

3. 教学手段简单、朴素，却能灵活运用，用出效果，绽放内涵，更能显现出教师的教学理念与能力。

听课偶感，分析粗浅，一家之言，仅和老师们探讨。

（本文原刊于《小学数学教师》2022 年第 10 期）

投影展示须"大、高、正"

近期的听课，课后与执教教师交流，在交流了知识内涵挖掘、教学设计改进等要点之后，我常常还会很郑重地对教师提出一个建议——实物投影展示请尽量做到"大、高、正"。

向教师反馈这样的小事，似有轻重不分之嫌。但是，根据我的听课体验，这件事看似很小，却显著地影响着教学效果，影响着学生的身心健康。

如果您觉得这危言耸听，那就请想象和思考下面一些现象。

现象一：投影内容太小。因为投影时放大比例不够，或是同时投影多幅图，造成画面极小，坐在后排的学生看起来吃力，甚至根本看不清，常年坐在教室后方听课的我感受尤深。

现象二：投影内容太低。所投的内容处于屏幕下半部分，后排学生观看时常被前排学生挡住；如果有学生上台讲解，稍不注意身体就会遮挡投影内容，导致部分学生根本看不见所投为何物。

现象三：投影内容歪斜。教师放置（拍摄）学生作品时，没有放正，导致屏幕上的内容左右歪斜（一般是左低右高），学生观看时，也不得不随之歪着头，既累还阅读不畅。

 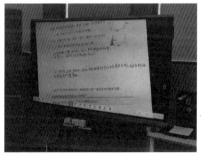

上述现象无疑是影响教学效果的——观察不到位，会影响学生的理解、思考和分析，最终影响学习效果。即使投影内容编排得再精巧，借助投影内容的交流、讲解环节设计得再精心，学生看不清、看不见或看不明白，也难有成效。

上述现象，还会直接或间接地影响学生的身心健康。如，学生看起来吃力，总是要眯着眼睛费力地看，视力会越来越差（众所周知，小学生的近视情况已足够严重）；学生因看不清投影内容，不知台上师生所云，学习兴趣和参与度就会下降，甚至产生厌学心理。

以上分析，想必您不会太反对，但您可能会想：这些现象只是个例吧？不，从我所听到的课来看这是较普遍的现象，很多教师都会在不经意间出现这样的问题。

那么，究竟是什么原因导致这些现象频发而教师却并不自知呢？

教师缺少换位思考的意识，可能是最重要的原因。想象一下，当课堂上在进行实物投影展示时，教师一般站在哪里？大概率是在屏幕两侧的位置。因为在那里，教师才可以点着屏幕上的内容与学生交流，或者是引导学生在屏幕前进行介绍。所以，教师是整个班级中距离屏幕最近、位置最灵活、最没有遮挡的那个人，即使不把内容放大、放高、摆正，也能看得清清楚楚。但教师忽略了学生的"权限"——只能在自己的座位上，以固定不变的距离和微小可调的角度（脖子的伸缩摇摆）来观察屏幕。

因此，我以下的观点，常能得到执教教师的接纳：教师绝对不能以自己的视觉体验来替代学生，一定要换位思考，要把自己想象成坐在最后一排的学生，并以此为标准来设置投影内容的大小和高低。（说句玩笑话——教师若坐在教室后面听上一天课，就一定会站在学生的角度考虑投影的大小或课件字号了）

读到此处，想必您对此事已经引起了重视，在以后自己的教学中，或在和其他教师的交流中，会更加关注投影展示这件事了。为了让教师们做得更好，我借用三个字来让大家加深印象：

一是"大"。投影内容越大，越利于学生观察，要尽可能把屏幕用足，即让所投内容撑满屏幕（尤其是宽度）；尽量不要把多幅图同时呈现。有些教师反映，投影内容过宽时就不能放得很大。提供一个窍门——投影内容选宽度小一点的，或准备学习单时，把宽度设置得小一点，这样就便于投影时放大内容了。

二是"高"。投影内容要尽可能地处于屏幕的中间或靠上区域，这样就能把对全班学生视线的遮挡度降到最低。有教师反映投影内容太高，低年级小朋友到屏幕前讲解时点击不到，高年级同学到屏幕面前时还是会遮挡。这个问题很容易解决——伸缩教鞭、触控教鞭用起来，或者让学生侧身讲解。（事实上，这也是教师教学的基本技巧）

三是"正"。教师要意识到，内容放得正，既美观又便于学生观察，还是自己做事精细度的体现。若是学生自己上台放置作品比较随意、不会调整，导致内容不正，这时教师就该有意识地去帮助学生摆正作品，调节高度和大小。教师在平时设置投影时，也应给学生做出好的示范。另外，学生在操作展台上的作品时，常常不小心让作品倾斜或失位，教师要有心，随时注意调整位置。

在这里我呈现一个我指导过的投影展示场景（下图），读者可对应上述三点看一看，这样的投影展示是否符合我以上所讲。

投影展示怎么处理，对于一节课来说，的确可算细枝末节的事了，但我却要以这样正式的方式来进行分析并提出详尽的建议，这是为何呢？

这是因为一节课的教学效果取决于课堂中每一个因素的高质量呈现！

这是因为教师的工作不仅仅是传递知识，关心、爱护学生更是应尽职责！

因此，投影展示须"大、高、正"，务请每一位教师引起重视。

（本文原刊于《小学数学教师》2023 年第 9 期）

过程多一步，效果好一分

近日，组织一项教学评比，上课教师提前 2 小时备课，然后马上现场上课。这样的形式很考验教师的功底，尤其是教学的理念、教学设计能力以及课堂调控能力。

有一位教师执教的"小数除法解决问题"，课中在三个关键点上的教学处理，使得学生深刻理解了原理，牢固掌握了方法。其设计及效果让我印象颇深，值得写下来和大家分享。

例 1 是按教材情境出题的（如图）。教师引导学生读懂信息、明确问题后，就放手让学生自己尝试解答。

（1）妈妈要将 2.5 kg 香油分装在一些玻璃瓶里，需要准备几个瓶子？

每个瓶子最多可装 0.4 kg。

组织反馈。生 1 说是 2.5÷0.4=6.25（个），很多学生说"不对，瓶子个数不能是小数的"。于是，生 2 展示了 2.5÷0.4=6.25≈6（个），并介绍了"四舍五入法"。（注：之前刚刚学过用"四舍五入法"取商的近似数）但是，还有部分学生说"不对"，提出"应该再写一步，6+1=7（个），因为 6 个瓶子不够"。

有些学生理解了，在"嗯嗯"声中频频点头，但也有不少学生还似懂非懂，有点茫然。按常规教法，此时可让已懂的学生进一步解释，或者是由教师进行分析讲解，引导全体学生理解为什么商还要加1。然而，上课教师的教学处理却并非如此。

"到底是不是需要7个瓶子？为什么？请把你的想法写下来或画下来。"教师跟进布置了一个探究式的学习任务。

学生很有兴趣，纷纷动手探究。一会儿，精彩来了。

画直观图的学生有不少。图画得很不错，意思更是明明白白。

画线段图的学生也有。清晰的数量关系，加1的道理不言自明。

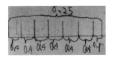 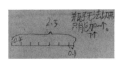

还有画图再用算式表达的学生。0.4×6=2.4（kg），2.5-2.4=0.1（kg），乘法"反证"6+1需要7个，同样清清楚楚。

学生丰富的想法及其展示与交流，商还要加1的原理深深地烙进了他们的心里。基于此，教师板书规范的算式表达，得出"进一法"，水到渠成。

只是多了一小步过程，学习的效果却非常明显。

对教学例2（如图），教师同样有如上独具匠心的过程增设。

（2）王阿姨用一根25 m长的红丝带包装礼盒。
每个礼盒要用1.5 m长的丝带，这些红丝
带可以包装多少个礼盒？

学生在尝试后，得出 25 ÷ 1.5=16.6（6 循环）≈16（个）。因为受上一题的经验影响，学生做题时有了更多的思考，所以做对的学生很多，反馈时道理讲得也不错。但教师却并不就此而过，他又适时跟了一个过程——一幅线段图，课件动画演示，让学生静静观看。看过之后，请学生再说一说为什么这次不再加 1 了。

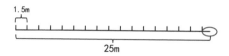

数量关系直观明了，学生印象深刻，表达到位，理解深刻。这个两分钟的小过程，与例 1 相比，教与学的方式变了，但效果却没变。

第三次的过程多一步，放在了练习环节。

学生先做了两道练习题，通过反馈与交流，再次体验到了在不同的情境中，有时要用"进一法"，有时要用"去尾法"（笔者注：若多一题不进一也不去尾的，更佳）。看学生的解题表现，他们似乎都已很好地掌握了这两种方法，按常理，新课教学可以结束了。但是，教师却在此处又增设了一个教学过程——学生自己编题。

"自己编一道题目，考考你的同桌，看看是要用去尾法还是进一法？"

开放的、有挑战性的学习任务，又是合作式学习，学生的积极性一下子就被激发出来了。出题、思考、回答、争辩、嬉笑，课堂上气氛热烈，思维迸发，学生对知识的理解与应用，由此再上台阶。

陈阿姨去买母鸡生鸡蛋，她一共要买15只母鸡，已知一个篮子能装2只母鸡，那么要几个篮子才能装完？
15÷2=7.5(个)≈8个
需要8个篮子。

妈妈买了5千克番茄给厨师，做一碗番茄炒蛋需0.4千克番茄，能烧几碗？
5÷0.4=12.5≈12碗
答能烧12碗。

一节 2 小时备出来的课，不可能也不应该苛求有多么的精致，或有多大的创新，但这样的课，在我看来，已是很有特点、很有成效的数学课了。之所以这么说，那是因为这节课中，教师围绕着教学的重难点，多次以简约而巧妙的过程跟进，促使学生有效地、深刻地理解了知识。

倘若以此来比照很多日常的数学课，我们是否会发现，在教学重难点展开之时，很多教师往往走得太快，走得太急，课堂少了一些停驻，少了一些深入。而正是这些过程的缺少，不仅会使学生对知识的理解浮于表面，也会使学生失去深入探究、发散思维、提升能力的机会。

所以，笔者听课时，在笔记本上有感而发地记了一句话："学习不可浅尝辄止，多一步过程，深一分理解，增一份能力。"

后记：第一个例题，学生在画图时，我注意到一些学生有如下的想法（多 0.25 千克，如图）。学生为什么会有这样的想法？教师要不要应对？在上述课例中，教师借助正确方法的呈现和分析，顺势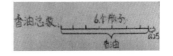"解决"了这种错误的认识。但是，可否再加个过程，引导学生讨论一下错误认识的来源，深入理解算式中的答案 6.25，究竟是什么含义，该怎么处理？

倘若能这样，课堂是否会更显生本、更具深度呢？

（本文原刊于《小学数学教师》2022 年第 4 期）

细节更到位，教学更有效

又一天听课。一位教学经验丰富的骨干教师上课，内容是三年级上册"口算两位数减两位数"。课的目标精准，板块清晰，组织到位，很多环节给我留下了深刻印象。

比如，情境引出算式 56-45 后，学生都知道答案是 11，教师却不急于让学生口答算法，而是安排了四个精巧的任务，思考性、探究味扑面而来。

1. 想一想：你是怎么算的？

2. 写一写：把想法在练习本上写下来。

3. 说一说：与同桌交流你的想法。

4. 比一比：与同学们的方法进行比较。

更值得点赞的是，在"写一写"环节，教师及时提醒学生"有了一种方法后，再写写其他方法"。如此，在学生充分思考、积累多种方法后，再组织开展"说一说"的活动，节奏合理，成效明显。

然而，就在教师展示学生的多种方法，意欲引导学生"比一比"时，却因细节处理略有疏忽，而影响了既定目标的达成。

该环节是这样展开的：教师有目的地选择了最典型的方法（十位、个位上的数分别相减，再相加）进行展示，先展台呈现，再结合其他学生的复述，将其转抄到黑板上（下图）。

随后，教师请有不同方法的学生进行展示，第二种方法顺势得出。在板书时，教师不仅在图中连线示意，还用横式记录下了计算步骤（下图）。

紧接着是展示第三种方法，即先算 56−5，再用 51−40。但此时因黑板上写不下了，仓促间教师直接在第二种方法的图中换红色粉笔连线示意，同时把横式写在了原横式的下方（下图）。

进入互动交流环节。教师问："比较一下这三种方法，你觉得哪一种方法最简便？"看到学生难作取舍，教师追问："你最喜欢哪一种？"

很多学生举手。有学生回答："我喜欢第一种方法。"理由是"跟笔算方法一样"，其他学生纷纷附和。

教师心里清楚，课的方向应该引向第二种方法，于是进一步提示："有不一样的想法吗？谁能大胆地表达自己的观点？"

终于有学生说出喜欢第二种方法，应和的学生却并不多。

为了达成既定目标，引导学生感受第二种方法的优越性，教师无奈只能自己讲解。然而，学生们并不是很认同。

课到此处，我在笔记本上写下一个词——细节，细节！

在我看来，这个环节之所以没有收获理想的效果，主要原因在于细节处理不到位。

应该说，教师对环节目标的定位和教学过程的设计是完全正确的，"比一比"这个环节就是要通过比较，让学生感受第二种方法的优越性——比第一种步数少（只有两步）；比第三种思维顺（从左往右依次减）。

那么，为了突出这种方法的"好"，就要想办法暴露另外两种方法的"不好"，且要让学生在直观比较中深刻领悟。这就是我们常说的正反相生、相辅相成，没有反例的映衬，正例也就显得孤立而单薄。

因此，上述环节缺失的就是对"反例"的凸显，而这正是由教学细节处理不周而导致的：

1. 第二、第三种方法都是两步计算，第一种方法则有三步，这就是其"不好"。教师板书了后两种方法的横式，唯独没有板书第一种方法，因而失去了一个绝佳的比较材料。

2. 对于第一种方法为什么前两步是减，最后一步是加，很多学生是无法正确解释的。如果能在呈现这种方法时，多问几个"为什么"，学生对它的"好感"不就会有所降低吗？

3. 第三种方法是先算56–5，再算51–40，相比第二种方法先减十位再减个位，思路上不够顺畅，如果通过连线图作对比，那么这种感受就会非常直观。然而，教师把两种方法的连线画在了同一幅图上，无疑大大弱化了对比的效果。（实际上这也影响了第二种方法与第一种方法的对比）

看似都是极细小的事，但每一个细微之处的缺失，都会导致学生的思维受阻，而当多个细节缺失合在一起，教学的整体效果就会大打折扣——学生难以感悟到第二种方法的优越性。

看到这里，相信不少读者已经想到了细节优化的策略。下图是我作改进后的板书，不知是否和您想的一样呢？

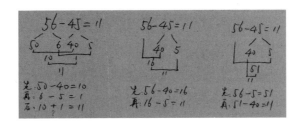

上述板书及其展开及推进的过程，效果是可以想见的。

也许有读者会质疑：这样比较后，学生还是不买账，怎么办？

这很有可能！但我们却无需担心，课堂上更无需着急，因为本课还有例 2（口算退位减法，如下教材图），它所承载的教学功能，就是要引导学生对第二种方法"心悦诚服"。需要说明的是，上课教师也是借着例 2 的教学实现方法优化的。

（2）书签比折扇便宜多少元？

45-28=＿＿＿

想：先算 45 － □ ＝ □，
再算 □ ○ □ 。

这就回到教材解读的重要性这个永恒话题上去了，本文不再赘述。

一个教学环节，或是一节课，上得成功有效，一定与细节的到位处理紧密相关；反之，课若存有缺憾，也一定少不了细节处理不到位的原因。

天下大事，必作于细。天下万事皆如此，课堂教学自然不例外。

让我们在教学时更关注细节，让细节成就课堂的完美！

（本文原刊于《小学数学教师》2022 年第 2 期）

多看"教参"是极重要的事

最近，听一位年轻教师上二年级下册的"推理"。年轻教师，有理念，会动脑，敢创新——情境新颖有趣，过程生动活泼。课后交流时，我鼓励了他创新求变的教研精神，但更多的是向他建议"要理解教材，把握内涵，不要盲目创新"。

他的课，核心环节是这么开展的：

1.呈现三张卡片，分别印了小狗、小牛、小猪，翻过来后贴在黑板上，快速打乱，让学生猜测，营造氛围。

2.告知学生，三张卡片中老师、男生、女生各得了一张。板书及贴图如下：

3.告知第一条信息：男生拿的不是小狗。请学生猜测男生拿到了什么，学生交流，无法确定。

4.告知第二条信息：老师拿的不是小牛。学生再交流，理解此时还是无法确定。

5.告知第三条信息：女生拿的是小猪。此时，很多学生都知道答案了，借助交流，确认结果。

6.请每位学生记录思考的过程，要求"方法既简单又清楚"；反馈"表格法""文字法""连线法"等；对比三种方法，回顾学习过程，得出推理的方法是"先确定，再分析"。

如上过程，跟该课常见的教学面貌相比，有很明显的新意。那么，这样的尝试，为什么我却不赞同呢？

先让我们看看教材吧。

从教材图示可知：三本书由三个小朋友拿，小红已经明确是拿了语文书，所以小丽和小刚拿的是数学书和道法书；根据小丽说的话，可推理出她和小刚各拿了什么书。推理时，学生可用文字、连线和口头语言等方式来支撑思考。

教材上是三位小朋友拿三本书，思考方法有文字法、连线法，年轻教师的课是三个人拿三张卡片，也让学生用了多种思考方法。素材相似，要求相近，那还有什么问题呢？

若仔细读一读教材配套的"教师教学用书"（本文中简称"教参"），我们也许就会有感觉。请看从"教参"中摘录的一些话：

◆初步理解逻辑推理的含义，并能按一定方式整理信息，进行推理。

◆二年级的学生对简单推理知识的理解难度不是很大，但是用简洁的语言有条理地表达推理的过程还是有一定难度，所以推理过程的叙述是本节课的难点。

◆对学生语言表述要求不要过高，更不要求学生用严格的选言推理的方式进行叙述。

◆解决问题的关键在于由"小红拿的是语文书"，将问题转化为最简单的推理问题"小丽和小刚拿数学书和道法书，小丽拿的不是数学书"。

◆弄清题意后，可放手让学生活动，并在组内充分展示、表达自己的推理过程。

如果对第三句话中的"选言推理"不是很明白，可再读读"教参"的"备课资料"相关内容：

选言推理，分为相容选言推理和不相容选言推理。这里只介绍不相容选言推理：大前提是个不相容的选言判断，小前提肯定其中的一个选言支，结论则否定其他选言支；小前提否定除其中一个以外的选言支，结论则肯定剩下的那个选言支……

通过对"教参"的以上阅读，教材编写意图及教学基本思路就已清晰可见，而上述年轻教师教学设计的缺陷也已不言自明。

1.本课所渗透的是最简单的逻辑推理，目标只是"初步理解"。所以，教材的内容编排，推理难度较低——小红拿什么书是告知的，学生只需要对小丽和小刚进行推理；"小丽拿的不是数学书"也直接告知，使得学生很容易推理出最后的结果。反之，年轻教师的课，先猜男生拿的，再猜老师拿的，最后再告知女生拿的并由此开展反向推理。显然，这样的难度明显高于教材。

2.教学重难点是引导学生用简洁的语言有条理地表达推理过程。为此，教材创设了学生最熟悉的情境，引导学生采用文字、连线等个性化方式去推理，使他们充分经历探索、展示与交流等学习的过程，为有条理地表达推理语言提供直观支撑和思维基础。反之，年轻教师的课，对学生推理语言表达的训练，目的性和针对性都不够强。如让学生去记录思考过程是安排在已经得出结果之后，这样的活动，更大的功效是"描述"结果的准确性，而非在让学生经历推理过程，积淀表达基础。

3.教材例题的内涵是选言推理，但只是最基本的不相容选言推理。所以，教材虽然给出了三个小朋友，但告知"小红拿了语文书"，这使得选言支只剩两个；再呈现"小丽拿的不是数学书"，否定一个选言支，从而得到对另一个选言支的肯定——她拿的是道法书。这个选言推理，"格式"规范，过程清晰，便于表述。反之，前述课例却没有清楚地展现这个内涵，如第一步告知"男生拿的不是小狗"，但并不能由此确定女生、老师拿的是什么（因为这里还有两个选言支），后面两个步骤也是如此。显然，在这样的过程中，想要学生体验"否定肯定式选言推理"的思维，那是不太可能的。

以上这些，就是我对这位年轻教师的"教学创新"不赞同的主要原因。读者看了后，不知是否认可？

读者一定也意识到了，我以上的分析和思考，都是我仔细分析了教材，尤其是认真研读了"教参"之后才得出的。因此，我撰写此文的目的，并不是要否定教师们的创新精神，更不是在炫耀自己的教学功底，我只是想借这个教学案例及我听到过的众多课堂，告诉广大教师一个重要的理念——在备课时，我们一定要多看一看教材，多读一读"教参"，教材是教学的材料，"教参"是教学的说明，两者完全看明白了，教学的设计才有可能是正确且有效的。

我更呼吁一线教师要特别重视阅读"教参"。因为教材上往往只有最简单的文字、数据和图示，其编排的理由是什么，课时怎么划分，教学目标是什么，教学的重难点和注意点是什么，等等，都是要靠"教参"来阐释的。我曾经承担过人教版"教参"的编写，切身地体验到教材编写部门对"教参"的重视——汇集资深教研员、一线名优教师，提出详细的撰写要求，组织多次深入的研讨，开展逐字逐句的修改，尽可能准确且完备地表达出教材意图和教学要求。

借此文，我非常简略地提几点阅读"教参"的建议。

1. 要将阅读"教参"作为备课的基础工作，备课时先看教材，同时读"教参"，再依据"教参"来设计教学思路。

2. "教参"的各个板块均要细细阅读，如单元整体分析、具体课时解读、教学建议、参考资料等，切勿浮光掠影一扫而过。

3. 对"教参"中的文字要用心咀嚼，遇到与自己想法不一致时或有不解时，更要多问个"为什么"，真正理解了方能真正去落实。

4. "教参"也并非金科玉律，教师可以依据自己的能力和具体的学情，基于"课标"和教材，科学合理地优化"教参"的要求。

最后，说个真实的故事——我曾经去某地支教，该地不知何故没有给数学教师配发"教参"，结果几天听课下来，我发现很多教师课堂教学的正确性都难以保证。

所以，让我们在备课时再多看看"教参"吧，因为那是极重要的事。

〔本文原刊于《教学月刊·小学版（数学）》2023年第1·2期〕

感知，要充分且有效

下校调研，听"倍的认识"一课，课堂总体不错。但一个小片段，引起了我的思考。我觉得，在概念教学中，"感知"这个环节，我们若能在教学理论的指引下，更加科学合理地进行设计，就有可能获得更加理想的效果。先来看看课堂现场：

【情境引入，初步感知】

1.黑板贴出白萝卜和胡萝卜图片，提出研究数量之间的关系。师生交流，教师在图上圈画，逐步引导学生理解"把2根胡萝卜看成一份，白萝卜有2个2根，所以白萝卜的个数是胡萝卜的2倍"。

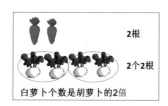

2.教师用规范的语言表述这句话，学生模仿，教师再组织学生用多种形式强化表述。

【变化情境，再次感知】

1.课件将萝卜变成○和△，教师引导学生想它们之间的倍数。

2.结合学生回答，教师规范表述（未作圈画），学生再次模仿表述。

【自主表征，建立概念】

1.让学生自己画一画，"创造"出另外的 2 倍。

2.展示反馈学生的作品。

看到此处，读者不妨猜想一下，学生能不能"创造"出 2 倍？他们画出的 2 倍又会是怎样的呢？

请看下面部分学生的作品：

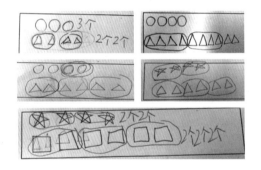

这些图片是笔者从临近的几个学生那里拍摄来的，从学生的表征中可以看出，学生对怎么表征 2 倍是多么纠结啊！很明显，很多学生对 2 倍的认识是不到位的，这是什么原因呢？

上述三个步骤，上课老师一定是动了一番脑筋的。如，材料有变化：萝卜图—○和△—个性图。又如，过程有梯度：初步感知（萝卜图）—再次感知（○和△）—表象外显（"创造" 2 倍）。

从理论上讲，上述步骤体现出了概念教学最基本的一个要求：做强感知。

但是，为什么效果却不理想呢？

我们知道，数学概念的学习过程，就是对同类对象的本质属性与非本质属性不断地加以区分，并将其本质属性抽象出来的过程。这个过程的第一步就是"感知"。所谓感知，就是对丰富的具体对象，利用各种感觉器官，如眼、耳、口、手等，开展观察、操作、体验等活动，从而不断增加对事物属性（尤其是本质属性）的感性认识，为表象的建立打下基础。

对照理论可知，上述教学效果不佳，源于感知过程中有两个缺陷。

第一，目标指向不清。两次感知，没有清晰地指向于本质属性和非本质属性的剥离——2 根、2 个 2 根，哪个 2 才是 2 倍的 2？第一次的 2 倍是 2 个 2，第二次的 2 倍也是 2 个 2，那么是不是意味着 2 倍都是 2 个 2？几个 2 混在一起，2 倍的含义没有凸显出来。（学生画图表征中的模糊就反映了这一点）

第二，学生体验不深。第一次感知，教师圈画，学生仅是观察和表述，他们的感知方式简单，体验一般；第二次感知，教师的圈画没了，学生视觉刺激减少，且也没有自己圈画，形式降低为仅表述，感知方式更少，体验更浮于表面。两次感知的设计和实施，明显均用力不足。

以上两个因素合在一起，这个概念教学的初始环节，效果自然就打折扣了。

如何改进？对照概念教学的理论，可以如下调整。

1. 调整素材，让本质属性更凸显。

（1）首次情境改为 3 根胡萝卜、6 根白萝卜。（也可改为 2 根胡萝卜、6 根白萝卜，这样就研究 3 倍）不管怎么改，要让倍数跟另外的数据区分开来，使它能更凸显。

（2）补充情境也要改数据，如用 4 个○和 8 个△。

这样一来，两次得到的 2 倍，是不同的材料、不同的数据（非本质属性）。尽管这些不同，却有相同点——2 倍（本质属性）。如此，本质属性就凸显了。

2. 丰富形式，让学生体验更到位。

（1）首次感知，形式总体可不变，适当增加教师点着情境图让学生口头表

述的分量。（增加视觉感知）

（2）第二次感知是关键。应提供学习纸，让学生自己圈画，自己表述；再展示交流，教师板书示范；同桌互说。（让学生切实经历多种触觉的刺激）

（3）对两次得到的 2 倍进行对比，说一说有什么异同点。（增强刺激）

如上两个方面的调整，能使学生的感知过程变得更聚焦、更深刻，这样的感知，也许就既充分且有效了。在此基础上，再去让学生去"创造"不同的 2 倍，想必问题就不大了。

特别说明：倍的认识，是否把 2 倍作为新课的主要环节，可商榷，如例题是 2 倍，跟进情境是 3 倍，然后让学生自由表征几倍，这样也很好。

借这个小小案例，笔者想表达这样一点建议——我们要重视教学理论的学习和运用，用上理论来指导教学实践，教学就会更显内涵，更有效果。

〔本文原刊于《教学月刊·小学版（数学）》2023 年第 3 期〕

算法形成切勿轻描淡写

听了不少计算课，发现有些教师教计算的新授课，似乎在用一种"套路"——先让学生自主计算出结果，展示学生的多种方法，再引导学生分析方法间的关联，理解新算法的原理，最后重点介绍这种算法，完成新知教学。

比如说教学"两位数乘两位数笔算"。情境为每套书 14 本，12 套书一共有多少本？列出算式 14×12 后，就让学生自己尝试求出结果。

学生探究（有时会提供学习材料，让学生表征思路），然后反馈，展示不同的算法及道理，主要如下：

生 1：$14 \times 10 + 14 \times 2 = 168$。（10 套加 2 套）

生 2：$14 \times 6 \times 2 = 168$。（2 个 6 套）

生 3：$14 \times 4 \times 3 = 168$。（3 个 4 套）

生 4：竖式（略）。

教师有序组织反馈，先前面三种方法，归结到"转化成旧知"，最后再呈现竖式，请列竖式的学生介绍算法。竖式的答案也是 168，且列得出竖式的学生通常会说得头头是道，所以其他学生自然无异议。

此时，教师会开启一个重要环节："你看得出这个竖式与之前的哪种算法是有联系的吗？"于是，学生观察、讨论、汇报，教师或板书勾连，或图示支撑，引导学生明白这个竖式就相当于生1的横式算法（即运用了分配律）。最后，教师示范竖式的书写过程，学生模仿，课堂进入练习……

之所以说这是一种"套路"，因为很多教师都这样上计算课，而且会采用这个模式上各种计算课，如整数除法、小数乘除法、分数乘除法等。

为什么教师们乐用这个模式？原因可能有两个。一是课堂显得大气——课始敢于放手让学生尝试，充分暴露各种算法，最后学生又融会贯通。二是课堂紧扣本质——计算教学，主要任务就是理解算理，掌握算法，以上过程显然是理法兼备。

然而，这样的教学模式，我觉得存在一个重大的缺陷，那就是算法形成的过程过于简单，课堂的探究味不足，多数学生没有真正经历深刻的思考，对算理算法的感悟深度不够，整个学习浮于浅层。

为什么这么说？我们自问自答以下问题，就能感受到了。

1. 这个竖式多少人列出来了？（少数学生）

2. 这几个学生为什么能列出竖式？（课外学过或看过书本）

3. 对大部分学生而言，他们有没有经历竖式探究的过程？（没有，这只是他人"资源"，教师靠"借鸡生蛋"呈现了这个竖式）

4. 学习过程中思维深度发生了吗？（没有，学生最多是在"看懂"竖式）

综上所述，这个计算教学的模式，看似开放大气实则却浮于表面，看似紧扣本质实则却目标偏离。所以，我不赞成这样的教学思路，每次看到有教师这么设计，我就会跟他分析，并让他改掉。

我让教师怎么改呢？——清晰教学展开的路径，增强过程中的思维元素，让学生更深刻地经历算法的形成。具体有以下两种教学思路。

一种是"先旧后新，借算理'创造'算法"。

还是以"两位数乘两位数笔算为例"。这种思路实际上就是教材上推荐的教学路径（如下图，圈是我加注的，里面文字请细看）。过程如下：

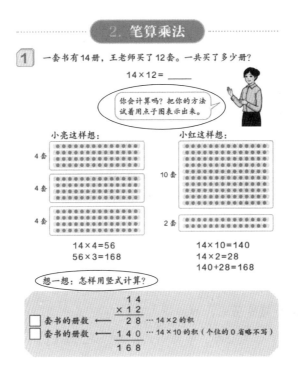

1. 给出情境，列出算式。

2. 明确要求学生用学过的知识解决问题（可借助点子图）。

3. 反馈方法及结果后，启动新要求：怎样用竖式计算？（也可明示：以前的计算方法如果要改成竖式，该怎么列？）

4. 学生探索，反馈方法（可能不止一种），对照说理。

5. 引导学生接受标准竖式，示范书写，学生模仿。

这个过程的关键就是"创造",也就是让学生借旧知算法（实则是新知算理），来发明新的算法（竖式）。

困难是显见的——这个"创造"不太容易。但价值也恰在其中——每位学生都需要真思考、真探究，他们得出竖式的经历是充分的，对算理算法的感悟是深刻的。

但有些教师不喜欢用这种思路进行教学，觉得这种思路太过理想化，并未考虑部分学生课外已经学会了新算法的现状，完全是按照"理论逻辑"进行教学的。

这个观点以偏概全了——若学情不是如此，这个思路不就非常美妙吗？

但若学情真的如此，那怎么办？

此时，就可尝试另一种思路——**"先新后旧，用旧知'解释'算法"**。

继续以"两位数乘两位数笔算"为例说明，过程如下：

1. 给出情境（或不用情境），列出算式 23×12，直接要求学生尝试用竖式来计算。

2. 反馈不同的竖式，如右图（当然也有部分学生不能列出）；学生介绍，教师确认计算结果，告知学生第三种为标准竖式。

3. 引发学生对标准竖式产生好奇或质疑，主要是提出问题，如 46 和 23 怎么来的，230 后面的 0 为什么不写，加号为什么不写等。

4. 让学生用以前的方法来计算 23×12（可提供学习材料便于学生直观表征和理解），反馈多种方法（如下图）。

5. 引导学生比照竖式，找寻关联，回应问题，理解标准竖式的算理（即"解释"算法）；若学情合适，还可引导学生研究为何不把另外两种横式转化为竖式。

6. 教师示范标准竖式的书写，学生模仿，掌握算法。

如上过程，算法的形成，学生也是有深刻经历的。比如，课始就是聚焦竖式的尝试（探究），多种竖式呈现后有深度比较和主动提问，旧算法得出后要找寻与标准竖式之间的关联，最后还要理解为什么这种竖式列法最好……学生的学习过程是沿着竖式究竟怎么列、为什么这么列的线索而展开，路径清晰，过程厚实，思维凸显。

以上两种教学思路，前者是基于知识发生发展的内在逻辑，顺向推进，逐步逼近算法；后者是基于已经存在的现实学情，逆向展开，深度解析算法。模式虽不同，却有共性特点——学生对算法的探究是聚焦的，对算法的理解是充分的，算法建构的过程是扎实的。

归根结底是一句话：算法的形成都是源自学生的深刻经历！

以上两种思路仅为大致框架，在具体实施时还要考虑很多细节，教师们可在实践中去尝试、体验并作完善。另外，计算教学的思路也一定不止这两种，还有怎样的思路可高质量地落实算理算法，可更好地体现出深度学习，这值得广大数学教师深入探索。

（本文原刊于《小学数学教师》2022 年第 12 期）

理法更分明，教学更合理

新学期第一次下校听课，很巧，听到的四节课都是计算课，有两节还是同一内容——三年级下册的口算除法。在听课的过程中，在与老师们交流后，关于计算教学，我觉得有些"要点"，值得提出来和老师们作个分享。本文试说其中之一。

先请读者细细阅读一个计算教学的片段（内容为口算除法），读后想一想：这样的教学过程，有什么亮点，有什么不足？

创设情境:60 张纸，平均分给 3 个人，每人分得多少张？

学生理解题意，口头列式 $60 \div 3$（在说算式时学生就报出了得数）。

教师只板书了算式而未写得数，要求其他学生说一说这题可以怎么算。

生 1:60 后面的 0 先不看，$6 \div 3=2$，再在 2 后面加个 0，得到 20。（教师结合学生回答，板书 $6 \div 3=2$，$60 \div 3=20$）

生 2:60 就是 6 个十，除以 3，得到 2 个十，就是 20。（结合学生回答，教师完善原有板书，如下图）

$$6 \div 3 = 2$$

$$\underset{\underset{6个十}{\downarrow}}{60} \div 3 = \underset{\underset{2个十}{\downarrow}}{20}$$

师：刚才两位同学的介绍，你们听懂了吗？老师准备了课件，我们再一起来看一看吧。（课件演示，动画顺序大致如下图）

教师边播放课件，边引导学生对应板书，强化理解。然后，课进入该例题的练习环节……

上述片段，亮点是什么？

形式的简约（如情境、过程），恰当的手段（如板书、课件），内涵的凸显（如算理算法并重），等等。

不足在哪儿？

您也许一下子难以发现。这就是我很想提醒老师们注意的计算教学的一个"要点"——算理、算法需更分明。

回顾上述片段可见，教师要求学生说说怎么算 $60 \div 3$，指向的是要求学生介绍算法。生 1 的回答就是算法（即先遮 0 后加 0，这个算法很简单，按理说不必再以 $6 \div 3=2$ 和 $60 \div 3=20$ 来示意）；但生 2 紧跟着的回答"6 个十除以 3，得到 2 个十，就是 20"，这是算理而非算法，所以生 2 的回答是"离题"的，教师不应立即认同并跟进板书（严格来说，教师应指出"我问的是怎么算，而不是问为什么这样算"）；教师认同生 2 的回答，再以课件进一步支撑，这实际上完全偏离了自己之前问的"怎么算"。

一言以概之：上述片段，算理算法"混"在了一起，教学逻辑不清晰，目标定位不精准。

为何这么说呢？

大家知道，计算教学的基本要求是"理解算理，掌握算法"，理解算理指向于思维的训练，掌握算法指向于技能的落实。现实中，不同的计算内容，算理算法的难易程度各有不同：有些内容，算法简单，但算理值得细究（如口算乘除法、分数乘除法）；有些内容，算理不难，但算法需要攻坚（如整数除法、小数除法中的部分类型）；有些内容，算理算法均难，两者必须同时用力（如除数是一位数的笔算除法）……本课 60÷3，属于算法简单但算理值得细究的类型，显然，教学时应略算法而强算理。从这个角度来回看前述教学片段，我们会发现：算法很简单，但课中却并未体现出简单的处理；算理需细究，但课中却并未让每一位学生深刻地去探究、理解算理。所以，是本课的教学目标不精准，从而导致了教学逻辑的不清晰。

如何改进？请看下面的"教学框架"：

课始，呈现口算题：60÷3　80÷4　90÷3　600÷2　500÷5　8000÷2

题目可课件呈现，也可准备在学习单上；学生或口答，或直接写得数。（可以想象，学生无人不会，且速度很快）

校对完毕后，请学生介绍算法"窍门"（若口答的，也可前两题后就介绍，后几题是运用"窍门"），学生一定会表达出"先遮 0 后加 0"的方法，师生共同"检验"，确认算法。

教师抛出问题（也可以"逼"学生提问）：为什么可以这样算？

以 60÷3 为例，学习单支撑，开展算理探究。学习单上有 6 捆小棒平均分给 3 个人的情境图，也有用文字写一写道理的空白区域，要求学生自己"圈一圈、画一画或写一写，想办法来说明道理"。（这是本课的重点环节）

反馈，展示学生的方法（先具象的图示表征法，再略抽象的"6 个十、2 个十"的文字或算式表征法）；学生表达，教师引导理解，板书适时跟进（在 60÷3 的算式下面示意算理）。

算理"迁移"：其他题目，还能这样来思考吗？请把道理写在每一道算式的下面。

如上过程好在哪里？因为算法很简单，所以在课始就充分"暴露"学生的经验，有意让算法"立"起来，这就是"算法先行"（且是略处理）；因为算理需细究，所以以师问或生问，促使学生明确探究的方向和任务，让每一位学生都去亲身经历算理表征的过程，并通过交流和练习实现全面理解，这就是"算理后置"（且是强处理）。先算法，后算理，理法分明，目标精准了，过程清晰了。

本课是先算法后算理，用力点在算理，但也有很多的计算课，可以是先算理后算法，用力点在算法（或算理算法都要用力），当然还有其他的情况。据笔者的经验，不管是怎样的计算课，大多数情况下，若能做到理法分明，教学往往就能过程合理，效果明显。

计算课，是小学数学中最多见、最普通的课。但计算课的教学，却不是件很容易的事，它有很多的理念、策略等值得老师们去研究。本文也仅是借助一个典型教例，提出了一个供老师们思考的计算教学"要点"，观点不一定正确，愿老师们能通过实践去检验或修正。

"搭配"的教学当显现增量

某校举行校内课堂教学评比，邀我去听课指导。其中一个内容是人教版教材三年级下册的"数学广角——搭配（二）"，由两位青年教师进行同课异构。

两位教师的课整体都不错，她们个人教学素养突出，教学过程思路清晰，设计的学习方式灵活丰富，课堂的组织和引导也非常有效，一节课下来，学生都较好地感悟了"有序思考"，并能顺利地解决相关的搭配问题。

两节课结束后，同样在做评委的校长问我："顾老师，你觉得这节课的教学，学生的增量是什么？"

我明白校长的话中含义——学生在二年级上册学过"搭配（一）"，已经掌握了怎么不重不漏地得出搭配的结果，所以今天的课学下来，并没有什么困难，学习非常顺利，那么，学生有什么新的收获呢？

图1　　　　　　　图2

校长的思考我深以为然！的确，对学生而言，本课无非是从二年级时三个数中选两个数的搭配（图1），上升到今天四个数中选两个数的搭配（图2），尽管多了"0"的变化，但之间的提升度微乎其微。所以，三年级再教"搭配"，目标如何定位，确需叩问。

先回到两位教师的课中去看看吧。

第一位教师创设了一个开放性的任务：用□、1、3、5 能组成多少个没有重复数字的两位数？

学生自主探究之后，教师组织反馈。反馈很有技巧，先选择□中不是 0 的情况进行展示与交流。于是，有填 6 的学生就展示了 61、63、65、16、13、15、36、31、35、56、51、53，共 12 个数，并介绍了思考方法；再展示填 2 的做法（此做法中学生还有一个算式 4×3=12），教师引导学生对照罗列出来的 12 个数，理解 4 和 3 的含义（如图 3）；最后借助□中填 0 的做法，使学生理解此时只能写出 9 个数。

第二位教师的例题是：用 2、3、5、7 能组成多少个没有重复数字的两位数？（注意：教师给出的数是排好序的，与教材类似）

图 3

例题的形式虽然"普通"，但她的教学展开却很厚实。展示时，先个别学生介绍方法，再其他学生说理完善，同时教师板书支撑理解。尤其是有学生只写了 4×3=12（个），教师抓住此资源，引导学生讨论，借助学生说理，板书逐步形成树形图（如图 4），让学生更直观清晰地感受到搭配的过程，加深对"不重不漏"的体验。

很明显，两位教师的教学设计和过程展开都各有特色，教学效果自然也都不错。然而，若从前文说起的学习增量而言，却的确让人感受不深。

图 4

写的数多了，写数的过程快了，正确率高了，这些是增量吗？似乎可算。但是，本课的目标仅如此吗？除此之外，还有更可追求的目标吗？

听课时，我隐约觉得，凸显本课中的思想方法，即让学生提升有序思考的意识和能力，也许可成为本课的增量。

我们知道，有序思考有助于学生思维的发展，指向于思维逻辑性的培养。学生会不会有序思考，是能否学好数学的前提，因为数学的最大特征就是逻辑性强。另外，很多数学问题，也都需要用有序思考的思维方式来分析和解决，如枚举解决问题时、分类讨论解决问题时（实际上本课就是分类讨论），等等。

那么，在分析问题时，怎样的思考过程才算得上"有序"，怎样的结果呈现才能称之为"有序"，对此，我们应当有更深刻、更长远的认识。

如，图 5 中一共有几条不同的线段？A 为左端点的线段共有 4 条，AB、AC、AD、AE；以 B 为左端点的线段有三条，BC、BD、BE……唯有按字母的序，从左往右依次考虑，才会不乱。

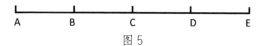

图 5

又如，从 3、5、7、11、13、17 这六个数中取两个数作成真分数，这样的真分数有哪些？罗列时，分母从小到大更换，分子从小到大尝试，这样才能准确写出，否则，写着写着就乱了。

再如，6、1、3、5 能组成的两位数，写成 61、63、65、16、13、15、36、31、35、56、51、53，这样的结果，比得上 13、15、16、31、35、36、51、53、56、61、63、65 吗？——前面的结果，只能知道 12 个，后面的结果，信息量就多了（如最小、最大、从大到小第几个数是几等，一目了然）。

一句话——搭配时，无论是过程的细化思考，还是结果的整体呈现，有强烈的从小到大（或从大到小，或其他顺序）的眼光和意识，那才是更有生长力的有序思考。

这些，不就是三年级的这节"搭配"可以追求的目标吗？教学时，若能引导学生往这个方向去感悟，使学生积淀并形成这种意识，课不就有增量了吗？

那么，具体可怎么做？我觉得，将两位教师设计及实施中的优点融合一下，也许就可实现目标。大致设想如下：

1. 按第一位教师的设计，给出 6、1、3、5 四个无序的数（注意：二三年级的教材中，给出的数都已经是排好序的），让学生去写出可组成的两位数。

2. 反馈学生不同方法，展示"序"不是从小到大的结果，学生介绍思考方法；再展示"序"从小到大的结果（若有），学生同样介绍思考方法；引导对比，说说"更喜欢哪一种，为什么"。

如果学生没有出现"序"从小到大的结果，在校对答案后，再布置一次探究："要想这 12 个数写得更有顺序，该怎么想，怎么写？"

3. 分析这一种方法，借助学生表达，教师在黑板上将原始的 6、1、3、5 整理成 1、3、5、6（重新书写，点明"先从小到大进行整理"）；板书有序记录学生思考的过程（即第二位教师的树形图）。记的时候，记录成一竖列更佳，如图 6。

$$2 < \begin{matrix} 3 \\ 5 \\ 7 \end{matrix}$$

$$3 < \begin{matrix} 2 \\ 5 \\ 7 \end{matrix}$$

$$5 < \begin{matrix} 2 \\ 3 \\ 7 \end{matrix}$$

$$7 < \begin{matrix} 2 \\ 3 \\ 5 \end{matrix}$$

4. 请学生观察这幅图，看看有什么特点（或想想记录时有什么注意点），让学生看出十位上的数是从小到大在更换的，个位上的数在搭配时也是从小到大考虑的，感受到"有大的序，也有小的序"，深刻体验其形式之美和思考之顺。

图 6

5. 学生订正，与同桌交流经验，增强感知。

6. 变化素材（各种练习），引导运用，丰富体验，感悟思想。

如上过程，学生所能获得的，显然就不仅仅只是结果了，他们对有序思考的意识和能力达到了一个新的高度，而这种高度，是二年级学习搭配时所不要求的（也是不必实现的）。如此，本课学习的增量不就显现出来了吗？

听课有感，即兴而作，上述想法若要落地，还需在实践中进一步完善。写此文，主要是想借之与读者共勉一个教学的目标——让我们以更多的思考，把每一节课上得更有内涵，更有成效，让孩子们得到更大的收获！

补充说明：曾有教师问起，如上有序地思考并写出所搭配出来的数，二年级教学时难道不能实现吗？为什么说二年级教学时不必实现？我认为，二年级首次教学"搭配"，基本的任务是让学生理解搭配的含义，能用不同的方法进行搭配（如"固定数位法""交换位置法"），在此过程中，体会到搭配时要有顺序地思考，才会"不重不漏"地得到答案。所以，二年级的教学目标只是让学生初步感知，无需拔高要求，搭配时如何更有序、更简洁等要求，可以留到三年级及后续再逐步去落实，这也体现出人教版教材编排"数学广角"的指导思想——重要的数学思想宜螺旋上升。另外，三个数中选两个数，搭配出的只有六个数，从大到小排序的必要性也不是很强，只有当数更多时或情境更复杂时，排序的必要性才能显现出来。

（本文原刊于《小学数学教师》2023年第3期）

我们该怎样看待学生的"创造"

不久前，听了一节三年级的"数学广角"，教学内容是集合。在这节课上，一个环节令我感慨——学生"创造"出了韦恩图。情况是这样的：

案例1

创设情境得出：喜欢书法的有杨明、丁辉、张亮、李兵；喜欢画图的有黄力、李兵、郑红、丁辉、周露。

师：你能得到哪些数学信息呢？

生：喜欢书法的有4人，喜欢画图的有5人。

师：那么喜欢书法和画图的是不是一共有9人呢？

（制造认知冲突，使学生发现这里有"重复"的现象）

师：我们能不能采用画图的办法，把以上情况清楚地表示出来。

（学生进行尝试，很多学生无从下手。教师发现有学生画出了两个圆重叠的样子，于是选取了一位学生，请他上台展示，如图1）

图1

　　这位学生在将这个图——说明后，教师击节叫好，赞道："这是很多年前英国的数学家韦恩第一个想到的。今天我们的同学小小年纪也能创造出来，真是太厉害了，如果我们的同学比韦恩早出世，或许韦恩图就要改名了。"

　　我之所以感慨，是因为这样的场景现在比较多见。在我们的一些数学课堂上，学生通过几分钟的"探究"，很多数学的定理、性质、法则，都能被"创造"出来。本案例中的"创造"出韦恩图，甚至还算不上特别精彩的"创造"呢！

　　但我们不难看出，上述案例中的"创造"是虚假的创造。原因很简单，因为数学的定理、性质、法则，都是数学家们悉心研究出来的，小学生哪有那么容易去发明创造？如韦恩图，何以韦恩之前数千年都无人想到？即使有些数学发现是灵光一闪造就的，但其创造也需要厚实的数学积累。纵观数学史，每一项新成就的取得都不是一蹴而就的。然而现在，我们的学生轻而易举地就能"创造"出韦恩图来，难道我们这一代的学生真的都比韦恩厉害不成？当然不是！学生能画出韦恩图，无非是他已经通过其他途径学习过这个知识罢了！

　　因此，我们应该认识到，个别学生有这样的"创造"，并不意味着他就有这个能力，也不代表他就理解了这个知识。当然，即使他是理解了这个知识的，那也只是他个人认知能力的体现，而不能代表班级学生整体认知水平。所以，课堂上出现这样的"创造"，我们教师用不着感到惊喜，也根本用不着以"韦恩图要改名"之类的话"高规格"地激励学生。

　　同时，我认为，如果我们教师面对这样的"创造"感到欣喜，或简单地认同这样的"创造"，那恐怕还会有些危害。学生层面，会造成学生以投机的心态来对待数学学习，会使学生养成不脚踏实地、做学问浮在表面、不求甚解等陋习，最终缺少数学思考，能力降低；教师层面，可能就会造成对课堂教学的认识肤浅、课堂教学的内涵降低，最终导致教师教学水平减退等后果。

看来，这样的"创造"并非好事，它并不是我们所需要的"创造"。那么，我们的数学课到底需要怎样的"创造"呢？

我们再来看本课的另一个案例。

案例2

（同案例1一样，教师设置情境，制造了认知冲突，教学转入下一环节）

师：我们能不能采用另外的办法，把以上数学信息更清楚地表示出来？

1. 给学生时间，让学生充分尝试，探索各种方法。

2. 组织反馈。

（1）选择图2展示，请学生说思路。

```
书法        画图
杨明△      黄力△
丁辉○      李兵○
张亮△      郑红△
李兵○      丁辉○
            周露△
```

图2

生：我把喜欢书法的排一列，把喜欢画图的排一列，用△表示只喜欢一项的同学，用○表示两项都喜欢的同学，这样看起来就很清楚了。

师：其他同学能看懂这种表达方法吗？

（学生认可，教师肯定他的创意，但提出一个问题）

师：同学们看看这幅图，从这幅图里，我们能一眼就看出共有几个人吗？

（学生都觉得有点麻烦，还是要仔细地数，容易搞错）

（2）有学生激动地说："我的办法数起来很方便，不会出错的。"

（教师请他展示介绍，如图3）

生：我把所有名字写在一列上，喜欢一项的同学名字后面就写个1，喜欢两项的同学名字后面就写个2，这样看起来就不乱了。

师：什么叫看起来不乱了？

生：我写了几个名字，就代表一共就有几个人。

（下面有些学生赞成，有些学生在说"不好不好"，教师请他们发表看法）

生：这幅图，虽然数总人数很简单，但看不出哪些是喜欢书法的，哪些是喜欢画图的。

（学生们认同这种说法，也有学生在思考该怎样改变）

（3）有学生在说："我的办法既看起来清楚，又数得清。"

（教师请学生展示介绍，如图4）

> 书法：丁辉 李兵 杨明 张亮
> 画图：丁辉 李兵 郑红 黄力 周露

图 4

生：我把两个组的人分别写在两排上，因为丁辉和李兵是两项都喜欢的，所以把他们的名字对齐，并画条线，数的时候画线的名字只要数一次就对了。

（师生都认为这办法有新意，并一起用这个办法数总人数）

（4）还有一些学生要展示自己的方法，包括那些画韦恩图的，更是已憋了半天，可教师有意选择了图5。

杨明 1
丁辉 2
张亮 1
李兵 2
黄力 1
郑红 1
周露 1

图 3

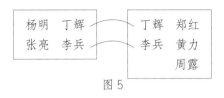

图 5

生：我用两个方框把喜欢书法和画图的分别框起来，因为丁辉和李兵是两项都喜欢的，所以再用线把两个名字连起来。

（其他学生都觉得这个方法很新颖）

师：是呀，这个方法是把有共同特点的事物聚集在一起，就能看起来更清楚。实际上前面有几种方法也体现了这样的特点，你看得出来吗？

（学生发现图 2、图 4 也有这样的特点，教师引学生体会这一特点，并告诉学生这些表示方法都很好）

（5）师：我们进一步来研究用方框框起来的方法。丁辉和李兵，他们也是有共同特点的人，如果用这样的方法，我们又该怎样表示呢？

（学生都说也应该框起来，教师顺势画出来，如图 6）

图 6

师：这样的图，一共要画三个框，并且在中间这个框里丁辉和李兵都写了两次。我们能不能把它变得再简单一点呢？

（学生们开始想办法，在那些会韦恩图的学生参与中，学生们画出了将两个框重叠一部分来表示的办法，如图 7。师生共同认识、理解图 7）

图 7

师：两个长方形叠在一起，看起来有点不清楚，所以英国有个数学家韦恩，他想到了一个更好的办法，你们想不想知道？

（教师告诉学生实际上已经有同学画出来了，并请那些早已画出韦恩图却一直没有反馈机会的学生上前展示，如图1。教师揭示名称，师生共同理解这种表示方法的特点）

分析上述案例，对于学生的"创造"，我们应该树立以下的正确观念：

1. 我们所需要的"创造"，就是学生个性化的思考和表达

培养学生的创新意识和创造能力是新课程的基本理念，也是我们数学教学要努力追求的目标。但是，要实现这个目标，我们必须正确认识小学生创造的特点，正确区分它与成人创造的不同。我们应该认识到，由于小学生的年龄特点、生活经历、知识基础等因素，使得小学生不可能像成人那样从事开创性的创造发明工作，当然也不可能实现数学未知领域的创造。所以，所谓小学生的创造，无非是他们在数学学习的过程中，灵活运用已有的知识、经验、智慧，去分析思考，去实践探索，去亲身经历知识的发生、发展和优化过程，去充分展现他们个性化的思维。通过这样的过程，他们分析问题、解决问题的能力得到提高，创新精神和创造能力得到发展，这就是他们学习的最大收获，这也就是他们能从事的最大的"创造"。

在案例2中，教师充分把握这一指导思想，让所有学生经历充分思考、积极探索的过程。结果每位学生都发挥出了自己的聪明才智，都展现出了自己独特的思维，用种种个性化的方法，淋漓尽致地展现出了他们面对问题所作的创造性的尝试。

图2中，将两类不同类别的学生用不同的符号来表示，实际上展现的是符号化的思想。这种思想相比文字表述，简单明了，在一定程度上也解决了实际

问题，应该说也是一种进步，是一种创造。图3的思想也很有特点，将两种不同类别的学生排在一起，用数字标明参加喜欢项目的不同，这种方法有创新之处。图4中，学生甚至已经想到要把有共同属性的学生对齐着画，实际上已经认识到这两位重复学生在这个问题中的重要意义，并采用了极具个性化的方法表达出来，特点鲜明，创新意识强。图5几乎可以看成是交集的雏形，学生已经将问题的症结明白无误地展现出来了，假设我们现在还没有发明韦恩图，你看到这样的图形，难道不会由衷地赞美它吗？

案例中出现的方法无一不是学生积极思考、努力探索的结晶，无一不是学生思维活跃、追求创新的体现。这样的教学，我们收获到的是学生在经历自主探索之后创造性的思维犹如雨后春笋般冒出来的丰硕成果。这样的结果，不就是我们孜孜以求的目标吗？

2. 教师引领下的探索和实践，是实现"创造"的必由之路

《义务教育数学课程标准（实验稿）》指出："教师应激发学生的学习积极性，向学生提供充分从事数学活动的机会，帮助他们在自主探索和合作交流的过程中真正理解和掌握基本的数学知识与技能、数学思想和方法。"这充分说明了教学中教师组织、引导的重要作用。在本课中，学生创造思维的碰撞、创造愿望的增强、创造目标的追求，等等，都是在教师的合理引领下实现的。

比如说，对学生想出的各种方法，在反馈时，教师都是先让其他学生理解其中的创意，然后再引导他们发现每种方法存在的不足。这就使得学生能一直带着一种激情去对比各种思路，去寻求改进的办法，在思维的碰撞中，去追求创造，实现创新。

又如，对学生的各种方法，教师都是有目的、按一定顺序反馈的。这样的做法也是为了保证学生能进行更富意义的探索，以真正经历"创造"的过程。我们可以设想，如果教师引领缺失，比如一开始就呈现了韦恩图，那么学生的创造就会消亡。因为一旦看见了如此精妙的韦恩图，学生必定会觉得自己不可能有超过数学家的创造，他们怎么还会有思考和创新的欲望呢？

在探索、认识韦恩图的过程中，教师也是以有效的引领来增强学生的创造欲望，帮助学生实现创造目标。如在图 5 出现后，教师牢牢抓住这一契机，充分发挥组织者和引领者的作用，适时地提出一些调动学生兴趣、激发学生探究欲望的问题，促使学生在创造目标的驱动下，积极思考，深入实践，最终获得对韦恩图演变过程及其含义的深刻体验。

回顾这个过程，我们不难发现，正是由于教师的精心预设和合理引导，我们的学生才经历了一个充满挑战、洋溢着创新氛围的学习过程，也正是由于有了这样的过程，学生才在知识、能力、创新意识等各个层面得到了全面发展。

陶行知先生曾说："我们必须重提要着重创造，让学生自动的时候，不是让他们乱动，而是要他们走上创造之路，手脑并用，劳力上劳心。"是的，我们唯有正确认识学生的创造，方能开展恰当的教学，方能看见学生创造出来的精彩天地。

（本文原刊于《小学数学教师》2007 年第 11 期）

教学不能避实就虚

学校教研组在对"画垂线"一课开展教研活动，笔者去听了两堂课。听课时，对其中的几个环节有些想法，特记录下来和教师们交流。

在第一堂课中，当教师教学了"距离"的含义后，开始呈现各种现实情境让学生体会其在现实生活中的用处。于是，自然地就用到了"测定跳远成绩时，怎样测量比较准确"的题目（图1是教材中的习题，教师将其投影在屏幕上）。

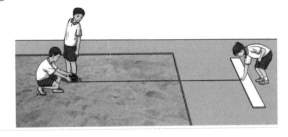

❻ 测定跳远成绩时，应该怎样测量？

图 1

一看到图，一些有运动经验的学生马上举手发言："测量跳远成绩，应从那只脚的后跟到起跳线拉一条垂线，量出的长度就是跳远成绩。"此时，教师到图片（屏幕）上试摆一下，以让其他学生直观地看到该生讲的意思。但是，尺一摆上去，他马上感觉出了问题：三角尺的一条直角边与起跳线重叠，不对——不符合透视原理（见图2）；若想调整摆成"垂直"的样子，更不对——这条直角边都与起跳线不重叠了。于是，在慌乱之间，教师只能含糊地拿尺"示意"一下，就赶紧转到下一环节了。

❻ 测定跳远成绩时，应该怎样测量？

图 2

下一步是"为什么"的环节。教师问："为什么要这么测量呢？"学生不能回答。教师启发道："我们刚刚学过，从直线外一点到这条直线所画的垂直线段最短。你们想，后跟到起跳线间的垂线，不就是那个距离吗，它是最短的，我们就要量最短的。"

此时，笔者不知学生怎么想，但突然迷惘了——为什么要量最短的？跳远难道不是越远越好吗？同时，笔者脑海中马上闪过这样一幅图（见图3）。

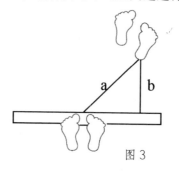

图 3

　　从图 3 可以看出，起跳的脚印，到落地的脚印，尽管是斜的，但两者之间的长度，分明是跳远者切切实实跳出来的成绩。也就是说，如果两者间长 2 米（线段 a），说明他的跳远能力就是 2 米。然而，如果按照现在跳远的规则，测量距离（线段 b），那么，成绩肯定小于 2 米。这对跳远者而言，不就显得不公平了吗？跳远成绩的测量，为什么要作这样的规定呢？

　　相信学生很难会想到这一点，但是，笔者更确信，凭教师简单地从"距离"的概念一讲，就解释了"为什么"，就想让学生认识到这就是数学在生活中的应用，那恐怕也是一厢情愿的事情。

　　还没等笔者想清楚这件事，第二堂课开始了。令笔者感到意外的是，第二位教师将这道跳远的题目删掉了。课堂上不出现，相关问题自然也没有了。下课后，笔者马上问他缘由，教师很有经验地告诉笔者，教材上的图不是平面图，不适合摆尺演示的，干脆不用。取而代之的是一些点和线组成的平面图，如马路外一点到马路的排水管、一个村庄到公路架设光缆等，这些题就不会存在讲不清的情况。当笔者再问他，跳远为什么量最近的而不量远的时，他愣了一下，反问我："这是规则，规则就是这么定的，这难道还要解释？"

　　听课后，笔者陷入了沉思。笔者总觉得，两位教师的教学行为，或多或少都存在着避实就虚的味道。第一位教师，三角尺摆上去不对了，就不摆了。那么，那些尚没有完全理解方法的学生，他们怎么办呢？教师虚晃过去了，可这些学生可能还没过呀。为什么要测量那条短的垂直线段的长度呢？撇开内在的原因不讲，生硬地将"距离"这个概念用到了具体的生活情境中，学生是否都认可呢？教师能担保学生心里没有像笔者一样的疑问吗？第二位教师，不用跳远的图了，的确避开了"难题"。但是，当以后学生遇到跳远测距这个现实的问题时，他们难道也能采取避开的办法吗？

由此，笔者想到，在我们教学中，有些问题，如果不是切住它的要害之处，实实在在地深入分析，从数学的本源、从生活的实际出发，作出科学合理的解释，那么，学生对知识的理解就会浮在表面，形成的应用能力，或许也只是一种虚假的能力。

进一步，笔者开始设想如何突破上述所讲的难题，即如何将那些"虚"的环节替换为"实"的行为。一番细想，觉得可以如下尝试：

1. 改变素材的使用方式

教材的图片（图1）是立体构图，有了透视效果，而且作图者的观察点是在侧面。在这样的图上，实物三角尺的直角当然不能直接摆上去测量。但是，对于知识的获得，学生如果不是"眼见"，他们头脑中留下的印象就不会太深刻。而像测量跳远距离这类数学问题在生活中应用的经典例子，原本还应当是通过实际操作来加深学生体验的。所以，一幅不能提供"眼见"机会、无法进行实际操作的情境图，教师只能改变它的呈现方式或使用方式。改变的策略有以下两种：

其一，将情境图做成课件（就如第一堂课教师的做法），但是，在讲到用三角尺的直角去测量跳远距离时，把三角尺也做在课件中。这样一来，沙坑和三角尺都在图中了，视觉效果一样，就不存在三角尺无法摆放的问题了。

其二，将沙坑画在黑板上，横向画，在边上画上一块跳板。或者，干脆将黑板看成一个沙坑，黑板外贴个纸条当跳板。这样，测量时，沙坑和三角尺都是"实物"了，更不存在阻碍因素了。

这两种策略，无论哪一种，都可以让学生清晰地看到"垂直"是如何运用在跳远距离测量时的。从教学的有效性看，第二种方法，适合学生的观察，尤其是更适合学生的动手操作。可以想象，如果让学生拿着尺，上黑板实际地摆一摆、画一画，那么，他们对这个知识的理解（包括其应用），应当是到位的、扎实的。笔者就曾在实际教学中，采用过这样的形式，学生有现场感，有真实感，效果不错。

2. 丰富教学的中间过程

在解决了上述的"技术"问题后，接下去要突破"跳远为什么要测量脚后跟到起跳线间的垂线的长度"。这个问题，任何一位教师深入地想一下，实际上都能得到正确答案的。（笔者曾在听课现场随机问一位教师，他思考后的回答基本也是对的）

如下的教学过程大致可以说明这个问题：

【引出】

利用黑板，呈现一幅跳远图（图4），学生观察。

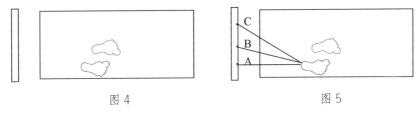

图4   图5

问：怎么测量跳远成绩？（学生必定会讲到从后面的脚后跟，垂直地量到跳板。教师可让学生上黑板现场演示）

【激疑】

1. 为什么量后面的脚？（学生对此很容易地达成共识）

2. 为什么要垂直地量？（学生都会直觉地认为起跳点就是在A处，如图5，因此这样量正好）

【展开】

师：你怎么知道起跳点在这里呢？它有可能在B处，也有可能在C处或其他位置的呀？

（呈现B点、C点，并从A、B、C三点到后脚脚后跟连成三条长度

不同的线，让学生意识到如从 C 点起跳，跳的实际长度远比"距离"要长）

师：为什么要以最短的线为准呢？

组织讨论，教师适当启发。

讨论结果的关键是：沙坑里的脚印是可见的，但起跳点在哪个位置，现实中很难瞬间精确确定，这样就给测量带来了麻烦。

教师引导学生理解：不管跳得直还是跳得歪，统一由落脚点向起跳线作垂线量，这样非常容易操作，对大家而言也很公平。这就是体育竞技规则操作性和公平性的体现……

如上的教学过程比较丰富，自然也相应地会耗去一些时间。但是，从这个过程，我们明显能够体会到，经历了这样一个"问题呈现—疑问激发—讨论交流—弄清缘由"的学习过程，学生不仅将跳远垂直测距的方法深深地刻在了脑海里，而且还了解到了方法背后所蕴藏的丰富的非数学知识。获得这样的认知，学生才算是真正地理解了数学，才算是真正地懂得了数学与生活的紧密联系。这样的教学，才是实实在在、有意义的教学！

一件极细小的事情，一些很粗浅的想法，汇成这样一个不成熟的案例。文中教学过程的设计也有理想化的成分，说不定还会让读者感到说服力不强。因此，笔者写这样一个案例，无非是想和教师们共勉这样一个教学的原则：教学不能避实就虚。

〔本文原刊于《教学月刊·小学版（数学）》2013 年第 7·8 期〕

核心素养，一步之遥！

核心素养，是近段时间最热的名词。有关核心素养的价值、含义等讨论，更是热闹非凡，众说纷纭。然而，对于一线教师而言，大家更在意的是希望看到一些具体实在的案例，从而真正明白该怎么去做。日前，笔者经历了对一个案例的研讨，研讨的方向恰好指向于核心素养，于是略作记叙，供老师们思考。

这是一节一年级数学课本内容整合教学的研究课，课题是"0~9的认识"。课非常精彩，给人以很多有益启示，因此课后的研讨也只能是围绕如何更好地提升课堂的内涵而展开。下面的教学片段就是其中一个研讨点。

师：你能用画一画、写一写等方法，表示出5吗？

教师组织学生自主表征，展示作品。学生有的画了5个苹果，有的画了5个梨，有的画了5朵花……

师：小朋友们真能干，用不同的方法把5表示出来了。想一想，为什么大家画的东西不一样，却都能表示5呢？（生答略）

师：除了大家刚才画的，5还可以表示什么呢？

学生纷纷举手，有的说可以表示5个人，有的说可以表示5本书……

师：看来，大家都已经和5交上好朋友了，真了不起！

研讨者认为，在这个教学环节中，学生既有"画"又有"说"，既有动手实践又有比较归纳，教师意欲引导学生经历抽象概念的过程，想法挺不错。但是，在这个过程中，学生的参与积极性似乎不是很高，学生的思维似乎没有被充分点燃，学习后思维的增量似乎也不够明显。大家认为，在我们热谈"核心素养"的今天，这样的环节好像还有进一步可供挖掘提升的空间。

不妨先剖析一下问题产生之原因。我们都有这样的经历与印象，幼儿在四五岁的时候，对于 10 以内的点物数数大多已掌握（幼儿教育的研究对此早有定论）。试想，幼儿的点物数数一定是经历了家长、教师很多次的引导，经历了很多次不同物品的点数。因此，幼儿建立的 10 以内数的概念，原本就已经是经历了抽象的过程，是抽象的产物——舍弃计数对象的品种、形状、色彩等非本质属性，留下本质属性，即其中的数量。正是因为幼儿已经多次地经历过了，所以在一年级的课堂上再引导学生进行如此地"抽象"时，学生的学习积极性自然不会太高，学习中思维的绽放、学习后思维的提升，自然也就较难实现了。数学的课堂，一旦"思维"两字不能充分体现，学生的发展，或言核心素养的培养，往往就得不到真正落实。

如何改进？研讨中大家提出了一个方案，这个方案相比原过程仅仅多了一步。但就是这小小的一步，学生数学素养培养的过程却一下子彰显了出来。

如上案例，还是先让学生"画"出 5，展示交流。之后，教师拿出一些预先画好的作品（逐个呈现）。

作品 1：2 个苹果、3 个梨画在一起。

作品 2：1 个巨人、4 个小朋友画在一起。

作品 3：5 朵品种、大小、颜色不同的花画在一起。

师：这幅图（作品 1）能用 5 来表示吗？

有学生认为不能用 5 来表示，因为是两种不同的物体。经过辩论，学生最后认可物体虽不同，但不影响数量的表示。到了巨人和小朋友的图时，强烈的身高反差，学生的思维再次受到"冲击"……

师：刚才大家是画出了 5，你还能在自己的身边摸到 5，用你的耳朵听到 5 吗？（展开略）

师：现在，老师要请小朋友说一说，5 到底表示什么呢？

这小小的一步变化，凭什么就能说与学生数学素养的培养挂上钩了呢？读者仔细一想就不难发现，因为改变的过程直击了学生的"思维"。笔者试从以下两方面分析。

其一，思维真正发生。我们可以明显地感受到，增加的一步让学生产生了认知冲突，引发了思维的碰撞。要知道，学生自己画的"作品"，一定都是五个一样的物体（有兴趣的读者不妨一试），学生之前接触过的认数的情境，一般也是一样的物体。而今天，当面临不一样的物体时（非本质属性差异显著），是否还能够这样计数，显然是一个冲突和挑战。毋庸置疑，这样的冲突和挑战才会引发学生真正的思考。数学不思考，教学无意义；真正的思考，理性的思考，才是数学学习最需要经历的。这，或许就是数学最核心的育人价值。

其二，思维切实提升。教师呈现的图能否用 5 来表示，学生需要经历舍弃非本质属性，概括本质属性的思维过程；找寻、触摸身边的 5，感知、想象其他的 5，学生需要将自己的思维内外沟通，对 5 的表象由此得以进一步清晰；"5 到底表示什么"，学生意见的个性表达与共识形成，就是 5 概念的真正建立。在这样的过程中，学生经历了"比较、区分、舍弃、概括、扩张"等一系列抽象概念的过程，不仅形成了相比课前对数概念的更理性的认识，而且在思维的深刻性、发散性、创造性等方面得到了一定的提升。很明显，学生如此的思维经历才是本课学习情境下有意义的发展过程，而我们数学教学所追求的诸如抽象能力的培养等核心素养，在这样的过程中正不知不觉地实现着。

一个小小案例，恐难以诠释"核心素养培养"这么大的命题。但是，再大的命题、再高的目标，我们都是从一点一滴开始尝试、开始突破的。我们一线教师不要觉得核心素养深奥难懂、高不可攀，或者觉得虚无缥缈、不着地气。事实上，我们只要时刻想到数学教学最本质的追求——发展思维，然后在实践中努力地将这样的追求体现出来，哪怕是一小步、一丁点儿，那也已足够。数学教学，原本就是那么一回事，只是那么一回事！

核心素养，离我们不也就这一步之遥吗？

（本文原刊于《小学数学教师》2016 年第 7·8 期）

对难点的创新处理需要勇气与智慧

人教版《数学》五年级上册"小数乘整数"是"小数乘法"单元的起始课。

教材编排了两个例题。例 1 是以"一个风筝 3.5 元，买 3 个风筝要多少元"为情境，引出 3.5×3 的计算问题。学生探究算法时，可以想到将乘法转化为加法来解决问题，或者想到将 3.5 元分成 3 元和 5 角，然后分别乘 3，最后合并起来得到结果。教材重点引导学生理解"将 3.5 元看成 35 角，化归成整数乘法来计算"的方法（图 1）。例 2 则脱离具体情境，以 0.72×5 为例引导学生更抽象地理解算理，掌握这种转化计算的方法（图 2）。

图 1　　　　　　　　　　　图 2

例题教学之后，教材安排了"做一做"两组习题（图 3）。第 1 题很基础，学生不太会出错，第 2 题包含三道小数乘整数的练习题，看似也非常简单。因此，很多教师在教学时，就是将这三道习题作为随堂练习，希望以此让学生巩固所学。

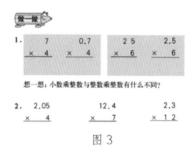

图 3

一次随堂调研中，三位教师都执教了这一内容，也都将"练一练"第2题作为随堂练习。他们对这组习题不同的处理方式引发了下面的"故事"。

第一位教师在布置这三个题目后（以横式形式出示：2.05×4，12.4×7，2.3×12），先让学生独立练习，自己进行巡视，请三位学生分别板演三题，然后反馈核对。前两题学生基本上都正确，第三题 2.3×12 却出状况了——大多数学生的解法都与黑板上的正确方法不一样。教师在巡视时已经发现这个情况，只是非常镇定地以一句"同学们看看黑板，不对的请自己改一下"就将此环节带过。可是，这个环节我早已非常关注，该教师巡视时，我也在巡视。学生出现的错误，与我以前在其他班级发现的情况一模一样（图4为几种典型错误的摘录）。"不对的请自己改一下"——我相信，学生并没有从心底将不懂改掉。

$$
\begin{array}{r}
2.3 \\
\times\ 1\ 2 \\
\hline
2\ 4.3
\end{array}
\quad
\begin{array}{r}
2.3 \\
\times\ 1\ 2 \\
\hline
2\ 4.6
\end{array}
\quad
\begin{array}{r}
2.3 \\
\times\ 1\ 2 \\
\hline
4.6 \\
2.3 \\
\hline
2\ 7.6
\end{array}
\quad
\begin{array}{r}
2.3 \\
\times\ 1\ 2.0 \\
\hline
\end{array}
\quad
\begin{array}{r}
2.3 \\
\times\ 1\ 2 \\
\hline
4.6 \\
2.3 \\
\hline
2\ 7.6
\end{array}
\quad
\begin{array}{r}
2.3 \\
\times\ 1\ 2 \\
\hline
4.6 \\
2\ 3 \\
\hline
2\ 7.6
\end{array}
$$

图 4

第二位教师显然教学经验很丰富，备课时已经知道这道习题是本课的一个难点，学生在这道习题上一定会出现上述状况，因此有了针对性的应对策略。

他也让学生尝试练习这三题,但在反馈时有意识地将此题"放大":先是展现学生的不同做法,然后引导辨析,在学生明白道理后再进行修改,并且再次呈现一道类似的题目让学生巩固,学生掌握很是牢固。尽管教学时间紧张,课堂上来不及练习其他题目,但是这位教师把握学情、精心备课的工作方法,在课后还是得到了调研领导的表扬。

第三位教师则受到了调研领导的批评。他太有"经验",知道学生会在这道题目上出现"意外",为展现出良好的教学效果,他动了点小"手脚"——在课件呈现习题时,将 2.3×12 改成了 2.3×8。如此一来,"意外"的情况自然无法出现,课上得极为顺畅。刚下课,听课领导就很严肃地批评道:"请问,这种类型的习题,你打算什么时候教呢?"

三节课后,由我负责对三位教师进行教学反馈——

G(笔者):今天我们上的是计算课,计算课主要的教学目标是什么?

S1(1代表第一位教师,以下同):理解算理,掌握算法。

G:非常正确。那么,在这节课中,算理和算法,哪个要难一些呢?

S2:我觉得算法的形成上,学生还是会遇到一些困难,毕竟是第一次学。

G:是呀,这节课的计算中,有一种题目学生列出的竖式错误很多,你们发现了吗?

S1:就是 2.3×12 这类题目,我发现这个题目很多学生列的竖式都不对。

S3:对,我第一节课时试教过的,也发现这个情况了。

G:这个情况出来后,应对起来很花时间,所以你把题目改成 2.3×8 了,是吗?

S3(有些羞赧):嗯,我想今天是领导来听课,想上得顺一些,所以……

S1：这个事情挺难的，我发现学生错误很多，但不敢展示出来，不然显得我前面的教学效果很差。还有，如果展示出来了，课堂怎么进行下去呢？

G：大家有没有想过，学生为什么会在这道题目上卡壳呢？

S2：因为这道题目与例1、例2的情况是不一样的。例1、例2都是小数乘一个一位数，而这道题目是乘一个两位数，学生虽然学了例题，但还没有处理这种情况的经验。（S1、S3对S2投以佩服的目光）

G：说得对！对于一个知识或技能的学习，如果学生不能凭原有经验来掌握和解决问题，那么它往往就是学习的难点，也就是教学难点。这个难点怎么处理，我们请S2来介绍一下吧……

教学有难点，这是教师必须面对的情况。从某种意义上说，教学就是为了"释疑解惑"而存在的。教师在备课时，需要从学生认知的角度进行分析，找到难点，并设计针对性的突破策略。知道有难点却不敢积极应对，甚至采用回避的策略，都会使得教学质量降低，更会因此阻碍教师的专业成长。教学难点，需要教师有敢于直面的勇气！

G：S2用了一种策略——放大难点，暴露错误，再研究，再巩固，效果不错。请问，除此之外，还有什么更好的突破办法吗？（三位教师陷入沉思）

S3：可以把它当作例3，配一个情境，单独放大处理。不过，这样后面练习的时间可能会紧张一些。

S1：这样的做法实际上就是S2的做法，无非是没有说这道题目就是例3而已。

S2：能不能把例 1、例 2 整合一下，改成一道例题，如 3.5×8？这样，因数末尾 0 的处理就带掉了，时间就省下来了。然后处理 2.3×12，再练习，时间应该会比较宽裕。

S1：这样也不好，出现的乘法都是一位小数乘整数，0.72 是两位小数呢！

G：这个问题为难大家了。难点，是对于学生而言的，我们还是要从学生的角度来思考。我们一起来看看学生的几种错误做法展现了他们怎样的想法吧！（呈现图 4 的几种情况）

S1：学生有的是将两个因数末尾对齐，有的是将相同数位对齐。第 1 种错误，数位对齐后，学生将十分位的 3 直接移了下来，再拿 2 跟 12 相乘。这是受以前小数加减法的影响。

S2：这种影响很明显。第 4 种错误，学生就是记得小数加减法时这样添一个 0 比较容易计算，所以他现在也去添一个 0。只不过在添了 0 后，他无从下手了。

G：这是个听话的孩子呀——老师的话记得特别牢！

S1：所以，第 2 种错误中，学生只拿十位上的 1 和上面的 2 乘了一下，不敢乘十分位上的 3，因为例题教学时没有出现这种情况。

S3：我觉得多数还是第 3、5、6 种情况，学生不知道计算的过程中要不要点小数点。当然，还有对位的问题。

……

G：大家分析得非常好！学生的问题就是这些，这节课，他们出错的、难理解的地方也就是这些。看到这些，现在你们又有什么想法吗？

难点，是学生学习困难之处。因此，设想难点的突破，需要更多地走近学生，分析学生。我们应当把握学生的认知障碍或学习心理，深入分析学生的思维状况，然后从学生的角度考虑突破的方向和策略。学生暴露出来的六种不同错误，蕴含了他们丰富的、原生态的想法，如何应对、如何化解，这就是难点突破的关键处，也是教师教学智慧的显现处！

S1：让孩子们在课堂上各自说一说想法，比较讨论，课堂气氛会很好，道理也能讲明白。

S2：我就是这样做的呀，可是教学时间紧张，现在要解决的是时间问题。

G：既然这么难，我们能不能让它提前出现，让学生集中更多的精力去突破它？

S1：提前？例1、例2是基础，总要先学的吧？

G：一定要先学？胆子大一点，又如何？（三位教师盯着我，等我把话说完）

G：就把2.3×12当作唯一的例题，又如何？（三位教师瞪大了眼睛）

G：情境就是"一个风筝2.3元，买12个要多少元"，列式2.3×12，揭题"小数乘整数"，然后让学生尝试解决，学生会怎么做呢？

S2：分成2元和3角，分别乘12，再相加。

G：可能会有。还有呢？

S1（疑惑地）：还有就是竖式。可是，列竖式，像刚才那样的错误情况不是会更多吗？

G：分析得对！如果我们将这六种情况一一呈现在黑板上，让学生自己来介绍想法，让其他学生来评判他们的做法，课堂会有怎样的气氛？

（三位教师眼神闪烁……）

G：看到不同的方法和结果，学生一定是惊讶的，一定充满了好奇，谁的对呢？愤悱的情绪是学习的最大动力，兴趣有了，学习就变成了学生主动的愿望。

G：其他学生会怎么评判？让他们去说吧，说了才精彩！答案不是 27.6 的先排除，还剩三种。剩下的三种，组织学生比一比有什么差别——无非是对位的问题和运算中间要不要添小数点的问题。

S1（插话）：但这是最关键的地方，怎么处理呢？

G（有些激动）：是呀，三种不同的方法谁对呢？跟学生讲一句话就解决了——因为这是小数乘法，你们没学过所以不会，那么你们学过什么呢？整数乘法。行！如果这道题目要转化成已经学过的整数乘法，该怎么想呢？安排一次讨论！

S1：嗯，这样课堂气氛会很好！

S2：学生一定会说"看成 23 角 ×12 来想"。

G：对，那不就行了！看成 23×12，竖式怎么对位？末尾对齐！运算中间还有没有小数点？当然没有！得到的是 276 角。再怎么办？点上小数点！

S1：对，对，这实际上跟例 1 的教法是一样的。

G：它们的算理和算法本来就是一样的。

S3（小心翼翼地）：然后让学生修改，形成正确算法。然后呢？例 1、例 2 怎么办呢？

S2（兴奋地）：还要例 1、例 2 干什么呀？2.3×12 都会了，这节课还有什么不会的？

（片刻，掌声响起……）

一个改编题，既替代了两个例题，还解决了教学难点，精力集中，时间节省，处理方式可谓创新。若要对这个处理方式作提炼，无非就是"难点前置，放大难点，统领全课"。

这样的策略，笔者多次用于自己的教学设计中，颇为有效。（本课的设计笔者自己也曾实践过，效果亦不错）或许这样的策略并无普适性，但笔者还是愿意记叙下来和读者共享，因为笔者觉得，对一个难点作创新处理，挑战的是教师的教学勇气与教学智慧。而教师如何才会具备这些勇气与智慧呢？从案例中可见，其实这并无窍门，教师只需要更全面地分析教材，更深入地解读学生，对教学付出更多的思考，倾注更多的热情，仅此而已。

这样的要求，偶尔做到，或可创新一课教学，坚持不懈，定会积淀丰厚底蕴。

（本文原刊于《小学数学教师》2016 年第 11 期）

第五辑

专业探究

在教学中，教师们经常会遇到各种疑难问题，有知识上的疑虑，有教法上的困惑，等等。此时，若能勇敢地直面疑点，通过检索资料、请教他人、实践检验、深度思考等途径，尽可能地去化解疑问，那么于教师而言，不就在这样的过程中，无痕地丰厚着自己的专业内涵吗？

不要让疑问飘忽而过

一次担任说课比赛的评委，说课内容为"速度、时间和路程"。多位教师说到，"速度"是一个新的概念，是教学的重难点，教材呈现了专用记法如"千米 / 时"，对学生而言，这种复合单位是第一次学习，在教学时需引起重视。

听着听着，我产生了一个疑问——教材中上一课内容是"单价、数量和总价"，其中的"单价"本质上与"速度"一样，是两量相除新得的一个量，也可记成如"元 / 千克"的样式，为什么教材中却没有呈现这种记法呢？是教材的疏漏，还是另有奥秘？

与同伴们的简单议论没能消除疑问，只能回家查阅资料。《汉语大辞典》上关于"速度"解释中的一句话引起了我的注意：速度是导出量，其单位由长度单位和时间单位组合而成，常用的单位有米 / 秒、千米 / 时等。"导出量"，何意？再查。哦，原来这是一个物理学中的名词。物理学中规定，把少数几个可看作相互独立的物理量叫作基本量，其余可由基本量导出的物理量，叫作导出量。

基本量有哪些？再查。哇，还涉及物理学的单位制了！原来，物理学中有MKS 制、CGS 制和 SI 制等。其中 SI 制就是现在国际通用的计量制度，它规定了七个基本量及其单位：长度（m），时间（s），质量（kg），热力学温度（K），电流强度（A），光强度（cd），物质的量（mol）。物理学各个领域中其他的量，都可以由这七个基本量通过乘、除、微分或积分等数学运算导出。

明白了！"速度"是由基本量"长度"和"时间"导出的一个物理量，导出而得的单位是 m/s（当然可进一步导出 km/h 等）。它是一个规范严谨的科学名词，所用的单位是全世界通用的符号。这样的单位（及概念的基本含义）自然需要在教材中呈现、在课堂中教学。

反观"单价"，它的单位是怎样的？元 / 千克，元 / 克拉，元 / 打，角 / 个，英镑 / 盎司……显然，这些都是因人类生活需要或使用习惯而简单复合成的单位，表达情况各不相同，用到的常是非国际通用单位。将这样的单位写进教材或者要作为概念进行教学，似乎不太合适。

类似的疑问产生和解决的经历，在笔者的专业发展之路上为数不少。笔者坚持不让这样的疑问从眼前飘忽而过，因为在质疑、释疑的过程中，以下收获会相伴而生——

增强思考的能力。能发现问题，会提出问题，这原本就是值得锤炼的思考能力。而在解决问题的过程中，必定还需要查找文献、搜索网络、向人请教、与人争辩……这之间，调整思路、对比甄别、理性反思，人的思考能力不就由此而获得增长了吗？

丰富着自身的内涵。每个人，虽然都有各自的知识储备，但是其知识结构往往有局限性——囿于自己的学科或兴趣。遇到疑问，就意味着有完善知识结构的机会。通过学习、实践、反思等释疑的途径，知识短板弥补了，认知结构扩展了，学识水平、眼界理念提升了，人的自身内涵不就由此而更丰富了吗？

积淀着创新的思路。对教材、学情等产生了疑问，通过深入研究又得到了答案，作为教师，往往就会获得改进教学甚至创新教学的启示。如本课中，放大对"速度"单位的教学，单元练习课中设置"速度"与"单价"对比教学的环节，教学不就由此而更显深度，更有创新之机会了吗？

古人云：为学患无疑，疑则进也。善于质疑的习惯和刨根问底的精神，能为教师的专业成长提供不竭动力，积蓄丰厚养料，值得我们重视并追求。

（本文原刊于《小学数学教师》2017 年第 12 期）

教学目标该如何刻画

一线教师在制定教案时，教学目标的刻画总是会出一些问题。如以下是三位一线教师撰写的"平行和垂直"教学目标。

【A 案】

1. 认识平行线，理解含义，掌握平行线的特征。

2. 理解互相垂直、垂线、垂足的含义，掌握垂线的特征。

3. 会应用平行线的特征、垂线的特征来解决实际问题。

【B 案】

1. 结合动态的演示，使学生感知平面上两直线的关系，认识平行线和垂线，感知它们的特征。能正确判断互相平行和互相垂直。

2. 培养空间想象能力和联系实际的意识和能力。

3. 感受数学的价值，培养学习数学的兴趣。

【C 案】

1. 使学生理解垂直和平行的概念。

2. 体会垂直和平行在生活中的广泛应用。

同样的一个教学内容（教材版本也相同），目标的刻画缘何会呈现如此差异？且撇开目标描述的基本格式、个人对课的设计意图不论，仅从教学目标的词语使用、句式表达上来分析，我们就可以发现教师们在描述教学目标时出现的问题。

第一个问题是行为动词使用的不规范。如 A 案中的第一句话"认识平行线，理解含义，掌握平行线的特征"，"认识、理解、掌握"，这三个词语究竟该如何使用呢？让我们来看看课程标准中对这类行为动词的说明——

> 理解：描述对象的特征和由来，阐述此对象与相关对象之间的区别和联系。"理解"的同义词有"认识、会"。
>
> 掌握：在理解的基础上，把对象用于新的情境。

很明显，A 案目标第一句话中的"理解含义"，就已经包括"认识平行线"，因此，前两句话是重复的。其次，"掌握平行线的特征"，"掌握"，更通俗的意思是"熟知并能运用"，在本课，需要达到这个高度吗？实际上，教师虽然写了"掌握平行线的特征"，但他的原意恐怕还只是"理解特征"罢了。

课程标准提出了描述目标达成的两类行为动词，一类是描述结果目标的行为动词，包括"了解、理解、掌握、运用"等；另一类是描述过程目标的行为动词，包括"经历、体验、探索"等。同时，课标还使用了一些与上述行为动词词义相近的词语，如"知道、认识、会、能、证明、感受、尝试、体会"等〔详见《义务教育数学课程标准（2011 年版）》附录 1〕。以上这些词语有着各自的含义，反映着教学目标达成的不同水平，我们在描述目标时，对此需要细细斟酌，根据教学设计的真实意图，准确地使用不同的词语，并以此引领课堂实践的开展。

第二个问题是词句的表述琐碎杂乱。我们来看 A 案中的目标 1 和目标 2。这两句话分别提出了对平行概念的理解和对垂直概念的理解两个目标，那么，为何不将这两句话合并表述为"理解平行和垂直的概念"一句话呢？再如，B 案中的目标1："结合动态的演示，使学生感知平面上两直线的关系，认识平行线和垂线，感知它们的特征。能正确判断互相平行和互相垂直。"先是"感知关系"，再是"认识平行线和垂线"，然后再有"感知特征"，这样的表述，读起来让人感觉琐碎和混乱。实际上，三句话也只要合成一句话即可，"理解平行和垂直的概念"。

第三个问题是目标所表达的意思比较空泛。如 B 案中的目标2："培养空间想象能力和联系实际的意识和能力。"如何培养学生的空间想象能力呢？途径、策略是什么？空间想象是基于空间知觉、空间表象之上的一种更高级的能力（但都在空间观念范畴之内），本课的目标为何跳出了空间知觉、空间表象，直接提升到空间想象能力了？是真的有这样的实际追求，还是仅写写而已？再如"联系实际的意识和能力"，到底是要有意识还是要有能力，抑或真的两者都要？一节课，要实现这样的目标，恐怕是不容易的。所以，描述目标的话，不能任意挥洒，空而无物，不然倘若真正叩问起其中的含义，其偏颇和空泛就显露无遗了。

除了上述问题之外，目标的表述太过粗略、维度不清、层次性不强等现象，也很常见。如 C 案，两个目标，目标1是知识目标，目标2是情感态度，那么，与知识紧密相关的技能目标是否有呢？本课的过程性目标又在哪里呢？再看两句话，目标1主语为教师，目标2主语为学生，明显不统一……

基于上述分析，笔者认为，教学目标的刻画需要注意以下几点：**一是用词要严谨、准确，二是表达要明确、清晰，三是目标要具体、可检测。**

还是以"平行和垂直"为例，如下刻画教学目标是否会更合理些呢？

1. 理解平行与垂直的概念，能正确判断平行与垂直。

2. 经历操作、观察、想象、归纳等学习活动，体验概念的抽象过程，发展空间观念。

    3.感受探究式学习的乐趣，体验数学与生活的紧密联系。

在这三句话中，第一句话是知识技能目标，清晰地指出了知识上需要达到的目标——理解概念，技能上需要达到的目标——能正确判断。第二句话是过程性目标，学习活动很清楚——操作、观察、想象、归纳，目的是指向两个能力——抽象思维、空间观念。第三句话则说明了学习情感、态度方面的两点追求。

这样的教学目标，是否更有可能服务于教学的实施，是否更有可能使教学获得真正的效果呢？

希望老师们在撰写教学目标时，再多一些思考，多一些推敲，以自己的严谨、科学，提升课堂的质量与内涵。

（本文原刊于《教育视界》2016年第8期）

教学重难点该如何把握

备课时，把握住教学的重点和难点，无疑会决定教学的方向和过程。而在实际教学中，教师对教学重难点的把握，还是有一些问题。

问题一：忽略重难点。有些教案上，往往找不到教学重难点这一内容。了解原因，会听到如下的观点：教学重难点写来干什么呀？写不写重难点，还不是一样上课？

问题二：模糊重难点。有些教师因为吃不准教学重难点，因此在制定教案时采取模糊化的方法，认为教学目标的内容就是教学重难点，或把教学重难点合在一起表述，或干脆回避重难点不写出来。

问题三：找错重难点。有些教师，找错了重难点，如把一些细枝末节当作教学重难点，把学科教学的大目标当作教学重难点等。

上述种种状况，毫无疑问地会影响教学过程、教学效率和教学质量。

那么，怎样去把握教学的重点和难点呢？这都得从什么是教学重点，什么是教学难点讲起。

所谓教学重点，就是教学的最重要之处。称得上最重要的，那就是指一节课的教学中，某个（或几个）教学目标的实现，能在学生知识体系建构、数学技能形成、思维能力发展、活动经验积累等一个（或几个）方面，发挥至关重要的作用。这样的教学目标达成点，它就可以叫作教学重点。

如"长方体的认识"一课中，"掌握长方体面、棱、顶点的特征"，是"长方体和正方体"整个单元的基础——后续的棱长总和、表面积计算、体积计算等，都离不开这个最基础的知识，因此，它就是"长方体的认识"这节课的教学重点。再如"乘法分配律"一课，学生在四年级学了这个运算定律，之后，无论是五六年级还是初高中的数学学习，无论是将来的生活中还是工作中，相关的计算情境经常会遇到，而这个定律则将如影相随地帮助他们解决问题。同时，学生学习这个定律时所感悟到的归纳推理的思想方法，更为他们思维能力的发展发挥了重要的作用。因此，"经历归纳推理的过程，掌握乘法分配律的结构"，自然就是该课的教学重点。（注：对乘法分配律的灵活运用是下一课时的重要目标）

所以，更直接地讲，一个教学目标点，是否应确定为教学重点，我们只要对照以下标准即可：它是不是单元教材的核心，是不是学生后继学习的基础，是不是将来要被学生经常所运用，是不是在学生思维发展中起重要作用……

由此可见，教学重点可从不同的层面来阐述，有些指向于双基（如掌握长方体的特征），有些指向于思想方法（如经历归纳推理的过程）。在实际教学中，这很常见。再举一例，如"平行四边形面积"一课，"面积计算公式的理解和运用"必定是教学的重点——双基层面；"转化思想的渗透"，毫无疑问也是教学的重点——数学思想层面。我们在制定教案时，不同层面的教学重点都应该予以呈现，并以此来指引教学的具体实施。

需要说明的是，教学的重点，是教材根据课标的要求，根据学生的能力，有意识地、科学地分置于整个教材体系中。因此，教学重点的形成，跟教材体系和数学知识内在的逻辑结构有关，是客观存在的，对每一位学生而言都是一致的。

所谓教学难点，是指对于大多数学生来说，理解和掌握起来比较困难的知识点，或容易出现混淆、错误的问题。大而言之，如数论的知识、代数的知识。小而言之，如抽屉原理的理解、三角形画高方法的掌握等。

教学难点的形成跟学生的认知紧密有关。我们知道，在学习中，要把新知识纳入原有的认知结构，从而扩大原有的认知结构，这个过程叫同化（即以旧的观点处理新的情况）。如面对三位数乘两位数笔算的新问题，学生可调用两位数乘两位数笔算方法的老经验来应对，这就是同化，能同化的内容往往不难。但是，在学习中，经常会遇到新知识不能被原有认知结构同化，此时，学生就要调整乃至改造原有的认知结构，以适应新的学习内容的需要，这就叫顺应（即改变旧观点以适应新的情况）。

比如，学生在学习"除数是一位数的笔算除法"时，因为以前的经验是依据口诀直接想到商（如 25÷3），"造一层楼"（竖式只有一步）就可完成竖式计算。因此，当遇到 42÷3，需要先算十位再算个位，竖式要"造两层楼"（分两步计算）时，学生就束手无策了。他们要么只写一步就难以写下去了（图1），要么没有过程就直接写出了答案（图2）——这就是他们原有认知结构的直观体现。此时，学习若要进行下去，学生唯有改变已有的认知结构，以顺应新的情况。

$$
\begin{array}{r}
1 \\
3{\overline{\smash{\big)}\,42}} \\
\underline{3} \\
1
\end{array}
\qquad
\begin{array}{r}
14 \\
3{\overline{\smash{\big)}\,42}} \\
\underline{42} \\
0
\end{array}
$$

图1　　　　图2

可见，需要顺应来学习的内容，跟学生已有认知结构冲突比较大，往往需要费较大周折来应对，这样的内容就会成为教学的难点，如上例中算法的掌握。

因此，要找教学难点，一般我们就可看这个知识（技能）的学习，学生是否有可能用已有经验来解决。如果学生不可能（或很难）用已有经验来解决的，这个知识（技能）通常就是教学的难点。

当然，有些知识、技能，包括思想，不一定是学生要改变认知结构来学习的，但也会是教学的难点，因为这个知识、技能或者思想，实在是比较复杂。比如除数是两位数除法中的试商，"植树问题"中各种实际问题的解决等。

需要我们注意的是，有些课不一定有教学的难点，因为它的知识（技能）并没有符合上述的特征。实际上，教学的重点也不是每节课都有的，有些课内容非常简单，那就谈不上教学重点。另外可以想见，教学重点和难点有时会是重叠的，即教学的重点也就是教学的难点，像前面讲到的"掌握乘法分配律的结构"。这时，我们就可以用"教学重难点"一并表述。

（本文原刊于《小学数学教师》2014 年第 11 期，题目为《小学数学中的教学重难点该如何把握》）

请慎对"笔算式口算"

一

所谓"笔算式口算",也就是用笔算的思路来进行口算。如口算 56−17,想:个位上的数减不动,要向十位借 1,16−7 得 9;十位上还剩 4,4 减 1 得 3;合起来结果是 39。

如上的口算方法,教师易教,学生易学,正确率高,师生都喜欢。

但是,要给教师们泼一盆冷水——"笔算式口算",有违口算该有的育人价值,大家需要谨慎对待。

为什么?且看口算的定义和相关论述。

口算:边心算边说出运算结果。

——《现代汉语词典(第 7 版)》

口算:不借助工具、不用竖式的计算。凡是耳听题目口答结果或是看着题目说出结果,这样的计算方法叫口算。口算也叫"心算"或"暗算"。

——《算术辞典》

心算是"用脑子去算",而不是"在脑子里算"。

——《义务教育数学课程标准(2011 年版)解读》

这些话到底是什么意思？口算的育人价值究竟是什么？

以 56−17 的口算为例作解释。

首先，没有计算器，不能列竖式（或没学过竖式），学生只能在心里（即头脑中）快速地盘算如何得出结果，56−10−7，56−7−10，56−16−1，57−17−1 等，某一种方法就会在学生头脑中萌发。面对实际问题有机会采用个性化的方法解决问题，或在分享他人方法时有机会感受不同的思维方式，这就是口算对于思维培养的价值之一——训练思维的灵活性、创造性。

其次，上述任何一种口算的算法，计算时学生都要经历较复杂的心智活动。如最普通的方法 56−10−7，学生的头脑中也要经历这样的过程：先将 17 拆成 10 和 7，因为 56 减 10，减数是整十数，算起来比较简单，可得到 46（此时要将 46 储存在头脑中）；减了 10 后，还少减 7，所以要再减 7（既要考虑到少减，还要能够将储存的 46 调出来再去减）；46 减 7 是两位数减一位数，要退位减……上述过程，学生要将 56−17 的计算分割成多个小过程，要将各种信息在头脑中进行合理地拆分、拼组等，并要在短时间内完成所有步骤，口头报出正确结果。正是在这样的心智活动中，口算的另一个价值就无声地体现了——锤炼学生的判断力、注意力、瞬间记忆力等。

口算的上述价值，在《全日制义务教育数学课程标准解读》中有明确的表述：

◆口算就是心算，它基于个人对数的基本性质和算术运算的理解，它为个性化、多样化地解决问题提供了机会。

◆心算不是笔算的台阶，而是一种不同的训练，是课程中独立的部分。

若真正理解了口算的价值，我们就会明白，平时教学中，若主动地要求学生或放任学生一味地使用"笔算式口算"，那就把口算的重要价值给丢了——因为"笔算式口算"，它只是按照笔算的操作程序，机械地、程式化地得出计算结果，其过程是不太需要动脑费神的，明显缺少促进人思维发展、能力提升的"营养成分"。

二

"笔算式口算"大行其道，从字面可见，原因就是受笔算方法的强烈影响。

我们知道，教学一个计算内容，教材一般都是先教口算，再教笔算（因为口算的某种算法，往往就是笔算的算理，所以还有"口算是笔算的基础"一说）。但一旦教了笔算之后，我们往往会对笔算进行强化训练，使得学生对笔算的操作程序非常熟练。这时，若回过来再做那些口算题，学生一定会毫不犹豫地采用笔算式的方法进行口算，而不再愿意用其他的算法了——其他方法需要动脑思考，都比不上笔算方法那样简单。

小学绝大部分计算内容，教材都是这样编排的，从而都会导致这样的结果。如一年级教学口算两位数减一位数（如 $36-8$），二年级时教学列竖式计算，学生一旦列竖式熟练了，再口算这种题目，就只喜欢用笔算式的方法了；再如三年级口算乘法，14×3，方法可以 10×3 加 4×3，也可以 4×3 加 10×3，但一旦教了竖式计算并反复练习后，十位先乘的口算方法，学生就自动屏蔽掉了。

而倘若教材因为其他的考量，把笔算编在了口算的前面，那情况就更加严重了。如人教版教材在二年级教了两位数加减两位数的笔算，却在三年级再教两位数加减两位数的口算，于是，教学时哪怕教师再怎么费尽心思地进行引导，也改变不了学生乐用笔算思路来进行口算的"强烈爱好"。对此，相信三年级的数学教师都深有体会。

所以，教材的编排体系和学生的学习心理，是导致"笔算式口算"大量出现的直接因素。（随想：以前的教材，曾有 100 以内的加减法只教口算不教笔算的编排，如此，"笔算式口算"还会出现吗？口算的教学效果会如何呢？当然，任何事物都是有双面性的。）

另外，实际教学中，教师的"有意纵容"，也是重要因素。可能很多教师心里都有这样的想法：算得对就好，怎么算关系并不大。甚至有教师偷偷地想：就让学生用笔算式口算吧，能提高正确率，那是多好的事啊！

三

那么，我们怎么教口算，才能让学生少用"笔算式口算"，并充分展现出口算应有的教学价值呢？个人觉得，可以从以下三方面着手。

（一）口算新授，要提高认识，明确目标

在教学任何一个口算内容时，我们都要清醒地认识到该内容的价值所在，要跳出教口算是仅为教笔算作准备，或者教不教都无所谓的狭隘认识，要站到口算教学有利于学生思维发展和能力培养的高度，高质量地备好口算课、上好口算课。

重点可做好两件事：

一是做强"方法多样化"。课中要放大"方法多样化"的过程，要让学生想得到、看得懂不同的口算方法，愿意求新求异去思考和创造，这样，学生就既能掌握口算的方法，又能锤炼思维的灵活性、创造性。

另外，"方法多样化"后若需走向"方法优化"的，其过程也要适当拉长，要让学生在思维深刻发生中去真正悟到优化的方法。

二是重视"算法的口述"。教学时不能只求答案，而要多让学生把自己想到的方法或者看懂的口算方法，用口头语言表述清楚。能看着题目准确、流畅地表述口算的过程，观察力、记忆力就可得到有效训练。

特别要提醒的是，如果口算编排在了笔算之后进行教学（如两位数加减两位数），我们更应该明晰这个口算内容的教学目标——此时再教，价值何在？

（二）口算练习，要关注形式，加强引导

教师们开展口算练习，主要是两种形式：看着题目写出得数，看着题目口答得数。这两种口算形式都叫"视算"。

看着题目写出得数，作业本上、口算练习册上，都是这样的题目，学生练起来简单，校对或批改也比较容易。但不难想象，看着题目写出得数，很容易"助推"学生采用"笔算式口算"。如口算 45+38，要写下得数，学生就会先算5+8=13，在得数处写好 3，然后再来计算十位。所以，让学生看着题目写出得数，若教师不提答题方式上的要求，不作方法上的指导，学生实际上只是在换种形式练笔算。

看着题目口答得数，教师们多用于课堂练习中，如呈现口算卡片或屏幕上打出口算题目，让学生看着题目举手抢答，或"开小火车"回答。这种方式，可能会使学生开展心算的机会更多一些，所以相比之下，其效果好于看着题目写出得数。教师需要关注的是，如何让每位学生不滥竽充数地参与，如何引导学生灵活地进行口算。

以上两种视算的形式，即使是后者，其实对思维的要求还不是很高的——日常生活中要用到口算时，我们往往是需要根据听到（而非看到）的几个数据，完全通过大脑思考后再口头表达出来的。所以，视算时将数据呈现给了学生，本质上已是降低了思维的要求。

根据听到的数据在心里进行口算，这就叫"听算"，这才是最了不起的口算，这也是能最大限度地减少"笔算式口算"的一种练习形式。我相信，这样的形式，绝大部分教师都未曾用过，但是只要谁试过了，就一定会感受到它的功效。

根据以上分析，关于口算练习，也提两点建议：

一是多用有效的形式。平时尽可能多开展看着题目口答得数的视算形式，给出数据进行视算的时间要合理把握，要"迫使"学生用脑子快速、灵活地算出答案。视算时，要想点办法促使每个学生真正地参与。另外，可以在视算的基础上，尝试开展听算的形式，如练习时，大部分是视算题，最后来几道听算题，或者有时干脆是专项的听算练习。

二是多注意方法的引导。视算口答时，可随机抽问学生，让学生说说思路，引导其他学生理解、接受别人的好方法。如果视算时是写答案的，可要求学生算出结果以后再完整地写出答案（从高位写起），而不能用笔算式的思路从低位写起。开展听算的，一开始难度不要大，如题量少一点，数据简单一点，教师多报一次数据等，最重要的是要引导学生在听算时真正地用脑子算起来。

（三）口算测评，要合理开展，注重激励

"运算速度保证高效思维"，中国数学双基教育的宝贵经验告诉我们，计算，不仅要算得对，还需要一定的速度。这是对我们开展口算教学的一个重要指引。因此，口算教学之后，开展针对性的口算测评活动就很有必要——检验学生的口算速度和正确率。

笔者在管理学校时，曾连续很多年组织"口算达标测试"，收到显著效果。其具体形式为：学期中，每个班级、每位学生都在经常性地开展口算练习；每学期结束前，集中开展一次测评，一二三年级全体学生参加；测评卷提前由教导处精心准备，一页 A4 纸，80 道视算，20 道听算；视算给时 3 分钟（题目能做多少是多少），时间到后马上做听算，听算用录音播放，播完听算即收卷；最后集中批卷，根据学校制定的标准评出达标的学生及班级（基本上都能达标），学生个人根据得分高低再评出"口算小能手"（约半数以上能获此称号）。如此做法，既有保底要求（达标），又有激励措施（评优），师生均能接受且重视，几年的坚持，有力地促进了该校数学学科的高质量发展，广受域内学校好

评及模仿。

给意欲开展口算测评的学校和教师提醒两点：一是要根据"课标"要求制定一定的标准（"课标"所提只是保底要求，建议教育发达地区可以略高些），便于师生有目标地开展练习，避免无上限地追求速度。二是要加强激励，集中测评后（包括平时），给学生颁些荣誉称号、发些小奖品，让更多的学生有练习口算的积极性和成功感，因为练口算的确是很辛苦和枯燥的事。

口算，看似是数学教学中最常见、最简单的内容，但实际上却颇有内涵，无论是其教学还是评价，都很不容易，都值得深入实践和研究。期待以本文不成熟的个人观点，引起教师们对口算教学的更大重视和更多探索。

特别说明：本文提出的少用"笔算式口算"，主要是针对低年级的教学要求。到了中高年级，随着计算难度的提高，如小数加减法、小数乘除法等，其口算思路与笔算思路会趋于一致，遇有口算，"笔算式"地思考，顺理成章。而至成年后，人们如果遇到口算的情况，更喜欢用"笔算式口算"，因为其"方法简单"，不用太耗脑神，不信，我们自己做一下 $143-86$、$5.87+0.54$、2.18×6 等题目就可知。如此说来，我们费心费力地教口算，不就意义不大了吗？不，这反过来在说明一个重要的道理——低年级口算教学时，我们应当努力追求让学生借口算练思维、练能力。

〔本文原刊于《教学月刊·小学版（数学）》2021 年第 12 期〕

数学教学要溯本求源

近段时间，多次见到有老师讨论这样的问题：一个长方体，一次最多能看到几个面？

这个问题的来由，是因为人教版实验教材五年级上册有一个单元叫"观察物体"，这个单元的第一个例题就是以长方体为例，让学生通过实际观察，体会到一次最多只能看到长方体的三个面（如图1）。

图1

然而，在实际教学中，经常出现这样的意外——有学生看到了长方体的四个面。请看这样一个案例：

一位学生兴奋地举着火柴盒，大声喊："我最多能看到长方体的四个面！"

教师很诧异，但立即亲切地说："这位同学不小心看花了眼呢。"一些学生附和道："不可能看到四个面！"

那位学生连忙将火柴盒立于两眼之间，急切地向教师辩解："老师，我这样就能看到四个面，上面、前面、左面、右面。"

其他学生一片哗然，教师说："你再仔细看看，不可能看到四个面的。"

学生坚定地说:"能!"

教师有些尴尬,但更多的分明是不耐烦,说:"绝对不可能的,你下课后再认真观察,老师相信你会得出正确答案。"

那位学生显然不能接受,但也只能无奈地坐了下去……

尽管课是这样上了,但只要是自己去实际观察过的教师,都会觉得"愧对"学生。因为教师心里明白,一次能看到长方体的四个面,那不是假话。因此,教师们虽然不敢轻率地怀疑教材、教参,然而心里都在暗暗嘀咕:这究竟是怎么回事呢?

于是,我们在一些数学论坛上见到不同的观点:

正方:能看到四个面。当摆放在眼前的长方体的宽度小于学生双眼瞳孔的间距时,学生左眼看到左边、右眼看到右边是很正常的。如案例中的火柴盒,它的厚度明显小于学生双眼瞳孔的间距,竖起来时,就有可能同时看到它的左右两个面了,外加上面、正面,共四个面。有此观点的教师甚至认为,倘若长方体足够小时,要同时看到它的五个面也并非难事。所以,他们建议,教材应把语句调整为"一般一次能同时看见三个面",而非"一次最多能看到三个面"。

反方:不能看到四个面。这是一个怎么观察的问题,我们应将"最多只能看到三个面"的前提条件,定为是"从一点观察"。也就是说,只有用一只眼睛观察时,观察到的结果才是正确的,即看到符合教材所讲的三个面。有这种认识的教师想出"绝招",当学生看到四个面时,让学生自己蒙上一只眼睛再看一遍,问题就迎刃而解了。

这些观点看了,难免让人觉得有滑稽之感。看一样东西还如此费神,要么两个眼睛分散用力,要么睁一只眼闭一只眼,这似乎不是在学数学了吧。

上述争论之所以产生,究其原因,是因为教师在遇到疑难的数学问题时,仅去追究表面上的原因,而没有用数学的眼光去溯本求源,去探寻数学本质上的症结，结果造成了理解上的偏差。

那么，"一次最多看见长方体的三个面"，这个知识的本源到底是什么呢？

让我们先去考察这个教学内容的知识背景。

"观察物体"属于"空间与图形"的学习内容。在小学阶段，"空间与图形"的学习内容主要有"图形的认识""图形与变换""图形与位置""图形测量"等。而在其中的"图形的认识"学习内容中，有一块叫"投影与视图"的知识。这块知识，是纵贯中小学的，它在小学阶段要求较低，只要求"能辨认从不同方位看到的物体的形状和相对位置"，等到了初中三年级，才正式学习投影与视图的知识，在高中一年级还有更深的相关知识。

也正因为小学所学只是作些铺垫，因此教材并没有提出"投影"与"视图"的名称。然而，我们作为教师，却不能回避这两个概念，不能不知道什么是"投影"，什么是"视图"，因为缺少对这两个概念的理解，那就会造成教师教学的盲目和无措。

为说明问题，笔者先将这些概念整理如下：

用一组假想光线将物体的形状投射到一个面上去，称为"投影"。这个面上得到的图形，也称"投影"。投射线从一点出发的称"中心投影"（如图 2-1），投射线相互平行的称"平行投影"（如图 2-2、图 2-3）。平行投影中，投射线与投影面倾斜的称"斜投影"（如图 2-2），垂直的称"正投影"（如图 2-3）。

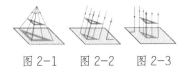

图 2-1   图 2-2   图 2-3

将人的视线规定为平行投影线，然后正对着物体看过去，将所见物体的轮廓用正投影法绘制出来的图形称为视图。

从上述语句，我们不难发现这样的逻辑关系：用平行投影线，采用正投影法可得到物体的视图。再对照教材，我们便能想到：本单元的观察物体，并不是生活中随意性地看东西，而是需要我们用数学的眼光，即正投影法去观察物体。

有此理解，前面的讨论就可立辨正误。

其一，这个学习内容是"投影与视图"范畴之内的，因此在观察时应该用平行的且垂直于被观察物体的投影线。人的视线正常情况下本可当作平行投影线的，但前面教师想出来的左眼看左边的、右眼看右边的，或是用一只眼睛看，却反而使得投影线不平行了，这是有悖正投影基本要求的。因此，在这些基础上所作的讨论，都无法避免地违背了本课所蕴含的数学实质，更何谈是否正确了。

其二，用一组平行光线正投影一个长方体时，当然只能照到三个面。因为另三个面是与这三个面相对的，一个方向来的光线怎么可能同时照到相对的两个面呢？因此，"一次最多只能看见长方体的三个面"完全正确。

可见，只要理解了问题的数学本质，要解决争论就非常容易。并且，有了上述的正确认识，我们还可以轻松地得出这个知识的教学注意点。

其一，物体大小要恰当。让学生观察时，提供给学生的实物要足够大，至少要超出两眼间距，一般宜选用皮鞋盒大小的长方体。那些火柴盒之类的长方体，因为太小，容易对教学造成不必要的影响，不应选用。

其二，观察方法要正确。观察时，要告诉学生视线应自然，要垂直于被观察物体的表面，可让学生把物体平放于视线的正前方，缓慢转动，仔细观察。

其三，教学手段要丰富。可以采用课件演示的方法，使学生了解平行投影线、正投影的知识（概念可以不出示），让学生直观地认识到为何一次最多只能看到长方体三个面的科学道理。若能在课件演示之后再让学生实际观察，效果最佳。

通过上面的例子，读者想必都能体会到数学教学要溯本求源的重要性了。在现实中，因教师缺少深层思考、缺少追根究底的精神而导致作无谓争论的例子经常可见。

如本文所讲的"观察物体"这个单元，里面所有的观察方向，都是从前面、上面、左面三个方向。于是教师就很疑惑，为何不从其他方向观察呢？是不是教材考虑不周密呢？

又如，曾碰到有教师在教学整十数除整十数的估算时，对教材的设计很不以为然。原因是教材出的数十道估算题，要么是被除数大于整十，要么是除数小于整十，如 $83 \div 20$、$80 \div 19$，就是没有被除数小于整十或除数大于整十的，如 $79 \div 20$、$80 \div 21$。这四个题目明明都可以用 $80 \div 20 = 4$ 来估算的，教材设计时怎么会不注意这个问题呢？

等等例子不一而足，这些情况不仅让教师颇感头疼，有时还确实影响了数学教学的顺利开展。怎么办呢？

还是要靠我们教师自己深入地分析，溯本求源地思考，才能主动地解决问题，获得真知。

笔者根据自己的实践，总结出两点粗浅的经验和大家共享。

1. 深挖教材教参

教材的编写是在教育教学理论的指导下，众多专家集思广益的结晶，又经过了实践的反复论证之后才推广使用的。所以，教材出现我们普通教师都能发觉的"错误"，一般是不可能的。尽管我们鼓励教师在做学问时要敢于怀疑，要勇于挑战，但这应当是在教师完全吃透教材设计意图的前提下，方有实施的可能。而更多的时候，我们教师所犯的错误恰恰就是根本还没有深入研究，却以为自己已大有发现。

因此，笔者觉得，当我们觉得教材的设计比较费解时，不应先怀疑教材，而要积极地考虑教材这样设计到底有什么原因。一方面，我们可以认真地仔细阅读教材、教参，一般情况下，这样就能找到答案的；另一方面，我们还可以通过网络、文献查找相关的数学知识，那也能取得满意的效果。

如前面所讲，教师不明白观察物体为何都是从前面、上面、左面三个方向的。查阅教参，就会见有"三视图"之词，倘若我们教师能对"三视图"再进一步求证，就会知道，从前面、上面、左面三个方向观察物体得到的三个视图就叫"三视图"，而这三个视图就足以反映一个物体的形状、大小。因此，一般是不必再去从其他方向观察这个物体的，那么教材编排时当然也就不会出现这样的例题了。

2. 厘清知识体系

数学知识间具有严密的逻辑性，现行的教材在编排知识时又采用螺旋上升的方式，这就使得一个数学知识，既有其前面的铺垫，又有它后续的延伸。同时，新教材实施时间尚不长，很多教师教学新教材的经验相对不多，这就更容易造成一些教师在教学一个知识点时，不知其前因后果，从而教学盲目。

如上文所讲到的教材只有 $83 \div 20$ 却没有 $79 \div 20$ 之类的题目。查阅教参，没有相关原因的说明，但如果我们能把这个知识梳理一遍，那也很容易找到问题的根源。$83 \div 20$、$79 \div 20$，学生的确都能够以 $80 \div 20$ 来估算，得到答案是 4。但在此之前，学生只学过两位数乘一位数的乘法，即他们只知道 $79 \div 20 = 3 \cdots\cdots 19$，商约是 3。这样一来，此题两次得到的商不一致了，学生认知就会出现混乱。而学生又没有学过 $79 \div 20 = 3.95 \approx 4$，因此这个难关当前是无法克服的。而反观 $83 \div 20$，因为 $83 \div 20 = 4 \cdots\cdots 3$，两次的商是一致的，对学生没有负面影响。所以，本节课自然不能出 $79 \div 20$ 之类的题目来让学生估算，教材一点都没出错。

可见，教学中厘清知识间的逻辑关系，通晓其前后联系，对合理制订教学计划、正确开展课堂教学有着积极的意义。

以上两点尽管是老生常谈之语，但在现实中，要真正做到这两个要求，却也并非易事。当然，遇到教学困惑时，和同事相互探讨，向专家虚心请教等也是解决疑问的好方法。总之，当面临教学中发生的各种问题时，我们唯有抱着积极主动的心态，本着溯本求源的精神，不断思考，深入探究，方能在学习和反思之中，有效提升我们的数学修养和教学能力。

（本文原刊于《小学数学教师》2008 年第 4 期）

对一组排列组合内容的深入解读

小学中安排排列组合内容，是新课程实施以后的新情况。人教版实验教材编排此内容时，分别是在二年级（上册）和三年级（上册）以"数学广角"的形式呈现。二年级（上册）中仅是简单渗透，我们略去不说。三年级（上册）中相对完整和系统以三个例题的方式进行教学。但是，就是这三个例题，其编排顺序和解答方式有点特别，致使教师们在解读教材时出现了一些困惑，以至于影响了对内容的理解和教学的实施。因此本文欲对上述问题从课程背景、教学目标等层面进行深入解读，以解答教师们的困惑。

先介绍教师们的困惑。

困惑之一：例题的编排顺序为何显得不顺畅？

从教材编排的例题可见（图 1），例 1 是通过探讨 2 件上衣和 3 条裤子（裙子）的不同搭配，找出共有多少种不同的穿法，这是一道组合题。例 2 是研究用 7、3、9 这 3 个数字能摆出多少个不同的三位数，这是一道排列题。例 3 是通过探索四支队每两支队踢一场比赛，一共要踢多少场，这是一道组合题。这就使教师们产生疑惑了，例题的编排顺序为何是"组合—排列—组合"呢？这样的编排显得很不顺畅呀！

2002 年世界杯足球赛 C 组球队如下。

巴西　土耳其　每两个队踢一场，
一共要踢多少场？

中国　哥斯达黎加

有多少种不同的穿法？

用 7、3、9 可以摆出多少个不同的三位数？

图 1

困惑之二：例题的解答为何不提炼出相关的算式？

从教材所提供的解答思路可见，三道例题的解答全部采用了连线或罗列的方式进行展开分析（图 2），并以此得出计数的结果。在这个过程中，算式一次都没有出现。而教师们都感到，即使不把列式计算当作对学生必需的要求，但在教学时，根据罗列的结果进行适当提炼，让部分学生能掌握用算式解决问题，从而发展他们的思维，提升他们的能力，这不是一件很有意义的事情吗？可教材为什么没有这样的要求呢？

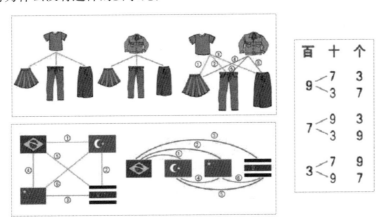

图 2

上述两个问题，笔者觉得很有必要进行深入分析，使教师们能形成清晰的认识，以提升认识水平并指导教学实践。

1. 了解课程背景，理解教材意图，正确看待例题的编排顺序

排列组合知识，这是高中才要系统学习的（这块知识目前设在高中二年级）。因此，小学三年级教材编排排列组合的内容，其意图肯定不是想让小学生学习什么是排列、什么是组合、分类计数原理是怎样的、分步计数原理是怎样的等"深奥"的、系统的数学知识。

那么，教材的意图是什么呢？笔者觉得，是为了借助排列组合的学习素材，培养学生有序思考的意识，发展学生解决问题的能力。对于低段学生，具备有序思考的意识，掌握有序思考的方法，能从数学的角度去观察、思考、解决问题，是他们心智发展、进一步学习数学的基础。因此，向学生提供一些有意义的问题情境，促使学生带着解决问题的愿望去思考、去探索，最终在获得问题解决的同时，有序思考的意识能深入脑中，有序思考的方法能熟练运用，这才是教材编制的原意。而排列组合的内容，具有鲜明的逻辑特征，学生熟悉，可探究性强，可操作性大，是符合上述要求的典型素材。正是在这样的背景下，这块内容下移至小学，成为低段学生学习的素材。

如果我们能有上述认识，那么就会意识到，不管是排列的内容还是组合的内容，对于教学而言，其作用都是一样的——无非只是一个问题情境而已。这种问题情境中情况的差异（排列或组合），并不会也不应该影响我们对教学目标的追求。在教学中，教师只要是围绕"有序思考"，只要是围绕"解决问题"做文章的，那就是正确的教学。这之间，我们又何必去顾及例题的编排顺序是"组合—排列—组合"呢？

另外，对学生而言，例题是排列还是组合，原本就没有我们教师所想象的那么复杂。在这些简单的问题情境中，学生会根据自己现实的认知水平，正确地区分两种不同的情况。比如，用3、7、9组成三位数，学生就不可能将379和973看成一个数；同样，学生自然也会知道，中国和巴西打的比赛，就是巴西和中国打的比赛。

2. 明晰教学目标，掌控教学要求，恰当把握例题的展开方式

培养学生有序思考的意识和解决问题的能力是本课教学的目标。那么，具体通过怎样的途径去实现呢？学生掌握了怎样的方法才算发展这种能力了呢？

教材向我们提供了一种教学思路——对不同的问题情境都采用连线、罗列等方式进行展开分析。这样的教学要求，是符合小学生认知水平的恰当做法。因为这样的做法，尽管没有展现出三个例题背后科学的计数原理（如分步计数、分类计数），但是其直观的、符号化的问题分析方式，却是最能为小学生接受和模仿的。学生通过画一画、摆一摆、连一连等形式，通过观察、分析等途径，不仅能找出简单事物的排列数和组合数，而且会体验到计数时（特别是在思考问题时），如何全面有序、简洁地去思考问题。更重要的是，画、摆、连、观察等这些具体的、可操作的技能，是学生学习数学，包括任何问题的解决，都可依凭的"通法"。因此，如上方式开展教学，是有意义的，也是恰当的。

基于上述认识，我们再看列式计算的方法。应该这样说，列式计算同样是解决排列组合问题的一种方法。但是，它需要立足于对问题情境全面分析的基础上，需要立足于学生具备一定的抽象思维能力的基础上。然而，这两点要求中，后者学生尚还不具备。为此，我们能做的（该做的），就是前者，即让学生扎扎实实地掌握直观表达方式，以不断积累对排列组合情境的形象感知，为日后的概括提炼作好铺垫。待到学生的思维能力、认知水平提升到一定高度，如初高中时，再去建模（提炼公式），用算式进行计算。

这样的认识，还能使我们更深入地理解第一点中所讲的例题编排顺序。因为从技能掌握角度看例1的编排，它的价值很明确——是在培养学生有序思考的"基本功"，即让学生研究最熟悉最简单的事物（衣服搭配是最常见最直观的），从中感悟到搭配时如何才能实现有序思考。如，通过连线能做到不重复不遗漏，通过有序罗列也能做到解决问题。然后，带着这种"基本功"，进一步去解决例2的排列问题和例3的组合问题。这样的编排方式，不是顺理成章的事吗？

以上两点分析，有利于提高教师们对教材的认识，纠正教师们在教学设计时的一些不必要（或不妥）的做法，如调整例题的编排顺序，提高解答问题的技能要求等。

另外，从事教学工作，除了需要教师能够深刻地理解教材意图，准确地把握教学要求，还需要教师自身有深厚的学科知识。笔者想借助对本知识点另一侧面的深入解读来阐述这个观点。

我们都知道，解决排列、组合问题的基本原理是分类计数原理与分步计数原理。分类计数原理（也称加法原理），指完成一件事有很多种方法，各种方法相互独立，但用其中任何一种方法都可以做完这件事。那么，各种不同的方法数加起来，其和就是完成这件事的方法总数。如图3，从甲地到乙地，乘火车有3种走法，乘汽车有2种走法，每一种走法都可以从甲地到乙地，所以共有3＋2＝5种不同的走法。分步计数原理（也称乘法原理），指完成一件事，需要分成多个步骤，每个步骤中又有多种方法，各个步骤中的方法相互依存，只有各个步骤都完成才算做完这件事。那么，每个步骤中的方法数相乘，其积就是完成这件事的方法总数。如图4，从甲地经过丙地到乙地，先有3条路可到丙地，再有2条路可到乙地，所以共有3×2＝6种不同的走法。

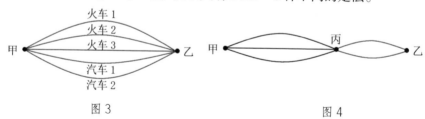

图3　　　　　　　　　　　　　　图4

以此来对照教材的例题（如例2），如果从教师的解答方式看，我们是用什么计数原理解答的呢？

我们一般用分步计数原理解答它。把确定百位当作是第一步，有3种选择；确定十位是第二步，还有2种选择；确定个位是第三步，只有1种选择。因此完成这件事有3×2×1＝6种方法（即3×2）。但是，它只能用分步计数原理思考吗？不是的，事实上，用分类计数原理同样可以解答。百位是7的一类，和十位一并考虑后，共有 2 种情况（个位已别无选择）；百位是 3 的一类，同样有 2 种情况；百位是 9 的一类，有 2 种情况。那么，一共就是 $2+2+2=6$ 种。$2+2+2$，不就是 $3×2$ 吗？

如果将例 2 改成"从 1~9 中任选三个数，能组成几个不同的三位数"，我们就能更好地理解两者之间的关系。

用树形图的方式，可将 1~9 分别作为百位上的数，然后确定十位、个位。尽管极其繁琐，但假设我们看到了这幅完整的树形图，就会发现，按百位分类，有 9 大类；这 9 大类结合十位考虑，就可得 $\underbrace{8+\cdots+8}_{9 个}=9×8=72$ 小类；72 小类再和个位考虑，就可得 $\underbrace{7+\cdots+7}_{72 个}=72×7=504$ 个不同的数。这不就和分步计数的 $9×8×7$ 一样吗？

可见，分步计数原理和分类计数原理的本质是相通的，分步乘法计数无非就是分类加法计数复杂情况下的简化策略。（高中新教材中有关于此的思考话题）

通过上述分析，我们更应该能体会到，要掌握（认识）分步计数的方法，前提就是要对分类计数有足够的理解。即，学生只有立足于对分类情况非常了清晰的基础上，才有可能借助于乘法的意义，主动采用分步乘法计数来解决问题。

这样的观点，不还是说明了教材现有的例题展开方式——全面地罗列，是能为学生后续学习奠定基础，是极具生长力的有效方式吗？

教学是一门需要我们不断钻研的学问，对教材的深入解读是做好这门学问的基本功。愿笔者以上的粗陋分析，能给教师们解读教材以一丝启示。

（本文原刊于《小学数学教师》2010 年第 10 期）

正确把握习题的教学价值

人教版实验教材三年级上册有这样一道练习题:

把 10 张卡片放入纸带，随意摸一张，要使摸出数字"1"的可能性最大，数字"5"的可能性最小，卡片上可以是什么数字？请你填一填。

这个题目，因为学生做出了很多种不同的答案，教师们也有各自的想法，所以争议颇多。

观点一:

学生填 9 个 1 和 1 个 5，即 1111111115，这是正确的。因为这样填，随意摸一张，摸到 1 的可能性就是 90%（不能再大），而摸到 5 的可能性就是 10%（不能再小），符合题目要求。

观点二:

学生填 1111111115 是不对的，因为"最"是至少三种数量进行比较时才用的副词，而 1111111115 里只存在两种数量（1 和 5），要进行比较只要用"大"或"小"就可以，不必加"最"字。所以，这个题目应当填成诸如 1111144455

或 1111444335 类的才正确，即存在三种或三种以上的数量，相比较而言，"1"的数量最多，"5"的数量最少。

观点三：

学生填成诸如 1111144425 是可以的。因为最大（小）的量不一定是唯一的，这样填，摸到 2 的可能性是 10%，摸到 5 的可能性也是 10%，它们相比摸到 4 和 1 的可能性都要小，也符合题目要求——摸出数字"5"的可能性最小。

观点四：

学生填成诸如 1111111555 也是可以的，因为"最"不一定非要三种或三种以上数量比较时才可用的，辞典对"最"的解释是"某种属性超过所有同类的人或事物"。其中所说的"同类"，辞典解释为"类别相同"，而类别相同，并非一定得要三种或三种以上事物。比如 $5x$ 和 $2x$，就叫作"同类项"；又如求 4 和 6 的最大公约数，它们的公约数只有 1 和 2 两个，但 2 也叫作 4 和 6 的最大公约数。若如此看，1111111555 有何不可呢？

一个普普通通的练习题，搞得如此纷繁复杂，不禁让人感叹：我们的教学真累！同时，也让人联想起一些著名的争议题目，如"4.5×3.72 的积到底是两位小数还是三位小数""甲的 $\frac{2}{5}$ 等于乙的 $\frac{1}{3}$，比较甲乙的大小""被 2、3、5 除都余 1 的最小的数是几""物体的左右到底如何区分"，等等。这些习题，教师们的争议很大，且长久未决，有人甚至在网站上辟出专区让大家讨论。那么，到底该如何对待这些题目？又怎么看待教师们为此而产生的争议呢？

我认为，正确把握习题的教学价值，可以作为处理此类现象的原则。

遇到类似有争议的习题时，教师首先应该了解课标、教材对此有怎样的相关要求，即理解产生这个习题的知识背景是什么。同时，还应知道这个习题和例题、其他相关习题的联系与区别，即要了解教材中提供解决这类习题的一般策略是什么。更重要的是，教师要清楚地知道这个习题到底要考查学生什么技能，到底是为了达到什么目的而编排此习题的，即正确把握习题的教学价值。

只有在紧扣教学目标的前提下指导学生解答这些习题，由此产生的师生思考、争论，才是有意义的行为。

以上文的习题为例加以说明，课标和教材对本知识点有如下的要求：

◆学生通过初步感受不确定现象，知道事件发生的可能性是有大小的。

◆教师在引导学生感受"事件发生的可能性大小"时，只要让学生能够结合具体的问题情境来描述就可以了。

通过上面的两段话，我们不难知道，在第一学段的三年级编排此内容，根据学生的认知水平和知识基础，只是要求学生对可能性的大小（概率）有初步的感知。查看教材中的例题，我们还知道这个感知是学生在具体情境中通过操作、试验产生的，学生最终形成对可能性大小的认识是感性的、初级的。所以，教师应该清醒地认识到，如果在一个具体的情境中，学生能够区分可能性的大小了，那么他对这个知识就应该算是掌握了。也就是说，这类习题的重点并不在于计较"最大""最小"的含义，而是关注学生对可能性大小的理解。

据此，考察上述四种观点所对应的例子，我们应当发现，举这些例子的学生已经能够区分其中数字"1"或"5"出现的可能性的大小了。从这个层面上来讲，我们可以认为学生都已经达到了教材对他们的要求，他们的答案都是正确的，教师完全没有必要苛刻地以我们的认知水平来要求学生做出"规范"的答案。所以，上述的争议无非是教师在自己为难自己。

或许有教师说，难道对习题中文字的含义，就不要求学生正确辨别了吗？我们怎么可以肆意改变题目的要求呢？

我们应该这样来认识这个问题。有争议的习题，其来源往往是出题者为了追求练习的深度，"别出心裁"地将一些基本题进行改变而来的。当然，也不排除有出题者挖空心思地设一些语言"陷阱"来引诱学生犯错误，以此达到"培养学生审题能力"的目的。然而，在编制这样的习题时，因为编制者的疏忽甚至错误等各种原因，有时就会出现习题中语言表述不严谨或缺少限制性的条件，甚至出现解决问题的思考难度脱离了学生的知识基础等情况。也正是因为这些情况，才导致了教、学这些习题的师生产生不同的观点。比如"4.5×3.72的积有几位小数"，恐怕出题者就没有想到因为这样出题会出现两种答案，这两种答案还各有"道理"。又如"被2、3、5除都余1的最小的数是几"，也许就是因为出题者自己忽视了要加上限制性的条件，一不小心使题目有如"脑筋急转弯"。还如上述说到的可能性问题，则无意之间就有超过课标要求的嫌疑了。但是，作为教学的引导者——教师，就应该认识到"4.5×3.72的积有几位小数"应当是要考查学生对小数乘法法则的理解，而不是要将小数的基本性质作为练习的目的；"被2、3、5除都余1的最小的数"，是应该关注学生对最小公倍数的理解，而不是要学生去钻"商0"的牛角尖；"甲的 $\frac{2}{5}$ 等于乙的 $\frac{1}{3}$，比较甲乙大小"，则是为了考查学生关于倒数知识的掌握情况，而并非是要学生练习躲避"语言陷阱"的能力。

从这个角度出发，碰到类似有争议的习题时，我们可以采取以下两种措施来对待。措施之一：教师可以大胆地修改习题，使习题变得规范，以避免争议情况的出现。措施之二：若觉得改动习题不太妥当，那我们就可以在一个宽泛的要求下看待学生的答案，而不拘泥于题目字面含义的限制。以上两种措施，既避免了无谓的争议，又能让习题应有的作用得以体现，这又有何不好呢？

所以，面对有争议的习题时，教师唯有切实把握它的实质，即习题的教学价值，这样才能够"踢"开那些"绊脚石"，通过练习达到巩固认知和促进学生思维发展的目的。也只有基于这样的认识，我们的教学才会富有实效，学生的思考才会是有价值的。

〔本文原刊于《小学教学参考（数学版）》2006年第9期〕

对一类追及问题的深入思考

例 1.（如右图）正方形 ABCD 的边长为 100 米，甲乙两人驾驶游戏车同时分别从 A、C 两点顺时针出发，甲每秒行 7 米，乙每秒行 5 米，他们每到转弯处都要休息 5 秒钟。当甲第一次追上乙时，用了多少时间？

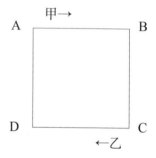

这是一道较为复杂的追及应用题。

某数学辅导资料中的解法是：在追及过程中，甲走到 B、C 两点时要休息，也就是说甲比乙多休息两次，所以用甲的实际追及距离（AB+BC+ 甲多休息两次的时间里乙行的路程）去除以速度差。列式为：（200+5×10）÷（7−5）=125（秒），这是甲行驶用的时间，而 7×125÷100=$8\frac{3}{4}$ 条边，甲休息了 5×8=40（秒），故追上乙共用时 125+40=165（秒）。

稍作思考，我们就会发现这种解法是错误的。由于"每到转弯处都要休息 5 秒钟"，使追及情况复杂了。可能在某条边上追上，可能同时到达某个点，也可能一个人到达某个点时另一个人刚休息完正准备走，还可能一个人到达某个点时另一个人还在这个点上没休息完。上述解法显然并没有考虑到这些情况，只是想当然地认为他们在某条边追上。

这道题应该这样解答:

(1)假设乙在某点刚休息完,正准备走时,甲到达该点(追上乙),此时,甲只比乙多休息一次,这样甲除了休息,行驶所用的时间为:(200+5×5)÷(7-5)=112.5(秒)。但甲行一条边需要$\frac{100}{7}$秒,而112.5不是$\frac{100}{7}$的整数倍,这种情况不可能出现。

(2)再假设甲是在某一条边上追上乙,那么甲比乙多休息两次,甲除了休息,行驶所用的时间为:(200+5×10)÷(7-5)=125(秒)。而在112.5秒和125秒之间,有一个数$\frac{800}{7}$秒,是$\frac{100}{7}$秒的整数倍,这才是甲第一次追上乙时纯行驶所用的时间。$\frac{800}{7}$×7÷400=2(圈)(即在A点追上),此时甲休息了5×7=35(秒),所以甲第一次追上乙时共用了$\frac{800}{7}$+35=149$\frac{2}{7}$(秒)。

这是怎样的现象呢?经过检验我们可以得出:当乙走过一圈半后到达A点正准备休息时,他纯行驶所用的时间为600÷5=120(秒)。而此时甲纯行驶所用的时间为120-5×2=110(秒),所行的路程为7×110=770(米),离A点还有800-770=30(米),当他再用$\frac{30}{7}$秒到达A点时,乙还在A点没休息完,甲追上了乙。

再看下面三个例题中的追及情况:

例2. 正方形ABCD的边长为100米,甲乙两人驾驶游戏车同时分别从A、C两点顺时针出发,甲每秒行25米,乙每秒行20米,他们每到转弯处都要休息5秒钟。当甲第一次追上乙时,用了多少时间?

根据例1的正确解法,我们列出求甲追上乙纯行驶所用时间的两个算式:

(200+20×5)÷(25-20)=60(秒)

(200+20×10)÷(25-20)=80(秒)

经过检验我们发现:甲行完一条边需$\frac{100}{25}$(4秒),60秒正好是4秒的整数倍，且甲只比乙多休息一次。这应是乙在某点刚休息完，正准备走时，甲到达该点（追上乙）的情况。

例 3. 正方形 ABCD 的边长为 100 米，甲乙两人驾驶游戏车同时分别从 A、C 两点顺时针出发，甲每秒行 10 米，乙每秒行 5 米，他们每到转弯处都要休息 5 秒钟。当甲第一次追上乙时，用了多少时间？

列出求甲追上乙纯行驶所用时间的两个算式：

（200+5×5）÷（10−5）=45（秒）

（200+5×10）÷（10−5）=50（秒）

甲走完一条边需 100÷10=10（秒），分析以上两个得数，45 秒至 50 秒之间，只有 50 秒是 10 秒的整数倍，且甲正好比乙多休息两次。这说明甲、乙两人同时到达了某一个顶点。

例 4. 正方形 ABCD 的边长为 100 米，甲乙两人驾驶游戏车同时分别从 A、C 两点顺时针出发，甲每秒行 10 米，乙每秒行 2 米，他们每到转弯处都要休息 5 秒钟。当甲第一次追上乙时，用了多少时间？

解答此题可列式：

（200+2×5）÷（10−2）=26.25（秒）

（200+2×10）÷（10−2）=27.5（秒）

甲走完一条边需 100÷10=10（秒），但 26.25 秒至 27.5 秒之间，找不到一个时间正好是 10 秒的整数倍。这说明甲只能在某条边上追上乙。

上面的四个例题反映了此类追及应用题的四种不同的追及情况。"每到转弯处都要休息 5 秒钟"，使此类问题的解答比一般追及问题复杂了。当然，正方形的边长、两人的速度、休息的时间等都会对追及地点产生影响。在解题时，必须充分考虑这四种不同的追及情况，才能正确解答。

综合上述四种情况，我们认为，解答这一类追及问题应以如下步骤进行：

（1）先假设追的人刚好到达某个顶点，被追的人正要离开该点，计算出追的人所用的纯行驶时间，若这个时间是他行一条边所用时间的整数倍，则这就是第一次追及；

（2）若这个时间不是他行一条边所用时间的整数倍，则再计算他在某一条边上第一次追上另一人所用时间；

（3）若这两个时间之间存在着某个时间是他行一条边所用时间的整数倍，则这就是第一次追及；若这两个时间之间只有后者是他行一条边所用时间的整数倍，则这才是第一次追及；当然，若这两个时间之间不存在某个时间是他行一条边所用时间的整数倍，那么说明他只能是在某条边上第一次追上另一人了。

（本文原刊于《数学小灵通》2004 年第 6 期，合作者姚国祥）

数学说课的五个建议

——以"轴对称图形"说课为例

　　说课，是近些年非常流行的一种教学展示和教学研讨的方式，各级教研活动中常可见到，在名优教师评定、教师职称评审中，也常被用作考核的主要形式。说课之所以广受认可，是因为相比四十分钟的上课，它可以在比较短的时间里（一般十多分钟），较全面地展现出教师的教学理念、教学积淀、教学技能、逻辑思维等各个方面的素质，而听者也能据此较准确地评判出某位教师的业务水平。

　　那么，怎样才能把课说好呢？不久前，我们参加了一次说课比赛，说课内容的撰写及说课的呈现方式，得到了大家的赞许，因此获得了优异成绩。现结合这个说课稿和部分现场图片，从五个方面谈谈我们对说课的基本想法，供大家借鉴或讨论。

片段一

　　我说课的内容是人教版二年级下册第三单元，"图形的运动"中的例1"轴对称图形"。

　　我们知道，平面上的初等几何变换，与小学数学有关的主要是全等变换和相似变换。其中全等变换，小学里要学习的是轴对称、平移和旋转。

（以上边讲边贴，作为解读型的板书，如左图）理解掌握这三种基本的几何变换方式，学生就能够更好地感知身边的现实世界，就能够更理性地审视后续将要遇到的几何知识，就能够发展、提升自己的空间知觉和空间想象能力。可见，本单元中的这三个内容，是学生后续几何学习的基础，也是他们空间思维发展的新起点，具有非常重要的价值。也由此可见，在今天轴对称图形这节课上，引导学生初步认识轴对称图形的特征，让学生能够凭借观察或折叠直观判断一个图形是否为轴对称图形，就是这节课应当达成的基本目标，我认为，这也就是这节课的教学重点。

建议一：教材解读，要凸显深度，指向重点

说课的第一部分，一般是教材解读，也就是要对本课知识的前后联系、地位价值等进行阐述。有教师会觉得这事很容易，因为教参上都明白地写着，我们只要引用即可。这当然可以，但若大家都袭用教参上的解读，那一定是人云亦云，毫无新意，显现不出与别人的差异，显现不出自己的水平。因此，这不是好主意。

好的说课，要基于教材和教参，基于自己的理论积淀，更深刻更独到地解读出教学内容的内涵与价值。可从更长段的视角，如低段内容看到高段、看到初中，甚至看到高中，来说明某个知识发展的历程和学习要求的递进变化等。也可从某个数学知识的背景或本质展开深入阐述，来指出学习这个知识更重要的意义之所在，或强调这个知识学习时最值得重视之处。还可以聚焦数学教学的核心追求——思想方法、思维能力，来揭示这个数学知识最重要的育人价值与目标追求等。

从上述说课片段可见，教师在一开始就清晰地展示了知识的结构，并阐明了学习这个知识的三个价值：感知身边世界，服务后续学习，提升思维能力。基于此，再指出本课教学的基本目标及重点：初步认识特征，能凭借观察或折叠直观判断。这样的教材解读，既有深度，又有层次，且落点明确。

需要说明一点，笔者很建议在教材解读部分就把教学重点说掉，因为教学重点的形成，是跟教材体系和数学知识内在的逻辑结构有关，是客观存在的，所以在教材解读时顺势指出教学重点，是一个比较合适的时机，相比留到后面单独作一个板块再阐释，前者贴切度更高。

片段二

为了更有效地实施教学，我对学生进行了课前调查。问题是：这 8 个图形，哪些是对称图形，请打钩。（贴出右图，后面边点边讲）

汇总结果，让我意想不到！爱心、鱼、小人图、五角星这四个图形，90% 以上的学生都能正确判断。这把刀，这个杯子，几乎所有学生都认为它们不是对称图形。这个双向拐弯箭头，判断的正确率大约是 70%。而这朵紫荆花，有 79% 的学生认为它是对称图形。前测数据，意味着什么呢？我这样认为：二年级的孩子，对于轴对称图形，已经有了一定的感性经验，他们对"标准图形"的判断正确率会非常高，他们存在的问题，就是部分孩子，对于"非标准图形"，如这个箭头图中，对称轴是斜的这种情况，可能还不能正确观察或感知。另外，他们对于旋转的图形，还存在辨认上的模糊，会误以为是对称的。

基于以上分析，我觉得，这节课学生学习会遇到的困难之处，就是这些非标准图形、这些旋转图形的判别，这也提醒着我，教学要抓住、放大这些认知冲突，要引导孩子切实突破难点，以真正实现认识上的转变和提升。

建议二：学情分析，要有理有据，得出难点

说课的第二部分，是学情剖析。所谓学情，就是学生的认知状况和学习心

理。也许有教师会觉得，说课不比上课，根本没有学生参与，学情剖析还那么重要吗？很重要！——对学情的把握与利用，那是能否备出一节好课，能否实现有效教学的重要前提。说课就是在模拟上课，虽然没有学生在，但设计与实施的理念，与真实上课自然应该是一样的。

怎样才能准确把握学情呢？可用上教育教学理论（如同化、顺应等），站在学生的角度，分析学生面临新知时可能产生的理解、遇到的困难。也可采用更科学的方法，如前测、访谈等，了解学生已有的经验水平和心理世界。比如上面说课中，"这 8 个图形，哪些是对称图形，请打钩"的前测，就让我们准确把握住了学情——对于"标准"的轴对称图形，学生基本都已能直观判断；对于"非标准"的图形，还有 30% 学生需关注；少数学生对旋转和轴对称，还有混淆。

可见，在说学情时，用一些理论支撑，用一些事实说话，把学生的困惑点和疑难处真实地展现出来，这既会显现出教者教学研究的态度与方法，又会让听者认可、信服教学难点的确立与应对——学生认知上的困惑点和疑难处，就是教学的难点。学情，跟学生的认知结构紧密相关，因此，笔者也建议，我们在说学情时，就可以把教学难点是什么、为什么、大致怎么应对等，一并说清楚。

片段三

综上考虑，我为这节课确定了如下的教学目标：

1. 初步认识轴对称图形的特征，知道对称轴的含义，能初步判断一个图形是不是轴对称图形。

2. 经历观察、操作、想象等活动，发展空间观念，提升动手能力。

3. 感受数学与生活的紧密联系，感受对称图形的形式美。

其中"过程与方法"目标中，借助"观察、操作、想象"，培养学生的空间知觉、空间表象，发展初步的空间想象能力，是我这节课的一条主要线索，我也将努力把它打造成为这节课的一个亮点。

建议三：目标定位，要层次清晰，用词准确

目标定位部分，一般就是简略地介绍三维目标。需要注意的是，有些教师在说目标时，常常是层次不清。如前两个目标都是知识技能目标，第三个突然就是情感态度目标了；或者前两个目标混为一谈，让人分不清知识技能与过程方法。另外，表述目标时，教师们对目标动词的使用常常不够严谨，如"了解、理解、掌握、运用"混用；对目标动词的修饰比较随意，如"理解"前面任加"初步、深刻、真正"等。不同的词语有着不同的含义，反映着教学目标达成的不同要求，说者需根据教学设计的真实意图，细细斟酌，准确使用。上述说课稿中的三维目标，其表述（主语均为学生）、用词、层次等细节，我们可对照体会。

其最后一段话，既是对目标的进一步阐述，也是想再表达另一层意思，那就是笔者的第四个建议。

建议四：创新设想，要大胆展现，明确表达

教学有创新，能让学生更好地掌握知识，发展思维，能让学生受到创新意识的熏陶和创造能力的培养，还能展现出教师的教学勇气与教学智慧，所以，这一定是一件极有意义的事，这也一定是一个说课稿的亮点和加分点。上述说课稿，限于内容和思路，谈不上在说创新设想。但笔者很建议说课者积极探求课堂的创新点，如目标定位的创新，学习任务设计的创新，教学路径的创新，练习设计的创新等，选一个点，做成一个小板块，花一些时间，大胆地、鲜明地表达出来——追求教学的创新，最值得尊重和敬佩！

说课至此，理论部分已经结束，后续要说课的操作了。如果从时间分配来讲，笔者也给大家一个建议：理论不要说得太短。假设一共 12 分钟的，建议前面 4 分钟，后面 8 分钟；如果 15 分钟的，建议前面 6 分钟，后面 9 分钟。

片段四

为达成教学目标，我设计了如下的教学环节：

【环节一：初步感知，发现特征】

我问：小朋友们，你们听说过对称图形吗？（板书贴出标题"对称图形"）谁能来介绍一下。

小朋友会说，人是对称的；我们的脸是对称的；蝴蝶是对称的等等。我顺势表扬：哇，你们的经验真丰富！

接着我出示带来的6幅图：爱心、鱼、五角星、刀、小人和杯子（即前测题中的6道）。请学生找一找，哪些是对称图形？这6个图形的辨认并不难，课堂上我快速让学生逐个辨认，及时肯定表扬，并把不是对称的"刀"和"杯子"图拿走。

接着我问学生：你们凭什么说这些图形是对称的呢？

有学生可能会说这个爱心两边是一样的，所以是对称的。

这时我会顺势追问：你凭什么说两边是一样的呢？我看不出，你有什么办法证明吗？然后我请学生们拿出准备好的爱心纸片，想办法证明。

有学生会上讲台介绍对折的方法：沿着中间一折，两边就能对起来了。我在展台上放大展示，让全班学生清楚地看到两边完全重合。然后我又以"沿着哪里折的，我看不清"为理由，和孩子一起把这条折痕画出来。这时，我告诉学生：如果沿着一条线对折之后，一个图形的两边完全重合，这条线我们就可以给它取一个名字，叫对称轴。这样的图形，我们也要给它加一个字，叫：轴——对称图形。（标题覆盖原来的）

我布置任务：你们刚才说还有三个图形也是对称的，到底是不是？你能不能用我们刚才的方法也来折一折。如果是的，请你画出它们的对称轴。

学生自己动手操作，发现这些图形对折之后两边也都能完全重合，因

此它们都是轴对称图形，学生也都画出了正确的对称轴。（以上边说边借助黑板说明，形成板书图）

上述环节我这样处理，就是基于我的前测。因为我发现学生对于标准的轴对称图形，判断上已经没有问题。因此，此处的着力点就应该是借助学生的已知，直击知识的本质——也就是引导学生通过折、比、画等观察与操作的活动，发现轴对称图形的特征，知道对称轴的含义，明白轴对称图形这个名词的来历。

【环节二：再次感知，清晰表象】

在新授之后，我贴出印了阿拉伯数字0~9的练习纸，提问：小朋友们，这里有0~9十个数字，

0123456789

每个数字都可以看成是一个图形，那么，哪几个是轴对称图形呢？

学生借助练习纸，自己观察，确定，并画出对称轴。然后我组织反馈，学生在争论辨析中清楚地认识到0、8两个数字是轴对称图形，而且0有横、竖两条对称轴。因为8上小下大，所以只有一条竖的对称轴；3上面小下面大，所以不是轴对称图形。

我用的这一组材料，是教材的习题，内容很简单。之所以我要用它，是因为这组材料和例题教学的材料相比，它是不能折的。这就逼着学生要凭借观察，对轴对称图形形成进一步的感知，清晰表象。同时，这组材料也能够让学生巩固找对称轴的方法，感受到对称轴有时不止一条。所以，材料虽普通，效果却很好。

【环节三：变化形式，抽象本质】

在学生学习非常顺畅的时候，我采用变式练习，引发学生暴露错误认知，通过思维碰撞，实现深刻理解。

我贴出紫荆花、双向转弯箭头两个图形，再次请学

生判断这两个是否是轴对称图形。学生有不一样的声音，有学生说紫荆花是轴对称图形，也有学生说箭头不是轴对称图形。

这时，我安排小组讨论，让学生相互说道理（不提供纸让学生折，就是让他们看图，观察、想象），然后反馈。

有学生会说，紫荆花图看起来像个风车，是转动形成的，不是对称的。也有学生说，看着紫荆花就能想到，不管中间哪里画条线，两边都无法重合的。我贴出线示意，引导学生观察想象，确认结果。

双向转弯箭头，学生可能觉得，横的折不行，竖的折也不行，所以不是轴对称图形。还有学生可能会跑上来说，只要把线画在这里，两边折起来就能重合的。我让学生观察想象，并试折，让全班学生看得明明白白。

但这还不够，我跟进一个问题：同学们，这幅图刚才大家有争议，你有没有发现，这幅图跟前面的轴对称图形有什么不一样啊？学生观察之后说，之前的对称轴都是横的或竖的，但这里的对称轴是斜的了，所以不容易发现。

我顺势问：同学们，那么到底怎样的图形才是轴对称图形呢？

通过多位学生的回答，学生明白：一个图形只要能沿着一条线对折，两边能完全重合的，它就是轴对称图形。至于它怎么摆放的，那不重要。

教学至此，我觉得对于轴对称图形这个概念，学生已经理解到位了，因为学生已经通过不断的感知，较为清晰地认识到了轴对称图形的本质属性，他们已经能够用自己的语言表征出这个概念了。以上，不断感知，建立表象，逐步抽象，最后慢慢形成概念，这正是在概念教学基本理念指导下的教学过程。

【环节四：剪纸游戏，强化想象】

在课的最后环节，我想让学生感受到数学知识的价值，并进一步提升空间想象能力。我改编了教材例题的使用方式，以如下的形式追求目标。

我先把纸对折，在折痕那里分别画了三角形、长方形、正方形、半圆形。问题是：剪下来的部分，打开以后会得到怎样的一个图形呢？

让学生想象，讨论，然后展示反馈，学生比画依次得出三角形（等腰）、正方形、长方形、圆。学生清楚地看到，原来这些图形都是轴对称图形。这里，我对长方形、正方形、三角形和圆有几条对称轴，不作深入研究，因为在将来学习这些图形时，还有专门的研究。

这是一个空间想象力训练的环节，也是巧妙地让学生直观认识到长方形、正方形、三角形和圆这些几何图形是轴对称图形的环节。这个环节，把课堂推向了思维的高潮。

建议五：过程展开，要详略得当，形式灵活

教学过程的介绍不要事无巨细，面面俱到。要详略得当，淡化（甚至舍弃）次要环节，放大主要环节（如重难点之处、创新之处）。要适当呼应前面讲过的观点，让听者感受到课的内涵及整体性，切忌理论归理论，实践归实践。说的形式，不能一味地旁白式讲解，或全部模拟正式上课的师生对答，可以解说、模拟、演示等多种形式灵活使用。

要特别指出，说过程时（包括整个说课），要避免在台上空洞、抽象地讲述，而应多以直观手段给予支撑，如图片、贴纸、学具、板书等，要以此来引发听者的注意力，增强他们的关注度，促使听者更好地理解、接受说者的观点。黑板上各类材料的呈现，要注意顺序、时机、变化以及美观（右图就是本课结束时的黑板画面）。如果可用课件的，课件一定要精心制作。

教无定法，同样，说也无定法，以上例子及观点仅是笔者个人意见。希望老师们能在实践中积累更多的说课经验，更好更有效地开展教学研究工作。

（本文原刊于《小学数学教师》2018年第5期，后被中国人民大学书报资料中心《小学数学教与学》2018年第9期全文转载，文中说课者为张慧芳老师）

杂谈 "计数单位"

关于计数单位，尤其是比"个、十、百、千、万"更大的计数单位，是一个历史悠久、曲折复杂的话题。

记载西周时期王室和一些诸侯国历史的《国语》，有"计亿事，材兆物，收经入，行垓极"句，这里用到了"亿、兆、经、垓"这几个数词（即计数单位）。此处虽是虚指，但说明远在西周时期，我们就有"亿、兆、经（后写作'京'）、垓"这样的计数单位了。

成书于春秋中期的《诗经》，在《魏风·伐檀》篇中有"三百亿兮"之句，这中间的"亿"也是一个计数单位。相近时期的《周易》，文中也有"亿丧贝"之句，这个"亿"字，东汉的郑玄作注："十万曰亿。"

辑录秦汉以前汉族礼仪的《礼记》（著于西汉时期），其《内则》篇有"降德于众兆民"句，句中有"兆"字。唐代孔颖达作疏："亿之数有大小二法，其小数以十为等，十万为亿，十亿为兆也。其大数以万为等，万至万，是万万为亿，又从亿而数至万亿曰兆，亿亿曰秭。"他解释了"亿、兆、秭"的含义，其中说"亿"可以表示"十个万"，也可以表示"一万个万"；而"兆"则可以表示"十个亿"，也可以表示"一万个亿"。

可见，对这些大的计数单位的定义，古时是不统一的。这在一些数学的著作中，不仅有明确记载，而且差异更大。如东汉的《数术记遗》中说："黄帝为法，数有十等。及其用也，乃有三焉。十等者，亿、兆、京、垓、秭、壤、沟、涧、正、载。三等者，谓上、中、下也。其下数者，十十变之，若言十万曰亿，十亿曰兆，十兆曰京也。中数者，万万变之，若言万万曰亿，万万亿曰兆，万万兆曰京也。上数者，数穷则变，若言万万曰亿，亿亿曰兆，兆兆曰京也。"很明显，由于计数体系的不一样，"亿、兆、京"这些计数单位的含义完全不同。

可以想见，在古代，这些很大的计数单位并没有太多的"用武之地"，所以这种差异对社会和生活也不会产生什么实质性的影响，更多的也就是存在于书籍上的一些记载或讨论而已。不过，消除差异，寻求统一，便于使用，一定也是古人追求的方向。

清代重要的数学著作《数理精蕴》中，就体现了这样的探索。书中也有一套专用数词"个、十、百、千、万、亿、兆、京、垓、秭、穰、沟、涧、正、载、极、恒河沙……"，但是，这套数词并没有采用古代的下数、中数和上数体系，而是采用了新的进制，也就是将个至万定为十进制，万以上则采用万进制。这种计数单位及计数体系的用法，得到了较广泛的传承。我们若对照一下现代汉语中的计数体系，就会发现我们现在的用法在思想上与其是一致的。

在现代汉语中，2002 年出版的《数学辞海》中的"命数法"词条就指出：十个百命名叫一千，十个千命名叫一万；万以上的十个万、一百个万、一千个万都不命名，十个一万叫十万，十个十万叫百万，十个百万叫千万；十个千万命名为亿，十亿、百亿、千亿不命名；万亿命名叫兆，十兆、百兆、千兆也不命名……

运用这种"万进"的计数单位及计数体系，就会形成下面的整数数位顺序表（此表摘自《数学辞海》"数位顺序表"词条）。这个表格清晰地呈现出了一种规律——四位分级。因此，它很容易为人们所接受和记忆。

京 级	兆 级	亿 级	万 级	个 级	级名
∶百十京 ∶∶京京 ∶位位位	千百十兆 兆兆兆 位位位位	千百十亿 亿亿亿 位位位位	千百十万 万万万 位位位位	千百十个 位位位位	数 位

随着历史的发展和文化的传播，有些计数单位的含义发生了新的变化，其中很值得一说的就是"兆"。

在我们的教学和日常生活中，"兆"的含义表示的是 10^6，即百万。《辞海》明确指出："兆，数名，等于百万。"这样的变化，应是为了与国际接轨。因为在英语里，没有"万"这个单位，而是用"千、密"等作单位的，所以计数单位依次为"个、十、百，千、十千、百千，密、十密、百密"等，这就形成了三位分级读数。如 2980000，可记作 2,980,000，读作"two million nine hundred and eighty thousand"（意即 2 密 980 千）。而按照我们中国人的习惯，则喜欢把它看作 2980000，然后很容易地就读作"二百九十八万"。很明显，两种读数法完全不一样，这就会在我们进行国际交流时带来很多麻烦——不易换算，容易发生错误。

为解决这个问题，1948 年，当时中央研究院的院士们就提出了一个方案："若采用'兆'为'百万'之代用词，则此后国人计大数时，自可与世界各国用三位为一小段及六位为一大段相等而免除年来不必要之麻烦。"（意即 2980000 中的 2 就读作"二兆"）① 这或许就是将"兆"字解释为"百万"的最初想法。按当时的想法，还要废除"亿"字，然后从"兆"开始，"千兆为京""千京为垓"，均采用千进制体系，以与英语计数体系保持一致（美国数词体系）。然而由于各种原因，此提案最终没有正式发布并实施。但是，这次探索却为以后确定用"兆"来表示"百万"埋下了伏笔。

随着国际交流的进一步加强，这个问题的解决显得越来越重要。1984 年，

---

① 郭金海. 中央研究院的第一次院士会议 [J]. 中国科技史杂志, 2007, 28(1):19.

我国公布了《中华人民共和国法定计量单位》，正式规定整数单位（词头）依次为"十、百、千、兆、吉"等，其中"兆"的含义就明确定义为"百万"。我们现在常常听到的如"流量 50 兆"（50MB，即 50megabyte，其中 mega 是表示一百万的词头），这里的"兆"就是按照这个规定而产生的（当然，因为字节是二进制的，所以 50MB 相当于大约 50 百万字节）。

应该说，这样的规定实现了与国际的接轨，但是问题也很明显。我们一直以来广泛地、熟练地使用着"万、亿"以及四位分级法，现在"闯进"一个与我们传统体系不一致的计数单位"兆"（且改变了"兆"原来的意义），这就很容易带来认识上和使用上的"混乱"。《中华人民共和国法定计量单位》也在注释中说明："10^4 称为万，10^8 称为亿，10^{12} 称为万亿，这类数词的使用不受词头名称的影响，但不应与词头混淆。"（关于词头和数词，请读者自己查阅资料详细了解）

如此的补充规定，说明国家"允许"两种计数体系混杂在一起，由此也带来一些不可避免的麻烦。所以，尽管三十多年过去了，相关争议一直未曾停歇，遇到的问题也一直不断，有关部门不得不召开专题会议商讨对策，但至今尚未有实质性的解决方案。而这一切问题的源头，显然就是将"兆"定义为"百万"。人们提出的解决问题的"理想方案"，就是希望在将来合适的时候，另外定义一个表示"百万"含义的词头（或直接用"百万"当词头），以此让"兆"能恢复它本来的含义（表示"万亿"）[1]。

笔者人微言轻，不敢妄言国家规定的好坏优劣，只是从文化及情感的角度，觉得让"兆"体现为"万亿"的含义，或许更能展现中国古代文化之美，更能展现数学知识内在之美。事实上，据资料反映，在中国台湾地区以及新加坡、日本、韩国等国家，现在"兆"的含义依旧是 10^{12}（即万亿）。这不禁让人感慨！

---

[1] 刘群. 有关中文大数词问题的缘由和建议 [J]. 中国科技术语, 2013(1):6.

笔者在教学时会告知学生："千亿"之后是"万亿"，"万亿"就是"兆"，然后依次为"十兆、百兆、千兆"。这样一来，计数单位四个一组，四个一组，规律清晰，妙不可言！

这样的教学，或许犯了"知识性错误"，但是，这种"错误"留给孩子的可能是对祖国文化更深的情感和对数学知识更美好的印象。

这样的"错误"，不知能犯否？

（本文原刊于《小学数学教师》2015 年第 12 期）

对"质数、合数"名词的考证与思考

质数和合数是数论中两个很基础的名词，相关的还有因数、倍数、奇数、偶数、质因数等。这些名词中，最让人费解的就是质数和合数了。为什么以"质"和"合"取名？为什么"质数"还可叫"素数"？

笔者对此也产生了浓厚的兴趣。为此，笔者查阅了大量资料，加上自己的理解，大致搞清了这两个名词的来龙去脉，特整理下来供老师们参考。

早在两千多年前，古希腊的数学家就已经在深入研究整数的有关性质。毕达哥拉斯学派认为：一个数就意味着多个单位的组合①。这个单位，可称之为 1。他们发现，构成正整数的基本"材料"就是素数，因为"素数是只能为一个单位所量尽者，合数是能为某数所量尽者"②（这个"某数"不能是 1，古希腊数学家认为 1 不可以看成一个数——若 1 是一个数，任何数都可以为它所量尽，对数的研究就失去意义了）。所以，素数是整数的基本元素，对素数性质的研究是进一步研究整数的基础，这也就是"数论的本质是对素数性质的研究"说法的由来。

---

① [美] 卡茨. 数学史通论（第 2 版. 翻译版）[M]，李文林，邹建成等，译. 北京：高等教育出版社，2005.

② [古希腊] 欧几里得. 欧几里得·几何原本 [M]. 兰纪正，朱宽恩，译. 西安：陕西科学技术出版社，2003.

作为古希腊数学研究的代表作——欧几里得《几何原本》，第七卷中，就有对素数合数的详尽阐述，包括上文提及的对素数合数所下的明确定义，还有对多个相关命题进行的严谨证明。之所以要提《几何原本》，那是因为中国人接触并研究"素数"这个名词，就是从《几何原本》开始的。为此，我们需要从《几何原本》在我国的传播说起。

明朝万历十年（1582 年），意大利传教士利玛窦随西方商船来到中国，把现代数学引进了中国。约在 1607 年，利玛窦和徐光启开始了《几何原本》的翻译工作，1607 年译完了前六卷，不久刊刻传世。值得注意的是，素数是第七卷中的内容，因为利玛窦和徐光启只翻译了前六卷，所以"素数"这个概念当时应该未被翻译。

但是，徐光启等稍晚时代的中国数学家，必定是从《几何原本》中注意到了素数这个内容，也一定开展了相关的研究。于是，约 100 年之后，清朝康熙六十一年（1722 年），数学家梅瑴成等编撰的介绍包括西方数学知识等内容的数学百科全书《数理精蕴》，就出现了关于素数的阐述。在该书下编卷三十八中，编者将"素数"译为"数根"，其中的《对数阐微》更是给出了一个素数表。[①]这应当是素数概念在中国数学舞台上的第一次正式亮相。

为何将"素数"译为"数根"，现在已无可考，笔者大胆揣测，这个译法就是取素数之本义——可作为组成其他数的根本，或言犹如树之根那样可支撑汇成任意一个数。倘若从原文入手去分析，我们或许更可体会译者的想法。在拉丁文中（明朝时期传入我国的西方数学著作都是拉丁文版本的），素数叫 numerus primus，numerus 是"数"的意思，而 primus 是"第一"的意思，也可以解释为"第一流的、最好的"，这充分体现了素数的本质。所以，"数根"这样的译名应当是颇有意境的。

---

① 杨丽 . 晚清数学家关于素数研究的成就与不足 [D]. 天津师范大学，2010.

1857 年，《几何原本》后九卷由英国人伟烈亚力和李善兰共同译出（他们所根据的底本已不是拉丁文本了，而是一种英文本），在这个译本中，对"素数"的翻译，沿用了"数根"的名称，对"合数"也有了翻译，用了"可约数"一词。卷七第三十三题曰"可约数必有数根可度"。[①]

1872 年，李善兰发表了中国素数论研究史上的第一篇论文《考数根法》，还是用了"数根"这个名词。与李善兰同时代的数学家邹伯奇的《乘方捷术》，给出了 1~999 的纯杂数表。这里的纯数即素数，杂数即复合数。[②] 至此，素数在中国有了第二个名词"纯数"。这个名词，也体现了素数的特点，且有一定新意。所以，"纯数"后来也常为人所采用，至今仍有人提及。

1876 年，数学家华蘅芳编写了《数根术解》，1896 年，数学家方士铼撰写了《数根丛草》，另外一些数学家也撰写了相关的论著对素数进行研究，但是，他们都是用了"数根"这个名词。

综上可见，清末时期及之前，素数在中国的名称一般就是叫"数根"。

清朝末年，社会动荡，学术混乱。估计就是在这个阶段，素数在中国又产生了新的名词——"素数"。之所以如此推测，是因为资料显示，20 世纪初期，数学名词术语的译名极不统一，十分混乱。为此，1918 年 7 月，学术界成立了科学名词审查委员会，受中国科学社的委托，数学家胡明复与姜立夫一起负责拟定数学名词（当时称"算学名词"）。[③]1923 年完成初审稿，1938 年《算学名词汇编》正式出版，书中，对每一术语列有英、法、德、日名和旧译名，最后是汉译定名。这本书将"素数"定名为"质数"（175 页），将"非素数、合成数"定名为"合数"（36 页），且有注明，"素数、非素数、合成数"都是日

① 几何原本 [M]// 续修四库全书·子部·西学译著类.上海：上海古籍出版社，2002.

②《数学辞海》委员会.数学辞海.第六卷 [M].山西：山西教育出版社，2002:58.

③ 张祖贵.中国第一位现代数学博士胡明复 [J].中国科技史料.1991,(12)3:47.

文名。①

"合成数"是日文名无甚稀奇，但"素数""非素数"是日文名，值得让人琢磨一番。

据笔者考证，日语中"素"这个字，其写法与中文一样，其意义也与汉语中的"素"相似。我们知道，日语中这样的字，其本源都是中国的汉字。因此，日本人以"素"字命名，一定是用到了中国汉字文化中"素"字的含义。查阅《辞海》可知，汉语中"素"有"根本"之义。西汉刘向《说苑·反质》："是谓伐其根素，流于华叶"。"根"与"素"字相连，意相同。明显，"数根""素数"源出一处，日本人应当就是据此译为"素数"的。

当然，这仅是笔者的推测，并无正式的资料佐证。笔者也曾向日籍教师、学者求证，虽没有得到确切的依据，但他们对笔者的推测却很赞同。

事实上，笔者还有一个推测——"素数"可能是国人所取的名词。因"数根"一词沿用多年，但此名词有瑕（与"树根"同音），于是有人巧妙地想到了以"素数"替之。然后，此名传去日本（或为日本人所采用），再返为《算学名词》所收录——这样的可能性也有。

至于《算学名词汇编》将"素数"定名为"质数"，则让我们看到了胡明复、姜立夫等当时一大批学者在译名时的用心之苦。可以想见，"素—数"读音接近，易混淆，当找一名词来代替，保留其含义，清晰其读音。"质数"由此而生。"质"，何意？与"素"一样，均可表"根本"之义。"素"与"质"合起来就是"素质"，"素质"在古汉语中指"事物本来的性质"。《管子·势》："正静不争，动作不贰，素质不留，与地同极。"因此，用"质数"代替"素数"，合适之极。这样的取名，展现了译者的学识和心机，实在让人叫绝。

至此，"质数"这个名词就在中国成了官方认可的科学术语，并一直沿用

---

① 曹惠群.算学名词汇编（古籍本）[M].科学名词审查会.1938.

至今。但是，"素数"这个说法，却并没有因此退出历史舞台。同时代的很多著作，还是用了这个名词，比如华罗庚先生于 1940 年出版的《堆垒素数论》等。这直接影响了后来更多数学家在著书立说时还是沿用"素数"这个名词（可能因为要考虑与他人表述的统一性），如陈景润研究"哥德巴赫猜想"也是讲"素数"。因此，一直到今天，素数、质数，这两个名词还是在中国的书籍上"和平共处"，无非"质数"更通用一些。在中小学的教材上，目前是统一使用"质数"这个名词，但是标明了"质数，又叫素数。"

最后说说合数。合数，拉丁语为 numerus compositus，compositus 意思为"合成的、复合的"，从中可见合数的本义。后来英译为 composite number，还是清晰地保留了这样的意思。进入中国后译为"可约数""复合数""合成数"，最后发展简化为"合数"，笔者觉得相对比较好理解，为此不再赘述。

因笔者是教师，故在文末再从教学的角度对这两个名词谈一点想法。

应该说，如果能将"质""合"的意思讲透，对学生理解"质数""合数"及之后的记忆运用都是大有好处的。然而，初学质数和合数是在小学，小学生对合数概念的学习并不是基于质数基础之上的——小学生是从对一个数因数的个数的角度来学习质数合数概念的，这与质数合数起源的逻辑是不一致的。因此，小学初教概念时，也就没有将"质"和"合"的含义进行解释（或理解）的价值和必要了。若要挖掘字面的意义，可行的策略是待到学生对相关知识积累到一定程度时（如小学生在掌握了质数合数的概念之后，后续会学习把一个合数分解质因数），我们可引导学生发现质数合数的内在联系，尤其是体会到质数的价值，然后结合着知识，粗浅地讲讲"质"和"合"的含义，这或许会有一定的意思。当然，真正要讲清内涵，应当等学生的语言文字能力发展到一定的高度（如初中、高中时期），才可深入地解读"素、质"的含义以及"质数"名词的发展历程。相信，这时，学生一定会体会到数学名词的精妙性和严谨性，同时感受到数学历史的源远流长和中国文化的博大精深。

　　特别说明：因笔者能力所限，此文在撰写中，一些拉丁语、英语的解释，都是借助了网络在线词典，如"海词""google 翻译"等。同样原因，文中也多处出现笔者的臆断或猜测，这些或许都会导致文章观点或表述的不妥乃至谬误。在此，恳请方家予以指正。

　　〔本文原刊于《小学教学（数学版）》2013 年第 11 期，题目为《梳理源流，叩问本质——对"质数、合数"名词的考证与思考》，编辑作过删减，本文更为完整〕

第六辑

观点争鸣

听到专家大咖的言论，怎样表达不同的意见？面对习以为常的现象，可否转换视角进行思考？遇到意见不一的话题，如何亮出个性的想法？敢于对教育教学的话题发表与众不同的观点，不就是在促进自己的更好成长，推动教学研究的不断深入吗？

教学，简单一些也无妨

近日，听闻一位专家说起，小学数学"相遇问题"中计算路程的公式"路程＝速度和 × 相遇时间"，其中的"速度和"这个名词不能这么叫。为什么呢？因为在物理学中，速度是一个矢量，是具有大小和方向的一个量。在一道相遇问题中，两人分别从两地相向而行，那么，他们的速度就是方向相反的两个量了（一正一负），它们加起来，那算的是什么呢？因此，"速度和"这个名词应该用"单位时间内两人共行的路程"来替代，公式可为"路程＝单位时间内两人共行的路程 × 相遇时间"。

乍一听，感觉挺有道理——教学总不能基于错误的概念。但仔细想想，又觉得有些事情似乎不需要也不应该这样去考虑。原因有二：

其一，学生对知识的学习是有阶段性的，我们应当以此来审视我们的教学。 的确，速度是一个矢量，这个概念有其严谨的内涵及相应的计算。但是，学习这个概念，那是高中物理的事情，离小学生遥远得很。对小学生而言，当前的学习目的，是理解"相遇问题"的数量关系，掌握解题方法，那么，"速度和"这个名词，形象、简洁，起到了良好的支撑作用，那不就可以了吗？等到了高中，老师教物理，讲到速度有大小，还有方向，学生自会意识到，原来我们以前学的"速度"，是忽略了方向只讲它大小的，科学上的"速度"原来是这么一回事。此时，学生的知识、思维及能力的发展有受到负面影响吗？没有！我们何虑之有呢？

其二，概念的科学性和严谨性，是相对而言的，理解才是主要的目的。对此，陈重穆先生在他著名的《淡化形式注重实质》一文中早就指出：对名词、术语重点要放在学生对其实质的领悟上，不必在文字叙述上孜孜以求。"速度和"用"单位时间内两人共行的路程"来替代，有什么好的呢——什么叫单位时间？这不又给学生增加了理解的难度了吗？另外，三个字的名称变成了十二个字，"路程"两字重复出现，记忆、表达起来都很麻烦。还有，这个讲法严格来说也不对——高中物理中，这种情况叫作"两个速度大小的和"。

实在是越想讲清楚，却越讲不清楚。不讲却清楚！

记起一句话来——简简单单真好！

（本文原刊于《小学数学教师》2014 年第 3 期，题目为《速度是什么？》）

阅卷时请多一些宽容之心

又到期末了，考试阅卷是一个热词。每当这个阶段，我常常会收到各地老师们对阅卷的一些"诉苦"或"请教"。

这是一位外省老师跟我吐槽的事情，说他们学校阅卷时，一道题目 $36 \div [(72-64) \div 4]$，递等式第一步，学生写成了 $36 \div (8 \div 4)$，教研组长提出，这一步应该还是中括号，写成小括号跟教材形式不一样，所以统一扣1分。这位老师有意见，问我怎么看。

我好气又好笑！

这种事情常常发生在我们非常爱较真的小学老师身上——学生所做与教材形式略有差异，或者与平时要求不相符合，考试时就要扣分以体现。

我听到过、见到过不少这样的事：

解方程时"解"字没写，扣分；

竖式验算时"验算"两字没写，扣分；

递等式书写时跳跃步骤，扣分；

高年级解决问题不列综合式，扣分；

答句不写完整，扣分；

单位名称漏写，扣分；

这种例子举不胜举，我经历过的最夸张的事情是这样的：

> 列方程解决问题，要写"解：设什么为 x"，一老教师阅卷时很较真，对没在 x 后面写单位名称的情况，坚持每处扣 0.5 分。一位老师平时不太强调这个，结果他所教班级的学生几乎每人被扣了 1~2 分，他愤怒不已。

上述种种例子，常会引起老师们的争议，所以也常有老师就这样的事情来听我的意见。我听了后，总是说："算了吧，何必呢？""有必要吗，别扣了吧！"……

也许有老师会质疑：数学的思考与表达，应当是严谨的，是精准的，上述的现象，怎么能不扣分呢？不扣分不是助长学生随意轻率、粗心马虎的习惯吗？

不，在我看来，如果学生是会做这道题目的，而且整体上做得是对的，但是答题中却出了些零碎的、皮毛的或非数学本质的问题，那么我们阅卷教师就不必太在意，更不要太当真了。

我们可以通过正面引导的方式，如帮学生改一改，写一些提示语等，向学生传递一些善意与爱意，让学生感受到老师的温情，警醒着对自己的要求。

> 学生漏了"解"字没写、漏了单位等，不扣分，给他用红笔补一下，或者注一下，下次他看到试卷，心存感激，记忆深刻。
>
> 递等式书写跳跃了一些步骤，不扣分，给他做个补充记号，如有必要，写上"完整些更好"，下次学生拿到试卷了，一看就懂。

我们还可以有一种"能给分就给分"的意识，多看到学生错误中的正确处，看到学生答题中的闪光点，从鼓励学生的角度出发，有能给分之处就尽量给分。

　　高年级解决问题不列综合式，不扣分——允许不同的学生有不同的水平；分步解答，最后结果错误，但有思路正确之处，给点分。

　　分析、说理、作图等，总体不对，但有合理成分，有创意之处，给点分。

　　至于像文始那道题目，中括号变成小括号，有何不可？当然不应扣分。

　　……

　　我认为，学生答题时出现的瑕疵，只要不是学生真的不懂，不是学生学习态度的确不好，我们就不要扣分了。因为这样被扣掉的半分一分，往往最影响学生学习数学的情感，最打击学生的积极性，也最容易让学生受到父母的批评或他人的讥笑。我还特别赞成一些做法，如过年前的考试，试卷不要太难，阅卷不要过紧，以让更多的孩子考到高一些的分数，使他们能得到亲友们更多的赞扬，拿到更多的压岁钱，喜笑颜开过个快乐的新年。

　　是的，毕竟才是小学生啊，平时我们应该对他们严格要求，但到期末阅卷时，我们不妨还是多一些宽容之心吧！

　　宽容，呵护，引导，激励，这样阅卷，也许更好。

（本文原刊于《小学数学教育》2019 年第 12 期）

有括号的算式怎么读

下面的算式，您会怎么读？

12×（5+3）

读法 1：12 乘小括号 5 加 3 小括号——读出括号

读法 2：12 乘 5 与 3 的和——不读括号

也许您会说，读法 1 是"土读法"，得按照读法 2 才严谨规范。但采用读法 1 的教师会觉得很冤——这么读为什么就不行呢？

怎么读含有括号的算式，一直以来是小学（尤其是第一、第二学段）数学教师纠结的话题。教师平时自己读算式时，往往会采用读法 1 把括号读进去，因为这样读得清楚，听得明白；但要是在课堂上与学生交流，特别是在公开课上，就会立马改变、老老实实地采用读法 2。倘若谁在公开课上不小心采用了读法 1 来读算式，课后研讨时，质疑和批评估计是少不了的，有时甚至会上升到"教学素养欠佳"的高度。

那么，有括号的算式必须像读法 2 那样读吗？读法 1 真的就不对吗？

我的个人观点与此正好相反！

我认为，含有括号的算式，完全可以像读法 1 那样读，而读法 2 则存在一定的缺陷，并不合适。这么说，理由何在？且听我的分析。

先举几个例子，读者不妨自己读一读，心里默默地感受一下：

$$16 \times （5+3） \div 4$$

$$96 \div \left[（12+4） \times 2\right]$$

$$（6 \times 5+6 \times 4+5 \times 4） \times 2$$

$$\left(1 - \frac{1}{12} \times 3\right) \div \left(\frac{1}{12} + \frac{1}{15}\right)$$

这几个算式，是第二、第三学段较为常见的算式，通常出现在一些三步复合应用题、长方体表面积计算和工程问题的求解过程中。读这几个算式，您有什么感受？我相信，您已经对读法 2 没有多少好感了——基本行不通。

带着这种感受，再读一读下面这个初中的算式，感觉会更强烈。

$$x-2（2x-1） < 3-5x$$

想必我们都已体会到，含有括号的比较复杂的算式，想要按读法 2 这么读，是读不出来的，即使读出来了，别人往往也是听不懂的。

所以，我赞成读法 1 的第一个理由是：读法 2 不具有可持续发展性，它只适用于低年级比较简单的算式（如两步的算式）。强调算式只能按读法 2 来读的教师，往往是被低年级的数学内容遮蔽了视域，没有以长程的眼光来看待这个知识及要求。

我赞成读法 1 的第二个理由是：括号是一种数学符号，将括号读出来，才能凸显数学符号特有的价值。

加号、减号、乘号、除号等是运算符号，小括号、中括号等是用来改变运算顺序的符号。数学的符号有什么用？数学符号的功能之一就是将复杂的语言描述转化为简单、统一的记号表达，便于人们交流和理解。

以 12×（5+3）为例。若没有数学符号，我们用汉语只能说"12 乘 5 与 3 的和"（甚至可说得更复杂），但因为有数学符号，我们就可将它表示成 12×（5+3），这就是数学符号简洁性的体现。此时，如果我们把它读回"12 乘 5 与 3 的和"，那岂不是在主动丢弃数学符号的简洁性吗？

但反之，如果我们把它读成"12 乘小括号 5 加 3 小括号"，读法和写法的顺序一致，所有知道乘和小括号的含义、知道其符号样子的人，脑海中就会立刻浮现出这个算式，且不会有任何的歧义。这不就是数学符号简洁性、统一性的最好体现吗？

可见，从数学本质的角度来说，把括号像加号减号那样读出来，才能充分体现数学符号的本真价值，也才切实地有利于人们的理解和交流。我们可以用这样的方式读一读前面所举的任何例子，就能深刻地体验到这一层含义——不仅读者可读得清楚，任何一位听者，也都能听得明明白白，甚至可以边听边把这个算式记下来。

也许有读者会质疑，难道读法 2 错了吗？

低年级这么教，不能说"错"，因为低年级还处在让学生加深四则运算意义理解、强化基本数量关系分析的阶段，这时引导学生清楚地表达出算式中的"和、差、积、商"及运算顺序，对他们理解算式意义、掌握计算方法、训练严谨思维，是有一定帮助作用的。但是要注意的是，这个"表达"只需要体现在师生分析算式时所用语言的含义上即可，并不一定要体现在对算式的读法上。简单地说，读法 2 是在分析算式的含义，而不是在读算式，所以从"读"的角度而言，读法 2 是不必要的，是需要随着学生年级增长而逐步改变的。

最后说一点，读法 2 为什么会那么"流行"，那么受教师"看重"？这其实是老教材、老要求的遗留而已！请看课改之前的数学教材（如图 1、图 2），教过的、学过的读者，您还眼熟吗？

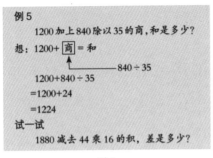

例5

$\quad$ 1200加上840除以35的商，和是多少？

想：1200+ 商 = 和

$\qquad\qquad$————840÷35

$\quad$1200+840÷35

$\quad$=1200+24

$\quad$=1224

试一试

$\quad$1880减去44乘16的积，差是多少？

图1

3.（1）75乘以12，再加上25，和是多少？

$\quad$（2）75乘以12加上25的和，积是多少？

4.（1）56减去16的差，除以8，商是多少？

$\quad$（2）254与58的和除以6，商是多少？

$\quad$（3）48乘25的积，减去320，差是多少？

$\quad$（4）甲数是82，乙数比甲数的3倍还多23，乙数是多少？

图2

那个时候，脱离现实背景的四则运算教学，产生了"文字题"这个特殊的教学内容——将算式用文字来表达，将文字表达翻译成算式。对"文字题"的深厚情感和难忘经验，也许是读法2流传至今的重要因素。

可是，从图1、图2中可以看出，哪怕是当年，教材编排的文字题也仅限于两步的算式，如果遇到三步及以上的算式，相信教过的老师一定有着难以磨灭的"痛苦回忆"。可是，现在还有"文字题"吗？还有算式和含义的双向转化吗？再看一下现在的教材（如图3）——知道顺序，会正确计算，就已足够。

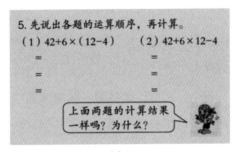

5. 先说出各题的运算顺序，再计算。

$\quad$（1）42+6×（12-4）$\qquad$（2）42+6×12-4

$\quad$=$\qquad\qquad\qquad\qquad\qquad$=

$\quad$=$\qquad\qquad\qquad\qquad\qquad$=

$\quad$=$\qquad\qquad\qquad\qquad\qquad$=

上面两题的计算结果一样吗？为什么？

图3

教数学，学数学，已经是很不容易的事了，我们何必再为自己增添烦恼、给学生增加负担呢？

把括号读出来吧，把数学教得再简单些吧！

（本文原刊于《教育视界》2022年第12期）

这样的题目不妨说声"好"

这两天，微信朋友圈里很多老师都在转发或点评一篇文章。文章的作者是一位家长，说的是上海闵行区三年级新近期末考试中的一道题目，原题如下：

乐器商店新进了 9 把小提琴，共花了 3600 元，售价合理的是（　　）。
A.498 元 / 把　　B.400 把 / 元　　C.498 把 / 元　　D.400 元 / 把

据文章介绍，这道题目，大部分孩子都做错了，他的孩子也没能幸免。但是，这位家长却并不怪出题的老师，反而喊出"讲真，闵行区的三年级数学统考卷出了一道好题"的观点，表达了自己对这道题目的看法。

笔者朋友圈里转发或点评文章的很多是一线数学老师，有趣的是，他们的转发语或点评语，观点与那位家长却不同：

"这样的题目真的是好题目吗？亲，您怎么看？"
"有点故意引诱孩子上当的味道。"
"这还是考数学吗？三年级的孩子哪知道进价和售价呢？"
"这么出题，现在教书真的不容易啊！"

虽仅是片言只语，但我们可从中看出，老师们并不认可这是一道好题，言语背后还透露着一些情绪。

老师们之所以不认可这道题目，据我猜测，主要是怪怨出题者不按套路出题。如，既然题目中写了 3600 和 9 两个数，那么要研究的就应该是这两个数之间的关系，但这道题目的问题却故意跳到售价那里去，学生一不小心都会上当，这样出题显然太过阴险了，让人不舒服。再如，假设你出一道题目想要考计算能力，那么就聚焦一些，口算、估算或笔算均可，加减乘除也无妨，但不能像现在那样，又要计算，又要联系生活，又要推理，还要关注单位名称（"元 /把"和"把 / 元"）。这究竟是在考什么内容呢？……

总之，遇到这样的题目，哪怕老师们平时给孩子练的题目再多，分析讲解得再辛苦，也是白搭——学生没这种经历，缺少应对经验。这样的题目，会让老师们感到"辛苦付出白忙活，教学工作没方向"，所以，要老师们说这样的题目好，不抵触，那是不可能的！

作为在一线教书二十多年的我，非常理解老师们的想法。谁不希望自己的教学有针对性，有实效性，能让学生学有所获？谁不希望自己扎扎实实教了一个学期，期末考试能取得理想的成绩？

但是，笔者仔细想了下，觉得对于这个事情，老师们应当转变观念，不仅不需要抵触这样的题目，反而可以从这样的题目中获得启示。

为什么这么说呢？下面笔者从三个角度，简要谈谈这样的题目所具备的积极意义。

一、有利于培养学生的质疑意识

有人说，中国教育的一个重要缺陷，就是学生的解题能力很强，但质疑意识不强，因此批判精神和创造能力不够。原因是多方面的，但笔者觉得，这跟我们提供给学生的题目（不仅仅是数学题目），其答案的封闭性和确定性紧密相关。在学生的解题经历中，只要是老师给的题目，就一定有答案；只要是题目中的条件，这些条件就一定指向于问题……这种思维的定势，会使得学生不断减少对信息的主动质疑和辨析，久而久之，思维弱化，能力降低。

而上述题目，9 把小提琴共花了 3600 元，有两个信息，但它们却并不直接指向于问题，或者说即使算了 3600÷9，也并没有解决问题。这种情况，可以很好地让学生认识到，不是给的信息都跟问题直接相关，不是信息简单一算就能得出答案，等等。我们的学生，若能经常性地经历这样的学习，质疑能力、思辨能力就能得到锤炼，思维的灵活性、批判性等就会得到发展。从这个角度来说，这样的题目不就显得非常有价值吗？（想起一事：当年"船上 75 头牛，34 只羊，船长多少岁？"一题，不也具有如此功效吗？）

二、有利于培养学生的学习习惯

认真审题，读懂信息，准确理解，严谨思考，回顾反思，这是解决数学问题的基本要求，这也是学好数学乃至学习任何知识的重要习惯。如看到上述题目，就应当读懂语句，想清楚 9 的含义、3600 的含义，知道问题问的是什么（尽管此时不是很明白"售价"及"合理"的含义）；然后联想到 9 和 3600 之间可算出的是什么，并进行口算，得出 400；再将算出的结果与问题进行对照，发现并不是所求的问题；此时，再进一步思考"售价"的含义，通过对四个选项的阅读，发现有 498，联想到"要有赚头"，一定要比 400 大；再对比两个498，发现其单位不同，于是思考辨析；最后，回过来纵观整题，确认答案……

以上过程也许是理想化的，但是，一个学生，若能经常经历这种认真审题、严谨思考的学习过程，对其解题能力的提升，对其后续学习的进步，都是极为有益的。上述的题目，相比常见的题目，这样的功能更为凸显，更能逼着学生养成这样的习惯，因此自然可称之为是好题。

三、有利于拓宽学生的知识视野

有一些教师评价说，数学题是要联系实际生活的，但是要贴合学生，要离学生生活实际近一些的，像这种进价、售价等，那是成人关注的事，离学生远了，好像并不适合学生研究。也有人戏言，"赚差价"这种不太崇高的事情，似乎不具太多的教育价值。

在我看来，此题将真实的生活问题引进来让学生去解决，让学生感受数学与生活的紧密联系，拓宽学生的知识视野，培养学生的应用意识，这首先就值得肯定。我们现在做的太多的题目，都是那些无法让学生拓宽知识视野的假情境。

至于知识离学生远近的问题，现在的学生，接触到的信息多，他们对进价、售价这些知识并不会太陌生或不理解，我们完全可以放心让学生去尝试解决。即使真的有少部分学生不理解的，通过这样的考题，可引发他们后续去关注、了解这些课外信息，这不也是好事吗？

至于题目的教育价值如何，读者不妨看看写文章的那位家长的意见，他对此题的最认可之处，就是觉得此题可让孩子明白"盈利"这个名词的实际含义，感受到它重要的社会意义。

以上文字，仅是笔者个人陋见。笔者已不在一线，也许"看人挑担轻"，也许"站着说话不腰疼"。但是，笔者觉得，一道题目，倘若可有助于学生的发展，可促使教师转变教学理念和教学行为，这样的题目是可以给它说声"好"的！

当然，在大家尚未完全适应之前，这样的题目少一些，坡度缓一些，相信会得到更多人的支持。如有教师提出将这个题目修改为"如果你是商店老板，你觉得售价合理的是（　　）？"这样的意见有道理，也很中肯。

数学判断题，可否少折腾

在某地讲课，课间休息时，几位老师急匆匆地走到台上来找我。她们说："顾老师，有一道题目，我们教研组里争执不下，想请教一下您。"

"你们请说吧。"我欣然应允。

"长方体的六个面，一定都是长方形。这道判断题，对还是错？"

又是判断题！和判断题打交道，我都有点怕了。

"你们是不是在纠结有两个面是正方形的长方体，六个面算不算都是长方形？"我猜测她们的想法。

"是呀，我们知道正方形也是长方形，但是教材上说'长方体的六个面都是长方形，也有可能有两个相对的面是正方形'，这句话和教材讲得不一样，而且说了'一定'，所以我们意见不一样了。"一位老师解释道。

"我觉得这样的题目真是没啥意思！孩子们都认识长方体，看到有两个面是正方形的也知道它是长方体，这就够了。这种题目，咬文嚼字的，对数学学习没什么帮助。"我表明我的态度。

"出题的教研员或者老师，真是不应该出这样的题目。这种题目，除了折腾师生，让学生讨厌数学，实在没有其他的价值。老师都有争议，让学生怎么做？"每次看到这样的题目，我总是会忍不住发点牢骚。

"顾老师，您讲的我们认同。不过，您跟我们表个态，这道题目到底是对还是错？"几位老师以执著的眼光看着我，我不禁无言以对……

这几年，常有老师通过我公众号后台留言等方式联系我，请我"裁定"某道判断题究竟是对还是错。比如说：

◆一位小数乘一位小数，积一定是两位小数。（　）

说明：按计算法则是对的，但积的末尾如果撇0后，这个情况怎么算？

◆个位上是1、3、5、7、9的数一定是奇数。（　）

说明：这个数是整数当然对，但如果这个数是小数，不就错了吗？

◆直径的长度是半径的2倍。（　）

说明：没有强调"在同一个圆中"，这句话对不对？

◆木箱的体积一定比容积大。（　）

说明：一般都是对的，但木箱如果是无盖的，它的体积是不是也可指去掉空心部分以后的木板的体积？如果这样，它的体积就比容积小。

说句真心话，我很讨厌这样的题目，我更不希望老师们把精力耗费在这种无意义的思考上。我常表达这样的观点：

"一位小数乘一位小数，学生们会不会计算？正确率高不高？（师：都会，正确率很高）——学生既然都会算了，还要做这道题目干啥？"

"学生会不会判断奇数和偶数？（师：会）书上有提供小数来让学生判断吗？（师：没有，数论好像是在整数范围里讨论的）——那为什么还要学生做这道题？"

每当我这样说，老师们都是一脸委屈："顾老师，没办法啊，作业中或者试卷上有，我们难道让学生不做吗？我们难道能像您一样去批评出题人吗？"

我非常理解一线教师的无奈和怨愤，不必怪他们，要怪就应该怪这些折腾人的数学判断题，怪那些喜欢折腾师生的出题者。

在我看来，数学（至少是小学数学）教学中出判断题来考学生，意义并不大。原因如下：

1. 判断题对学生的检测效果不佳

我们都知道，判断题或对或错，答题正确的可能性是 50%。换而言之，学生乱猜，也有 50% 做对的可能性。相比之下，选择题（如四选一），乱猜做对的可能性是 25%，而填空题（解答题），没法乱猜，必须得填出（做出）正确的答案。所以，要检测学生的学习情况，填空题（解答题）是最有说服力的，选择题次之，而判断题则是效果最差的。

有教师曾这样"指导"学生：判断题，实在判断不出来，就打 ×，因为错的题目比较多。还有教师这样"指导"：题目中有"一定"两字，往往是不对的，你就打 × 吧！做判断题的这些"技巧"，反映了判断题检测效果的不佳——很难准确地检测出学生是否真懂。一道检测题，倘若不能精准地捕获学情，说明其形式本身就有问题。

好的教学检测，一般是不会出判断题的。笔者随手一翻，2016 年中国基础教育质量监测中心命制的监测卷，只有选择题、解答题，没有判断题；2018年、2021 年浙江省基础教育质量监测卷，有选择题、解答题等，也没有判断题……

事实上，小学数学的教学检测不出判断题，几乎已是共识。比如说笔者之前工作过的浙江省嘉兴市、目前工作的杭州市滨江区，多年来就未曾出过判断题。

2. 判断题易让数学教学偏离方向

学生对数学知识理解和掌握与否，最重要的就是看其能不能运用知识来解决（解答）实际问题。如学习了"圆的认识"有关知识，会不会画（找）直径半径，会不会利用直径半径画圆，会不会利用两者关系换算后计算周长面积或服务于其他实际问题的解决，等等，这些才是值得检测的内容。但如果换作判断题，因为其出题形式的局限，很难往上述有意义的方向走，往往就会偏离轨道，走向狭隘的概念辨析，且靠一些文字上的"变化"来检测学生，如前文的"直径的长度是半径的 2 倍""直径就是圆的对称轴"，等等。（如果判断题不是指向于概念的，实际上就相当于填空题或解答题了，那就更意义不大，对此本文不作细述）

所以，常做数学判断题，学生要关注的是"小心文字陷阱，注意关键字词"，他们会形成"学数学需要咬文嚼字"的错误意识，甚至会觉得有些数学题目就是"脑筋急转弯"（如上文木箱题）。同时，教师也会把更多的精力用在让学生熟背概念、牢记关键字词，或者是挖空心思改变文字的表达方式，让学生接受各种"变式训练"，如故意把"长方体的六个面都是长方形"，改成"一定都是长方形"，故意省略"在同一个圆内"来说"直径的长度是半径的 2 倍"。这种玩"文字游戏"式的编题方式，人为地增加了学生学习的负担，不仅无益于学生掌握知识、发展思维，反而会让学生对数学学习心生抵触乃至恐惧，显然是要不得的。

基于以上两点原因，我呼吁，在小学数学教学中，老师们可以顺应教改潮流，不要再出判断题来考学生了，即使要出（判断题的确也有训练思维的价值），题目也要尽可能少一些无谓的争议。因为小学数学的教与学，可做的有意义的事情非常多，我们不必以这样的方式来折腾学生，为难自己，既耗费精力，又难有实效。

一家之言，难免偏颇，欢迎老师们讨论！

（本文原刊于《小学教学设计》2023 年第 10 期）

发展思维，才是教学的根本

五年级学了"分数的意义"之后，教材上或作业本上，会有这样的题目：

$$\frac{1}{4} > (\quad) > \frac{1}{5}$$

面对这个题目，不同的老师会有不同的教学处理。

先看 A 老师的教法。

> 师：同学们，这道题目，分子都是 1，分母是 4 和 5，相邻自然数，怎么办呢？我们刚学过通分，通一下分嘛！来，分母变成 20，那就是——$\frac{5}{20}$、$\frac{4}{20}$。那还是不行！继续通分，分母通到 40，就是——$\frac{10}{40}$、$\frac{8}{40}$。这不就行了吗？我们可以填——$\frac{9}{40}$。对，来，自己填好。好，我们看下一题……

我们身边有没有像 A 老师这样教课的老师？肯定有！当教学进度比较赶，或者是教学内容比较多的时候，面对这样一道普普通通的题目，有些老师就会采用上述那样"高效率"的方法，领着学生边"思考"边解答。这样的处理，速度会比较快，课堂上可讲的题目会比较多，老师也会感觉比较安心。

然而，这样教过之后，考试时，学生却遇到了不一样的要求，如："你能填出几个不同的答案吗？"或者"你能采用两种不同的思考方法来填写吗？"有些学生做不出来，老师非常生气："我不是讲过这个题目了吗？你们怎么一点灵活性也没有？真是气死我了！"

能怪学生吗？你老师讲解灌输的时候，有让学生去主动尝试和深入思考过吗？学生凭什么就会有你老师想要的灵活性？

来看看 B 老师的教法。

> 师：同学们，这道题目怎么填呢？大家想一想。（略等待）有答案了吗，谁能来介绍一下？（结合着学生的介绍，教师在原来两个分数边上板书通分后的 $\frac{10}{40}$、$\frac{8}{40}$，填入 $\frac{9}{40}$）除了 $\frac{9}{40}$，还可以填几？（有学生介绍通分到 60，就还可以填出 2 个，教师再次板书示范）还可以填几？（有学生说分母是 400、4000 等，教师以此引导学生理解可填的数有无数个）好，同学们，每人填上三个不同的分数吧……

B 老师教得如何？显然比 A 老师好。最明显的差异有两点：一是把解题的机会"还给"了学生——让学生思考之后，汇集多位学生的回答，形成答案；二是老师教学了不同的填法（且借助板书直观支撑），还引导学生认识到了可填的数有无数个，知识教学似乎也很到位。

那么，B 老师的教法有问题吗？有，学生的参与不全面（只是部分好学生的思考和回答），方法的掌握太单一（学生只学了通分法一种方法），这些都是其不足。所以，如此的过程，课堂的主动权并没有真正还给学生，学生经历的思考和探究并不充分，他们并没有从这个知识的学习中获得其他的发展。

再来看 C 老师的教学处理，他会有什么不一样呢？

> 师：同学们，这道题目我们是第一次碰到。这里怎么填呢？请同学们

开动脑筋，自己想一想、写一写，开始吧！（待很多学生都想出了一种方法后，教师跟进提醒：再想一想其他的方法，好了后同桌之间可以互相交流一下）

师：来，哪些同学有方法了，谁能到黑板这里来介绍？

生 1 展示"通分法"，教师跟问"用通分法还可以填几"，结合其他学生回答，引导学生理解有无数个答案。

生 2 展示"分子扩大法"（如分子都化为 2），教师同样跟问"还可以是几"，引导学生理解有无数个答案。

生 3 展示"化小数法"（0.25 和 0.2），之间找一个，如 0.24，再化成最简分数。教师表扬这种"转化"的思路，再跟问并引导理解还可以是三位小数、四位小数，答案同样有无数个。

师：同学们，一道题目，如果能想到多种方法来解决，那是思维灵活的体现。来，刚才哪种方法你没想到，自己再写几个答案体验一下吧。

C 老师的教法特点鲜明——问题来了，先抛给学生，让学生自主尝试，深入探究；课堂上，探究、交流、分享等学习方式形式多样，使用合理。由此，学生不仅深刻而全面地建构了知识，还充分地经历了方法多样化的过程，增强了对思维灵活性的体验。

这样的教法应该很不错了，但是，让我们再来看看 D 老师的做法，我们就会有这样的体会：意识更强，课堂更好。

师：同学们，刚才我们已经想出了三种方法，现在你还能想到不一样的方法吗？（D 老师备课时就预设了在 C 老师基础上的教学跟进）

学生遇到挑战，再次展开思考和探究。一会儿，新方法出来了——"分母取小数法"。如分母取 4.5，分子是 1，也就是 $\frac{1}{4.5}$，再化成 $\frac{2}{9}$。教师表扬学生这种与众不同的思维方式，学生们受到启发，纷纷想到分母只要是在 4 和 5 之间的小数均可，答案也是无数个。教师让学生自己再试写几个……

师小结：跳出已有的经验，想到出人意料、与众不同的方法，这样的思维更了不起。

显而易见，D 老师的教法比 C 老师更有深度。这个深度不仅仅体现在学生多学了一种解答的方法，它还体现出了 D 老师所具有的一种教学理念——借助学习的材料和要求，指向于发展学生的思维（此处所体现的是求异、创新等高阶的思维）。课堂有理念支撑之时，内涵就会精彩显现。

数学课，能有这样的理念，能教到这样的程度，学生一定深深受益，后劲无穷。日常的数学课，这样上，也已够好了。接下去"出场"的 E 老师和 F 老师，他们的做法，是笔者所想象出来的理想情形（但笔者作过这样的教学尝试）。

E 老师发现"分母取小数法"中的分母取 4.5，可以得到 $\frac{1}{4}>\frac{2}{9}>\frac{1}{5}$。他觉得，这个材料还有进一步挖掘的空间，于是在 D 老师的基础上，又设了一个层次。

师：观察 $\frac{1}{4}>\frac{2}{9}>\frac{1}{5}$，你有什么发现吗？（学生发现 1+1=2，4+5=9）

师：这真是一个"奇妙"的方法。这种方法，换到其他的题目，是不是还适用呢？（学生意见不一，教师板书"猜想"，引导学生自己举例验证）

展示反馈学生的例子，如 $\frac{1}{5}>\frac{2}{11}>\frac{1}{6}$、$\frac{1}{2}>\frac{2}{5}>\frac{1}{3}$ 等，学生发现都适用。

师：例子是举不完的，你能通过观察和思考，来分析是不是都适用呢？

学生讨论交流，明白这样的方法就相当于"分子扩大法"——两个分数的分子都扩大到 2，分母也随之扩大，原来两个分母相加的和一定正好处于中间。所以，这种方法完全正确，而且还是一种"简便方法"。

师小结：猜想—验证—结论（板书），这是一种重要的数学思想方法，很多的数学发现都是由此得来的。

简单而巧妙的一步教学跟进，课堂立即绽放出更加迷人的魅力——知识之间深度勾连，简便方法深入人心，重要的数学思想方法有效渗透，数学学习的乐趣显露无遗。

还有什么可挖掘的吗？教学还能更有内涵吗？且看 F 老师的处理。

师：同学们，刚才得到的经验，如果用字母表示，该怎么表示呢？

学生试写，反馈，得出 $\frac{1}{a} > \frac{2}{a+b} > \frac{1}{b}$（a、b 是连续自然数）。

师：学到这里，你心里还有什么疑问吗？谁能大胆地提出来。

生 1：分子不是 1 的分数，还有这样的简便方法吗？

生 2：分子不是 1，分母不是连续的自然数，能这样填吗？

生 3：是不是所有的分数比大小，都可以用这样的简便方法？

生 4：带分数难道也能这样填？

……

学生议论纷纷，猜测不一。

师：新的猜想又来了，结论到底是什么，我们该怎么解决呢？下课时间到了，同学们可以在课外再深入研究。

字母表达，是抽象思维的培养，是符号意识的渗透；引导学生提问，各种各样的问题，有联想、质疑、批判，显现出学生思维的发散和深入；课上的内容，下课时学生还争论不已，还想着主动探究，这更是无比美妙的事情。

一道题目，六位老师不同的教法，显现出不同教学理念下不同的教学行为及教学效果。最近，我常用这个教学案例跟老师们交流关于数学教学理念的话题，我还把这六位老师分成了如下三类，来表达我的视野里对教师教学水平的评价。

理念落后 方法简单	A 老师：教师自己直接讲解方法，通分至分母 40，就可找到答案，学生记录。 B 老师：请学生回答，由学生介绍通分法，教师跟进教学，把此方法深入讲解。
理念正确 方法可行	C 老师：先放手学生尝试解决，反馈展示多种方法，教师适时跟进，完善知识，渗透思想。 D 老师：在 C 老师基础上，又多走了一步，引导学生感受思维的求异与创新。
理念先进 方法高级	E 老师：抓住一个"奇妙"现象，让教学再进一步，深度沟通数学知识，巧妙渗透思想方法。 F 老师：更多的教学跟进，符号表达、提问，进一步培养学生的思维能力。

我个人认为，第一类老师，教学理念落后（如生本意识不强），教学形式陈旧（如机械灌输、简单讲解），他们的心目中，数学教学最重要的目标就是教会知识，对于借知识教学发展学生思维这样的目标，他们没有想到或者并不重视。第二类老师明显具备了新课程的理念，是符合新时代要求的老师。他们让学生思考在前，探究为先，引导学生自主建构知识；他们重视学生思维能力的培养，有意识地设计相应的过程，采用合理的手段，努力让学生在知识学习之时再获思维的发展。第三类老师显然有更高的理论站位和更强的教学能力，他们能够挖掘出数学知识中蕴含的丰富思维元素，能够巧妙而有效地引导学生获得思维的更好发展，他们可被称作是高水平的数学老师。

老师们不妨回顾自己日常的教学方式，或审视身边同事的教学行为，把自己或身边的同事跟这六位老师做个比照，看看各处于哪个类别之中。

也许笔者如上的分类和评价有些偏颇，对 E 老师和 F 老师的教学预想也有些理想化，甚至有老师曾跟我交流："这样都快把一道题目上成一节课了，平时我们哪有时间这么做？"老师说的一点没错，日常教学中，如此放大一道题目，的确不具普适性。我想借此表达的是这样一个观点：如果我们想挖掘数学知识的内涵，想追求课堂的突破创新，哪怕是一个题目，照样有很多可操作的空间。

当然，如果真的如 E 老师、F 老师那样，把一道简单的题目上成了一节课，在我心目中，那真是太棒了——数学教学，若能挖掘出知识背后丰富的思维元素，若能把发展思维作为课堂的根本目标，课堂上若能精彩有效地实现这个目标，那一定是最有内涵、最为本真的数学教学！

这不就是顾明远先生所讲的"教育的本质是培养思维，培养思维的最好场所是课堂"的最好体现吗？

以两句简单的话来作为文章的结尾吧。

数学的题目是做不完的，学生只有提升了思维能力，才能够灵活应对各种各样的题目，才能够后劲无穷地持续发展。

数学教学，在落实知识与技能的同时，一定要记得借知识与技能的教学去锤炼和发展学生的思维，这才是教学的根本目标。

（本文原刊于《小学数学教师》2020 年第 10 期）

关于"比例"教学的一点看法

我们团队负责设计和制作的六年级网课中，有一个知识点的教学，引发了一些老师的关注。涉及的题目如下图：

> 根据 A×3=B×4，可以写出怎样的比例?
>
> □ : □ = □ : □

执教的张老师在讲解时介绍了"定外项，写内项"的方法来写比例。即根据比例的基本性质，如果把 A 和 3 写在外项的位置上，那么内项就是 B 和 4，这样就可写出比例 A : B = 4 : 3。此时也可把 B 和 4 的位置进行交换，写下来就是 A : 4 = B : 3。当然，也可以把 B 和 4 当作外项，那么……

结合如上的方法介绍，课件依次呈现如下比例：

A : B = 4 : 3

A : 4 = B : 3

B : A = 3 : 4

B : 3 = A : 4

张老师还带了一句话："当然，我们也可以先定内项再写外项，这样也可以写出一些比例来。"

对于以上讲解，老师们产生了两个疑问。

疑问一：图中的第二个比例和第四个比例，是一样的还是不一样的，教学中是否需要向学生说明？

疑问二：根据一个等积式，到底能写出四个比例还是八个比例？

在此，我想对这个教学环节的设计略作解释，并和大家分享我对比例知识的一点看法。

首先，上述的教学环节，追求的教学目标是"怎么根据等积式写比例"。

从过程中可以看出，无论是"定外项，写内项"，还是"定内项，写外项"，老师要传授给学生的，都是怎么从比例的基本性质入手，有序地写出一些比例来。学生掌握了这样的方法，就不仅能写出一些比例，而且还能体验有序思考的思想方法。所以，此环节的教学，目标定位是"学生学会写比例的方法"。会写才是重点，至于 A：4 = B：3 和 B：3 = A：4 是否一样，原本就不在教学目标之中。

这样的目标定位，是我们处理类似题目的基本想法，老师们如果注意观看我们设计的网课，会发现我们都是这么设计与讲解的。

但这也许马上就引发了老师们很关注的第二个疑问——如果要写出全部的比例，到底是四个还是八个？

即下面的这些比例，每一行的左右两个，到底算一样的还是不一样的？

$$A：B = 4：3 \qquad 4：3 = A：B$$
$$A：4 = B：3 \qquad B：3 = A：4$$
$$B：A = 3：4 \qquad 3：4 = B：A$$
$$4：A = 3：B \qquad 3：B = 4：A$$

对此话题，我的观点为——根据四个数（或者等积式）写比例，不同的比例只有四个。理由如下：

表示两个比相等的式子叫比例。两个比，比值相等，用等号连接即成比例，至于等号左边放什么，等号右边放什么，原本就没作这样的规定。所以以上面第一行两个比例为例，A：B＝4：3 和 4：3＝A：B，一模一样的两个比组成的比例，自然就是同一个比例。

借用具体情境来解释，可能更有说服力。下图是本单元第一个与比例有关的情境。

用图中的 4 个数据可以组成多少个比例？

3 cm
1.5 cm
2 cm
4 cm

我们知道，列出 3：1.5＝4：2 的比例，表示的意思是"大三角形的高：小三角形的高＝大三角形的底：小三角形的底"。那么如果等号左右交换，列成 4：2＝3：1.5 呢？"大三角形的底：小三角形的底＝大三角形的高：小三角形的高"，这说的难道不是同一件事吗？

夸张一点地说，这与"小明有 3 颗糖，小刚有 5 颗糖，他们一共有几颗糖"，列成 3+5，也可以列成 5+3，道理差不多。

所以，比例的等号左边和右边交换，所得到的比例，与原来的比例是一样的，因为这个比例的意思没有发生变化。

根据上述分析，上面所呈现的八个比例，同一行左右的两个应该算同一个，所以不同的比例只有四个。

事实上，教学参考书上也有类似的意思表达。教材 43 页第 7 题，"已知 24×3＝8×9，你能写出比例吗？你能写几个？"参考书上是这么写的："根据比例的基本性质，也可以写出不同的比例来，如 $24 : 8 = 9 : 3$，$8 : 24 = 3 : 9$，$24 : 9 = 8 : 3$，$9 : 24 = 3 : 18$。"注意，答案就是四个！

最后，我想特别说明一点，希望能引起老师们的重视。

关注到底能写出四个比例还是八个比例，意义不大。

学生学习比例，主要是为后续解比例、用比例解决问题等内容服务的，而在那些内容中，比例能写出四个还是八个，等积式可以改成四个还是八个比例，这些知识根本用不着。如以下正比例问题：

小明买 4 支笔用了 6 元，小刚想买 3 支同样的笔要用多少元？

学生需要用到的本领是：两种量及其关系（总价和数量，成正比例）；相对应地写出两个比（$6 : 4$ 和 $x : 3$），组成比例 $6 : 4 = x : 3$；运用比例基本性质求解。

在此过程中，比例是四个还是八个的知识一点都没用。小学如此，到了初中，更复杂的正反比例问题、图形的相似等内容，用到的分析思路和解题方式，与小学类似。

可见，写比例的过程中，理解比例的意义才是有价值的事，至于能写出多少个不同的比例，实在没有多大的研究必要。

基于以上认识，我建议老师们在教学"已知 $24 \times 3 = 8 \times 9$，你能写出比例吗？你能写几个？"这种题目时，可以大胆调整解题要求为：

已知 $24 \times 3 = 8 \times 9$，你能写出两个不同的比例吗？（两个足够，当然，要求是"不同的比例"）

而这，恰与北师大版教材的编排相同（如下图）：

7 根据下面的两组乘法算式，分别写出两个不同的比例。

$$9 \times 0.4 = 1.2 \times 3 \qquad\qquad 3a = 2b$$

以上关于比例教学设计的解读、知识内涵的剖析和具体教学的建议，望能对老师们开展教学提供一定的启示。

我们教错了吗

——从学生的认知角度谈"三角形稳定性"教学

近日，笔者在两份期刊上看到了对同一内容的讨论。在第一份期刊上刊登了江苏一位小学教师的文章，文中举了一个在"三角形认识"教学过程中出现的案例，说的是这样的事情：学生在体验三角形和四边形的稳定性时，无意间将一个四边形拉成了如下形状（图1），于是发现"三角形不具有稳定性"，也因此引发了对所学知识的疑问。

图1

作者根据这件事，向我们表达了如下的观点：生活中获得的经历、体验，未必就恰好能为抽象的数学概念和知识提供适切的基础。例如，让学生去拉三角形和四边形，就会出现上面的问题，就会得出三角形不稳定的结论。所以，让学生用拉一拉的方法去体验三角形的稳定性，这样的教学方法是不妥当的，因为三角形稳定性的实质是"三条边长度确定，形状和大小就确定了"，根本不是"拉得动、拉不动"的问题。

无独有偶，在另一份期刊上也刊登了一篇题为《钉成四边形木框也不变形》的文章。大意是这样的：要为如下的长方形木框（图2-1）钉上一根木条，怎样钉才能使这个木框的形状和大小不改变呢？学生都得出把木条钉在木框的相邻两条边上，形成一个三角形（图 2-2），可偏偏有学生提出把木条斜着钉在对边上（图 2-3），木框也不会变形。教师告诉学生，四边形容易变形，三角形才具有稳定性，所以钉成三角形是正确的。

文章的作者因此"为教师处理的失误痛心"，并由此认为小学教师对数学知识的储备实在不足，以至于长期以来都把"三角形的稳定性"给教错了。

图 2-1　　　　图 2-2　　　　图 2-3

那么，难道我们这样教真的是错了吗？

"三角形三边的长度确定，这个三角形的形状和大小就完全确定"，这个知识是初中里很基本的几何知识。小学教师都读过初中，学习时想必都能理解这种基本的性质，教了几年书而忘了这个知识的人，应该也是为数极少的。所以，哪怕小学教师对数学知识的储备再不够，也不至于多年来无人能"正确"地教学三角形的稳定性。

那么教材对这一内容是怎么处理的呢？看了几套小学教材，发现这几套教材编排时，无一例外地都是通过直观材料、生活实例让学生体验三角形的稳定性及其在生活中的应用。如图 3-1 是人教版教材，图 3-2 是北师大版教材，图 3-3 是浙教版教材。

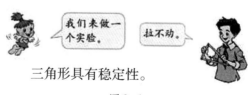

三角形具有稳定性。

图 3-1

2.拉一拉，你发现了什么？　　　　　　　　三角形的稳定性有广泛的应用。

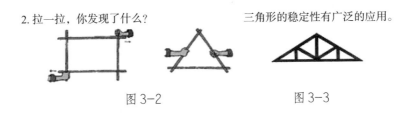

图 3-2　　　　　　　　　　　　　图 3-3

　　教材为何要如此编排呢？我想，我们还得更全方位地理解"三角形稳定性"这一名词的含义，还得更深入地从小学生的实际情况出发来分析这个问题。

　　学过平面几何的人都知道"三角形三边的长度确定，这个三角形的形状和大小就完全确定"。事实上，三角形形状的物体三边长度确定，使得形状和大小也确定，这时，物体不容易变形，就是"三角形稳定性"的外在表现形式，它可以直观地解释"稳定"的意义。所以，若能站在这个角度思考，我们就不难理解，教材为何会设计动手拉一拉三角形的活动，为何会呈现多幅图片来让学生感受"三角形的稳定性"。可见，我们小学教材中安排"三角形的认识"这一内容时，考虑到学生的年龄特点和认知能力，原本就没有打算让学生从数学的本质上去理解"三角形的稳定性"，而只是要学生通过现实生活去感受、去体验三角形具有这种"稳定"的特性。

　　学生的认知过程有不可逾越的阶段性，与其让学生无法真正理解数学知识，还不如暂时撇开这个要求，而让学生借助生活经验浅层次地或从另一个角度去粗略地感知知识，让他们从实践中去初步体验数学的价值，体验数学的魅力。这样的做法是合理的。实际上，这种情况在小学中也不乏其例。如圆的认识，我们都知道，圆是"平面上到一个定点的距离等于定长的点的轨迹"，可在我们小学数学教学时，又有谁让学生这样去认识呢？我们只是让学生知道"圆是由曲线围成的"；又如，对数的认识，我们更是划分了好几个不同的阶段，对于小学生尚不能深入理解的负数，只是让学生通过熟悉的生活情境初步感知……这些都是符合学生认知阶段性的教学要求，是不应该轻易更改的。

综上所述，我们是正确执行了教材的要求，教学时注重让学生体验三角形外在表现出来的"稳定"的特性，注重让学生感知这种"稳定性"在生活中的应用，这样的教学并没有错。前面被人否定的两个案例，也不过是教师在教学时，没有深入思考或预设不够而造成的现象。

比如图1的现象，我觉得是学生无意间"偷换"了概念，而教师一时间没有反应过来造成的。我们可以这样去引导学生辨析：一个三角形，它只能是由三条线段围成的，而现在拉成的"三角形"，却是由四条线段组成的，四条线段组成的图形，能叫作三角形吗？都已不是三角形了，还能去谈什么三角形的稳定性吗？

又如图2的情况，似乎说明了四边形和三角形一样具有稳定性，但我们仔细思考，这个问题可如下分析：从图2-3可知，把木条斜着钉在对边上，木框就不变形，那如果将木条和上下两条边呈平行地钉在对边上呢（见图4）？这个木框还是会变形！因为后一种情况把这个木框分成了两个长方形，而长方形是会变形的。至于前一种情况，我们只要适当延长其中的几条边，就可以看出，出现了两个三角形（见图5）。

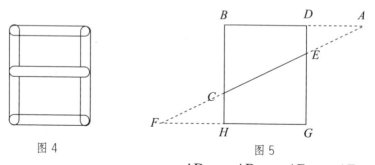

图4　　　　　　　　　　　　图5

容易得出，因为 DE ∥ BC，所以 $\dfrac{AD}{AB} = \dfrac{AD}{AD+DB} = \dfrac{AE}{AC} = \dfrac{AE}{AE+EC} = \dfrac{DE}{BC}$，因为 BC，DE，BD，CE 的长度都是固定的，所以 AB，AC 的长度也固定了，因此三角形 ABC 是稳定的，同理三角形 EFG 也是稳定的，由此得到整个木框是不会变形的。归根结底，我们还是需要借助三角形的稳定性来说明图2-3不会变形。至于图 2-2，由于出现了一个三角形，而这个三角形是稳定的，易得出剩下的四边形的四条边和四个角都固定了，因此也不会变形。所以，这个材料如果能够合理运用，应该可以很好地解释三角形的稳定性，而不会造成自己和学生的思维混乱。即使以学生当时的知识水平不能很好地理解上述解释，至少教师自己应该心里明白。

小学生数学认知的起点是他们的生活常识，学生的认知是有阶段性的，尊重学生的认知规律才能让学生更好地学习数学。

（本文原刊于《小学数学教师》2006 年第 10 期）

请重视"凑十法"的教学

近期，看到一些谈"凑十法"教学的文章，其中提出了一些观点：

1."凑十法"虽然是一种好方法，但相对而言，算法复杂，学生学习困难，因此并非人人适用，学生如果实在学不会，那也不必强求；

2.我们应该支持孩子用他们喜欢的方法，如扳手指、数数等，这些方法完全可以和"凑十法"共存，不必急着优化掉。

这些观点，大多来源于一线教师，来自于他们的教学实践，也都是他们真实的想法，尤其在新课程"算法多样化"的背景下，这种观点似乎更有其存在的理由。但是，对这样的观点，我不敢苟同。我觉得，假如我们真的这样来认识"凑十法"教学，可能会有碍于学生的数学学习。

要弄清这个问题，我们首先要简单了解一下"凑十法"。"凑十法"，是人类在数学认识发展过程中的一大成果。在人类认识数学的历史进程中，主要经历了两次飞跃。一是从以物计数发展到一一计数的阶段，二是从一一计数发展到以十为单位计数的阶段。如结绳计数就是以物计数，它是直观的计数，是一种原始的抽象思维，扳手指实则也是以对应思想为基础的稍复杂的以物计数。随着人类智力水平的发展，逐渐能认识和运用序数，就摆脱了借助实物（绳子、石头、手指等）来计量的羁绊，依靠思维和语言，将人类计数的水平提升至一个新的高度，这就有了一一计数。以十为单位计数则是一一计数发展到成熟阶段，产生质变后形成的计数法，是一种计算的策略。从上述过程，我们不难发现，"凑十"这种方法相比其他计算方法代表着更高的思维层次，它体现了人类高级的抽象能力和比较能力。因此，若将"凑十"与扳手指、数数等方法视作思维层次相同的方法，甚至是用扳手指或数数的方法替代"凑十法"，那是不妥当的。

其次，我们要明晰学生掌握"凑十法"的主要价值。"凑十法"是计算进位加法最常用的一种方法，它具有规律性强、易于理解和过程简洁等特点。它有"拆小数，凑大数"和"拆大数，凑小数"等策略，学生如能掌握这些策略，并能灵活运用，就可以很好地提高计算速度和正确率。同时，"凑十法"也是进一步学习其他计算的基础，在学生以后的学习生涯中经常要用到。能否掌握"凑十法"，会极大地影响学生的后续学习。因而，要学生学会"凑十法"，也应是不容回避的教学要求。

第三，我们要意识到"凑十法"出现在 20 以内的进位加法中，还有另一个隐性的、却更重要的作用——它是口算的教学内容，有着独特的教学价值。口算，是"边心算边口说的运算"，是不借助其他工具，只凭思维和语言进行计算并得出结果的一种计算方法。口算时，计算者要采取灵活的方法，将各种信息在头脑中进行合理地拆分、拼组等，并要在短时间内完成所有步骤，得出正确结果。这是一种很高级的心理活动，对计算者心智技能要求很高。计算者正是通过这样的心智活动，才锻炼了思维，发展了注意力、记忆力（瞬间记忆力）和创造思维能力的。这就是口算的价值之所在，这也正是口算教学的最重要目的。如能考虑及此，我们就不难想象，在 20 以内进位加法的学习中，引入"凑十"这种口算的策略，其更主要的价值，那就是通过"凑十"的学习，可以起到锻炼学生思维、发展学生心智技能的作用。所以，是否要学生学会"凑十法"，是关乎能否有效地锻炼学生思维、提高学生能力、促进学生心智良好发展的大事。因此，"凑十"这种方法又怎能让扳手指、数数的方法轻易替代呢？

基于以上的认识，我想，注重"凑十法"的教学，让学生掌握"凑十法"，应当成为大家的共识。

或许有老师有这样的想法，"凑十法"的确是好，但有些学生实在学不会，那又怎么办呢？学生会用扳手指、数数去解决问题总比什么都不会要强吧！我个人愚见，"凑十法"终究不是什么高深的学问，学不会"凑十法"应当是个别的现象，并且也是个体暂时的、短期的行为。只要我们教师树立正确的认识，善于分析，舍得花功夫，是完全可以指导学生学好"凑十法"的。

经过了解，我发现，学生学不好"凑十法"，其原因之一，是因为之前扳手指、数数的影响太深，一下子难以改变；原因之二，是习题中，要学生填写如下的算式，让学生觉得麻烦，并会出现填错、不会填的情况，以至于影响了学习"凑十法"的兴趣。当然，可以想象的是，一年级学生固有的思维特征，如形象性强、抽象能力差等也是造成学不好"凑十法"的重要原因。

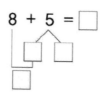

我想，要解决这些问题，使"凑十法"真正成为每一个学生，特别是在算法多样化背景下成为学生的自觉意识和自觉行为，最重要的途径，还是从我们的课堂教学入手，只有通过正确的方法和手段实施教学，才能突破这一难点。下面的例子或许对大家有所启示。

课件呈现情境：一个可装10盒饮料的箱子只装了9盒，外面还有4盒。

师：这里一共有多少盒饮料？谁能说说应怎么列式计算呢？

生1：9+4=13。我是一个一个地数的，1，2，3……12，13。所以一共是13盒。

生 2：我算的也是 13，不过我不是这样数的。箱子里已经有了 9 盒，我就从 9 开始，接下去数，10，11，12，13。

生 3：老师，我有一个更简单的方法。饮料是 10 盒一箱的，把箱子外的饮料拿一盒放进箱子里，箱子里就变成一整箱饮料了。一整箱饮料加上零散的 3 盒，一共是 13 盒。

生 3 边说边演示，一讲完，班级里掌声热烈。

师请学生复述，并要求全班同学用小棒代替饮料摆一摆。由于有刚才的操作作形象支撑，大多数同学都摆得兴味盎然。在操作中，学生逐步体验到"凑十"计数的优越，慢慢地理解并接受了"凑十法"。

师：谁能看着算式 9+4，再来说说这样的算法？

学生脱离具体情境说明算理，逐渐建构出"凑十"计算的模型。教师继续安排学生相互说，进一步强化认知。针对还有个别学生对此的不理解，教师通过个别辅导帮助他们掌握这个思路。

再出题 9+5、9+6 等，继续让学生用"凑十法"说思路……

通过以上案例，我们可以总结出"凑十法"教学的基本思路。

一、要注重有意义情境的创设

在第一次教学"凑十法"时，一定要创设有利于学生理解"凑十"算理的情境，使学生对"凑十"的表象清晰，印象深刻，理解透彻。上述案例中，教师有目的地呈现了图像（一个可装 10 盒饮料的箱子只装了 9 盒，外面还有 4 盒），正是借助这种有意义的情境，再通过学生的语言表述、演示操作，使全体学生都清晰地看到"把 1 盒装入箱子凑成 10 盒"这个过程，从而在头脑中对此形成深刻的印象，顺利地打下了"凑十"思想的基础。

二、要突出算理教学的重要性

在"凑十法"教学中，我们不能以追求算法多样化为主要目标，而要把引导学生理解"凑十"算理作为教学重点。在反馈多种算法时，一旦出现了"凑十"的做法，教师就应及时将学生的思维引导至这个方向，而不要再让学生沉迷于挖掘其他算法。在上述案例中，教师对前两种算法用时很少，等到第三种"凑十"算法出现后，便大做文章，既要学生演示，又要学生摆小棒，还要学生多种形式地说。所有的这一切，就是在围绕一个目标，那就是对"凑十"算理的理解。也正是因为有了这个扎实的过程，才使学生较快地掌握"凑十"的算法。

三、要注意训练的针对性

在学生初步理解"凑十法"之后，要安排多层次的、有针对性的练习，要突出"凑十"算法的交流，以强化学生的认识，巩固运算技能。如在对 9+4 的"凑十"研究透彻之后，应随即以 9+5、9+6 等等习题的练习，继续让学生说，让学生交流，使学生的认识逐步深入，技能逐渐提高。

当然，不可否认，"凑十法"的教学是一个教学难点，即使按照上述的要求进行教学，必定还会有个别学生在理解和运用上存在问题。所以，我们教师还必须注意两点，一是后续几堂课的教学要坚持不懈地巩固算法，要让学生多一些交流和表达算法的机会。要多让学生以口头表达去代替书面表达，因为，口头说思路更能发展学生的心智技能。二是要注重个别辅导，对极个别思维水平较低、接受能力较差的学生，要进行一对一、手把手的辅导，千万不能有学不会就放弃的想法。否则，这些学生今天学不会"凑十法"，明天学不会"破十法"，到最终，他们的思维怎么能得到提升和发展呢？

（本文原刊于《小学教学研究》2007 年第 1 期）

"全面落实"和"表面文章"

——从一节公开课的教学目标想起

不久前，听了一节省级公开课，课题是"认识钟表"。在发给听课教师的教案上，上课教师写了如下的教学目标：

1. 根据学生的年龄特点为学生创设情境，使学生在情境中初步认识钟表的组成，能结合自己的生活经验，正确读、写整时，初步建立时间观念。

2. 让学生经历观察、操作、交流等实践活动，进一步培养学生动手、动口、动脑的实践应用能力和合作精神，发展数感。

3. 结合学生已有的生活经验，让学生充分感知生活中处处有数学。

4. 通过学生自行设计实践方案，引导学生学会合理安排作息时间，养成珍惜时间的好习惯。

这节课的教学目标关注了各个方面，不仅有知识方面的，而且包含情感方面，让人不禁觉得：一堂课的能耐真大！

一堂课制定极其详细的教学目标，这样的情况现在比较常见，尤其是在各级各类的公开课上，这也成了新课程实施后一道独特的风景线。

在笔者印象中，课改之前教师备课制定教学目标时，考虑得没这么多，写上去的目标往往很简单，一两句话而已，主要是写这节课学生要学会什么内容。实施新课程后，提出了数学课程的总体目标可细化成四个方面，且"对人的发展具有十分重要的作用"，我们才经常看见制定详细教学目标的现象。尽管目标制定详细了，课堂上根本无法面面俱到地落实，可教师们还是乐此不疲。也曾听教师私下里讲："教学目标写得少，别人会误以为我钻研教材不够深。"甚至还有人说："制定教学目标简单了，还谈什么在课堂上全面落实三维目标呀？"

要全面落实数学课堂的教学目标，就必须得把这些目标详尽地写出来？写了就当真能够在课堂上落实？这倒引起了笔者对这类现象的思考。

1. 一堂课能实现很多的教学目标吗？

笔者认为很难实现。就以上述教案为例，有四个大目标，平均每10分钟要实现一个，若细数里面的小目标，约有15个左右，平均每3分钟就要实现一个，来得及吗？不太可能。

当然，这些目标不是互不相干、分散独立的，而是相互结合、穿插落实的。比如读、写会了，动手、动口的能力也培养了。但是，再怎么糅合，40分钟里要完成十几个目标，即使教师头脑清楚，学生恐怕要打"乱仗"了吧。一节课下来，学生忙忙碌碌、晕晕乎乎，都不知道到底学了什么。

这就是为什么很多教师上了一节很"漂亮"的公开课后，还得偷偷去补补课，还要跟学生强调"看好了，这道题目是这样做的"。

一个学生通过学习，最后成为各方面都发展良好的人才，何尝不是我们教育希望达到的目的？但是，就40分钟的时间，却想要落实很多大大小小、内涵丰富的目标，这不由得让人想起一句俗语——"贪多嚼不碎"。赋予一堂课过多的目标，且要全面落实这些目标，后果就可能是什么也没实现。

2. 一堂课制定很多的教学目标都是实在的吗？

制定很多的教学目标若真的是一心为学生发展考虑，那倒最多是"空想主义"，还可原谅。但上述案例，或多或少体现了当前制定教学目标的另一现象——"虚假的教学目标",那危害就大了。

何谓"虚假的教学目标"呢?比如说,制定目标时,大家很喜欢用"发展学生的数感""学会与他人合作"等语句。但你若去问他"到底什么叫数感",他却支支吾吾讲不清楚;若问"此处为什么要安排合作",他也是一脸疑惑。也许,他会理直气壮地跟你说:"安排合作有什么不好?让学生学会合作是新课程的理念!"哦,原来这个教学目标是"虚"的,是没有实际意义的。明知道不安排合作,效果也非常好,甚至根本不需要这个环节,但还是安排合作,无非是想沾点新课程的光。因为有了新课程理念这个光环,课的层次就高了,于是便可理直气壮地如此宣扬。什么叫"数感"?教师自己可能还不太清楚,但这是个新武器,是件靓丽的外包装,别人一见如此高深,当然肃然起敬,课的层次就不言而喻了。可见,如今的一些公开课,看似制定了不少教学目标,但实际上有很多是写给大家看,是没有实际意义的。制定虚假的教学目标,最终让大家学会的是做表面文章,这会使我们的课改实践流于形式。

3. 一堂课的每个教学目标都有必要写出来吗?

新课程提出要落实三维目标,这是否就意味着制定目标时就必须要把每个目标都写出来呢?不是!以"情感性目标"为例。课程标准提出数学教学要落实"情感性目标",于是教师制定的目标里就有"渗透辩证唯物主义观点""感受成功带来的欢愉""感知生活中处处有数学"等语句,也就有了上述省级公开课的教学目标"养成珍惜时间的好习惯"(也有人称之为德育目标)。我们不能说数学课不要情感性目标,或者说德育目标是没有价值的,但是"养成珍惜时间的好习惯"能通过一堂数学课的教学而形成吗?

培养学生对待事物的积极情感和为人处世的良好品性,这方面的教育牵涉到教育学、心理学、社会学等相关知识。对此,我们开设专门的课堂,如小学的品德课、中学的社会课等,采用针对性的方法来教育落实。我们也可借助于各种场合、各种时机作些渗透,比如在数学课上挖掘可进行德育教育的因素。

可见，数学课上进行情感、品德的培养，这是一个常规的任务，是不需要再专门制定出目标来昭示给大家看的。再说，良好情感的形成是渐进的、潜移默化的，是一个长期的过程，它也不可能在短时间内，尤其在一堂课内有较大的提升。

也就是说，在一堂课里是无法实现这些目标的，那么在制定目标时，难道还有必要写出来吗？所以，在制定目标时煞有介事地写一些最常规的目标，其实也是在做表面文章，这是根本不必要的。

综上所述，透视当前公开课制定详尽教学目标的现象，我们不难发现，实际上这都是因为教师没有以务实的态度来对待这项工作而造成的。课改之前的教学目标，维度少、要求低，因此新课改就提出了三维目标，但落实三维目标并不等于要完全否定原先的做法。实际上，如果在备课时，制定了过多的教学目标，掺杂进一些不必要的成分，那只会使我们的课浮在表面，没有实效。所以，备课时的表面文章是做不得的！

那么，一堂数学课的教学目标到底该怎样制定呢？

笔者认为，是否可把握这样的尺度：具体的、实在的教学目标要写上去，虚幻的、装门面的教学目标请出我们的教案；教学目标应该简单、明确，让人看了一目了然；制定的目标应具有真实性和可操作性。就如上述的公开课，教学目标只要这样写即可：

1. 使学生初步认识钟表的组成，能正确读、写整时。

2. 通过操作、设计等活动，发展学生的实践能力。这样的教学目标既清晰、真实，又容易落实。

让我们制定夯实的教学目标，切切实实地上好每一节数学课！

〔本文原刊于《小学教学参考（数学版）》2006 年第 6 期〕

教师该备学案吗

新课程实施以后，教师的观念迅速改变，教学上的新理念不断涌现。有人说，教学目标不合时宜，要改为学习目标；也有人说，教学重点、难点也不妥当，要改为学习重点、难点；更有人说，教师应备出学案来，这才符合新课程"以生为本"的要求……真可谓万象更新，令人振奋。但是，笔者总觉得学案这个名词比较耳生，上网一查，有些学案，打开一看，和教案区别不大，不免令人疑惑；又查了好多词典，居然没学案这个词条，这个名词竟是新造的。这不由得让人静下心来，对学案进行一番研究。

先分析一下学案这个名词的由来吧。《全日制义务教育数学课程标准（实验稿）》（以下简称"课标"）指出：数学教学活动必须建立在学生的认知发展水平和已有的知识经验基础之上；学生是数学学习的主人；数学课程应遵循学生学习数学的心理规律，强调从学生已有的生活经验出发……大约是因为以上论述，所以就有人认为，传统的数学教学存在两个问题：一是教学的单向性，即都是以教师和课本为中心，更多地考虑教师如何把课本知识内容讲得精彩完美，而忽视了学生自主学习的意识和能力；二是教案的封闭性，即教案是教师自备、自用的，备的过程没让学生参与，缺少公开性和透明度，学生在课前对教师的教学意图无从了解，上课只能被动学习。这种教师单边主义式的教学方案，显然有悖新课程"以生为本"的理念，应该改革。新时期下，就不应该再制订教案，而应该完全站在学生的角度，制订学习的目标、学习的重点和难点，设计学习的过程，这样的方案就叫作学案。

粗看一下，似乎也有道理，仔细一想，却发现有诸多问题值得探讨。到底什么是学案呢？是不是因为教案不管用了所以要用学案来代替？这些观念如果不得以澄清的话，教师们将会无所适从，甚至陷于混乱之中，从而妨碍课程改革的推进。

首先，我们来研究一下学案。笔者认为，教学中如果有真正意义上的学案，那应该是指学生的学习方案，它包括学生想要学习的内容、喜欢的学习方式、打算达到的目标。既然是学生的学习方案，那么这个方案只能是由学生自己来制订，教师绝无代劳的可能。为什么呢？我们试想，一个班，几十个学生，每个人的知识基础、能力水平、家庭背景、学习态度等都是有差异的，这必定会造成不同的学生有不同的学习目标，从而产生不同的学习重点、学习难点。也就是说，几十个学生，应该有几十个不同的学习方案。但在现实中，这么复杂的情况，教师能完全了解吗？教师能以自己设计的一个方案来代替所有学生的方案吗？教师若是备出一个方案来，能够叫学案吗？答案明显是否定的。所以，制订适用于每一个学生的学案，并不是我们教师该做的或者说能做的工作。因此，我们也不难理解，为什么一些教师备出来的所谓学案，看上去却还是教案的样子？原因很简单，教师是无法真正制订出学案的。

或许有人说，我们讲的学案，并非如上文所说的学案，而是仍由教师设计，但在设计时更突出了"学"的重要性，更凸显了"以生为本"的理念，所以就这样取名了。

那么，难道是因为教案没有上述功能而需要改名吗？让我们再来看看什么是教案吧。

《现代汉语词典》是这样解释教案的：教师在授课前准备的教学方案，内容包括教学目的、时间、方法、步骤、检查以及教材的组织等等。高等师范院校教材《学与教的心理学》，对教案的定义是：教案也称课时计划，产生于班级授课制，有三个作用，一是确定并陈述教学目标，二是分析学习任务，三是选择教学步骤、方法和技术。

教案的如上定义，至少说明了以下两点：

一、教案本身就是"教"与"学"的方案

"课标"说的好，"学生是数学学习的主人，教师是数学学习的组织者、引导者与合作者。"由此可见，课堂教学既不是教师单方教、也不是学生单方学的过程，而是师生之间交往互动与共同发展的过程，教师制订的教案，目的就是在设计这个过程。

每一位教师都有这样的体会，要设计一份教案去上课，先应该熟悉教材，明确要求，然后再规划整个教学过程，而在规划时，"教"与"学"是不可避免地会融合在一起的。比如，碰到一个比较难的知识点，教师会思考：用怎样的方法和策略来让学生理解、掌握这个知识？先怎样引导，再让学生干什么，最后怎样总结？（这不就是"教"吗？）教师还会考虑：学生在学时，如果先动手操作可以有直观感受，再自主探索会有理性认识，最后合作交流可以加深印象。（这不就是"学"吗？）由此可见，教案的本质就是在设计"教"与"学"，它又怎么会是教师单边主义式的方案呢？事实上，教师的教因为是要在学生那里体现的，所以，即使想要教师设计出仅仅考虑自己的方案来，那也是不可能的。

二、教案完全可以体现"以生为本"的思想

我们可以想象，要在教案中体现"以生为本"的思想，这是完全可以并且应该达到的要求。教师可以根据对学生的了解，充分考虑到大多数学生的心理规律、知识基础和认知水平，然后处处以学生为主体来设计教案。

比如，从整堂课来说，可以分析学生的学习目标来确定教师教的目标；从细节上来说，可以考虑学生的学习重点、难点是什么来制定教师教的用力点；

从教学步骤上来说，可以预想怎样的过程安排能使学生的学习效率最高；从方法的选择上来说，可以设想采用怎样的学法才能使学生更好地掌握……

以上这些不都完全可以体现出"以生为本"的思想吗？这不就是我们平时设计教案的主导思想吗？

由此看来，要教师备学案来代替教案，只不过是一些人美好愿望的反映，其实是根本不必要的、不现实的想法，甚至可以说是一种文字游戏式的提法。而教案，也并不是要被淘汰的名词，在新的时代下，只要我们去努力实践它的内涵，时刻把它"读"完整，即教案是"教与学的方案"，备课时尽量多为"学"而考虑，多关注学生，就完全能够把"以生为本"的理念真正体现。

（本文原刊于《嘉兴教育》2003 年第 12 期）

后 记

读完这本教学随笔集，您有什么感受吗？

您或许感受到，这些随笔，故事很家常，文字很朴实，道理很浅显，这样来研究小学数学，形式挺不错，您有点喜欢了。您或许还感受到，您在教学中也遇到过类似的故事，产生过不少的思考，只不过未曾作记录和提炼，以后也想试着写一写。

您若有了上述的想法，恭喜您，您的教学研究意识有了显著提升，您还获得了教学写作的重要方法，这个方法就是"只要留心，皆是素材"。

我们每一位一线教师，天天都在上课、听课、辅导学生、批改作业、参与教研活动、与同事或家长交流，其间，可想可写的教学故事太多了。所以，教师只要有主动思考、积极写作的意识，愿意经常性地将各种教学故事记录下来，然后按照一定的格式适当整理提炼，那么，论文、案例、叙事、课例等各种教学文章，都是信手拈来的事。

但愿本书给教师们开展教学写作带来了有益的启发，为教师们爱上数学教学、投入教学研究提供了一定的动力。期待有更多的小学数学教师，在研究中获得快乐，在研究中得到成长。

衷心感谢长江文艺出版社"大教育书系"的陈欣然编辑，是她的专业眼光和全力付出，促成了这本书的出版。去年年底，陈编辑联系我，说看到我在各种小学数学教学的刊物上发表了很多有意义的教育随笔，建议我整理成集，以惠及更多教师。我听从了她的建议，把写过的随笔文章作了整理，挑选出了部分文章发给了她。陈编辑帮我做了分辑整理工作，设想了大致的框架，提出了很好的意见和建议。整个编撰过程中，陈编辑与我反复联系，商量书名，优化文字，研讨细节……可以说，这本书浸润着陈编辑的大量心血。

我还要借此机会，真诚感谢《小学数学教师》《小学数学教育》《教学月刊》《小学教学设计》等各杂志社的编辑老师。因为本书中的绝大多数文章都曾经发表在这些杂志上，正是各位编辑老师的精心编校，才使我那些粗陋的文字变得亮丽引人，才得以和广大小学数学教师分享经验、交流思想。我特别要感谢的是《小学数学教师》杂志社，从 2006 年至今，一任又一任的编辑，如陈洪杰、蒋徐巍、曲春蕊等，一直信任我，激励我，给我刊发了大量的教学类文章，还尽可能地维持我的写作风格。尤其是曲春蕊老师，特别有办法，"软硬兼施"地促使我写出了一篇又一篇的随笔文章，悄无声息地助推了我的进步。读者在阅读本书时，会看到很多文章都是曾经发表在《小学数学教师》杂志上的，您一定能够体会到我的感激之情。

感谢在我写作过程中，给我提供了鲜活素材的教师们和孩子们，他们生动而真实的表现，带给了我思考与写作的无穷动力。感谢众多的小学数学教师，多年来一直信任我，无论是杂志上还是我个人公众号上登载的文章，他们在阅读后总是给出积极的评价和有益的建议，使我充满信心地前行在教学研究之路上。感谢我的家人，这么多年来是我的家人毫无怨言地给了我最大的支持，使我能心无旁骛地投入到工作和研究之中。

叶澜教授曾说："一个教师写一辈子教案难以成为名师，但如果写三年反思则有可能成为名师。"时时反思，常常写作，由此能成为名师，固然也是好事，但是，我一直认为，在日复一日略显枯燥的教学工作中，若能用智慧的眼光去发现那么多有意义的教学故事，能以自己的努力将这些故事转化为美妙的文字，能把自己的文字展示出来，让人受益、促人进步……这些，是远比成为名师更值得追求、更让人幸福的事！

期待教师们都能够爱上教学写作，爱上数学教学，成长自己，助推学生。

2023 年 7 月 杭州